Ingrid Müller-Münch
Die geprügelte Generation

PIPER

Zu diesem Buch

Erst seit bekannt wurde, dass in Heimen und Privatschulen Misshandlungen an der Tagesordnung waren, dass Geistliche Kinder mit Stöcken schlugen – erst seitdem wird offen über die damals an Kindern verübte alltägliche Gewalt gesprochen. Fragen nach dem Warum kommen auf: War es der Zeitgeist, der zu Ohrfeigen und Prügelstrafen verleitete? Waren es die Kriegstraumata der Väter? Geschah dies alles in einer unsäglich brutalen Erziehungstradition? Mit einem Blick auf Gegenwart und Vergangenheit beschreibt dieses Buch, wie sich der Vertrauensbruch der Eltern auf die Biografie der Kinder ausgewirkt hat. Wie die demütigenden Schläge die Gefühle, den Alltag und die Beziehungen einer ganzen Generation bis heute beeinflussen. Und ob die einst geprügelten Kinder als spätere Erwachsene diesen Eltern verziehen oder mit ihnen brachen.

»Ein dringend notwendiger Beitrag zur gegenwärtigen Erziehungsdebatte.« Sabine Bode, Autorin von »Die vergessene Generation«.

Ingrid Müller-Münch, Journalistin und Autorin. Sie war Korrespondentin der Nachrichtenagentur »Reuters« und der »Frankfurter Rundschau«, Redakteurin beim »Stern« und arbeitet heute hauptsächlich für den »Westdeutschen Rundfunk«. Sie lebt in Köln.

Ingrid Müller-Münch

Die geprügelte Generation

Kochlöffel, Rohrstock und die Folgen

PIPER

Mehr über unsere Autorinnen, Autoren und Bücher:
www.piper.de

Unter Berücksichtigung von Persönlichkeitsrechten wurden einige Namen geändert.

Unser Versprechen für mehr Nachhaltigkeit
• Klimaneutrales Produkt
• FSC®-zertifiziertes Papier
• Hergestellt in Europa

FSC www.fsc.org MIX Papier | Fördert gute Waldnutzung FSC® C021394

Ungekürzte Taschenbuchausgabe
ISBN 978-3-492-30283-8
Piper Verlag GmbH, München
1. Auflage Oktober 2013
8. Auflage August 2024

Umschlaggestaltung: Bauer + Möhring, Berlin
Umschlagabbildung: gettyimages/Hulton Archive
Satz: r&p digitale medien, Echterdingen
Gesetzt aus der Minion
Gedruckt von ScandBook in Litauen
Printed in the EU

Für Till, mit dem ich eine glückliche Kindheit erlebt habe.

Inhalt

Was war der Anlass für dieses Buch und wovon handelt es?

Zu meiner Kindheit gehört Lakritzwasser, das meine Oma aus kleinen, sorgfältig von einem großen schwarzen Brocken abgeschnittenen Stückchen herstellte. Und das von mir ebenso gerne getrunken wurde wie eine Generation später von meinem Sohn die Orangenlimonade. Zu meiner Kindheit gehört der Nudelsalat, der am Abend vor Familienfesten mit Tomaten, hartgekochten Eiern und Gewürzgurken angesetzt wurde und erst kurz vor seinem Verzehr die Mayonnaise hinzubekam. Zu meiner Kindheit gehört aber auch der Kochlöffel. Nicht als Küchenutensil, sondern als Schlaginstrument. Immer dann, wenn ich tagsüber irgendwie »muksch« gewesen war, nicht pariert hatte – wie es so schön hieß –, dann wurde mein Vater, da hatte er sein Jackett noch nicht an die Garderobe gehängt, schon mit den Worten begrüßt: Das Kind hat heute Widerworte gegeben. Eine Information, die ihn mit einem genervten Seufzen die Küchenschublade aufziehen und den Kochlöffel herausholen ließ. Dann ging es ab ins Wohnzimmer, wo ich schon dessen harrte, was nun folgen würde. Und dann setzte es was. Aber nicht zu knapp. Ich hatte, wenn man so will, eine für die 50er und auch die 60er Jahre des vergangenen Jahrhunderts ganz normale Kindheit.

Deshalb, weil sie so normal war, habe ich eigentlich nie mit jemandem darüber gesprochen. Nicht mit Freunden, nicht in meiner Freizeit bei Bier oder Wein, nicht bei politischen Diskussionen, einfach nie. Dabei hat mich diese Vergangenheit die ganze Zeit beschäftigt, ganz hinten in meinem Kopf. Hat meine Gefühle beeinflusst, mein Verhalten geprägt, war mitverantwortlich für Ängste, die mich begleiteten, für Beziehungsprobleme, die ich hatte. Irgendwie war dieser Vertrauensbruch meiner Eltern, den ich bei jeder Tracht Prügel schmerzlich empfand, nie mehr aus meinem Leben wegzudenken. War immer da. Übertrug sich auf andere. Hat aus mir einen Menschen gemacht, der lange Jahre mit dem Gefühl durch die Welt ging: Keiner liebt mich! Ein Gefühl, das ich für mein höchst eigenes, besonderes, individuelles hielt.

Doch als ich die ersten geprügelten Kinder meiner Generation für dieses Buch interviewte, stellte ich fest: Den meisten von ihnen erging es genauso. Auch sie hatten die Schläge ihrer Kindheit kaum jemals thematisiert. Es lohnte sich ja nicht über etwas zu reden, was sowieso fast jeder kannte und das einfach ganz normal zur Kindheit dazu gehörte! Damals! Es wusste doch jeder, dass man zu Hause »Senge« bekommen hatte. So what? Was noch groß darüber lamentieren?

Auch bei meinen Interviewpartnern waren die Prügel ihrer Kindheit bis in die Seele vorgedrungen. Die Erinnerung daran hat die meisten ihr Leben lang begleitet. Hat bei dem einen das über Jahrzehnte andauernde Gefühl ausgelöst, keiner sieht mich, keiner mag mich, ich bin böse, ich bin ein Nichts! Denn jedes geprügelte Kind schleppt diesen schmerzhaften Ausdruck von Verachtung, der durch einen schlagenden Vater, eine ohrfeigende Mutter ausgedrückt wird, mit sich herum. Unsicherheit, Vertrauensschwund, mangelndes Selbstbewusstsein, Depressionen und Verlustängste sind oftmals die langanhaltenden Folgeschäden der Misshandlungen, die diese Menschen als Kinder erlitten.

Andere haben sich trotzig aufgebäumt, nun erst recht gesagt, und sich einem anstrengenden bewegenden Leben mit der Haltung gestellt: Ich habe die Prügel als Kind überlebt, nun kann mir heute wirklich keiner mehr etwas anhaben! Manch einer befreite sich durch eine Therapie, durch eine besondere Erfahrung, manchmal auch durch das Erleben einer anderen, glücklicheren Kindheit der eigenen Söhne oder Töchter.

Als sich vor Jahren eine Frau bei mir meldete, um mir zu berichten, sie sei als Kind in diversen katholischen Kinderheimen misshandelt worden, reagierte ich ausgesprochen desinteressiert.

Für mich war das irgendwie kein Thema. Jeder wusste doch, dass Nonnen prügelten, Lehrer »Tatzen« verteilten, Eltern Kinder ohrfeigten. Wo war da die News? Später, als die misshandelten Heimkinder für Schlagzeilen sorgten, ihnen Entschuldigungen und Wiedergutmachungen zugesprochen wurden, fragte ich mich: Wieso habe ich damals nicht reagiert? Ich hatte offenbar das Thema nicht gesehen. Wollte ich es nicht wahrhaben? War es für mich zu normal?

Insofern verdanke ich es in gewisser Weise dem Augsburger Bischof Walter Mixa, dass ich mich endlich mit Prügeln und Schlägen in der Kindheit meiner Generation beschäftigte. Als erste Vorwürfe gegen ihn laut wurden, horchte ich auf. Nahm zur Kenntnis, dass er darauf bestand, er habe als Stadtpfarrer von Schrobenhausen »zu keiner Zeit in irgendeiner Form körperliche Gewalt« gegenüber Kindern ausgeübt. Da habe er »ein reines Herz«. Während sich immer mehr seiner damaligen Opfer meldeten. Von Boxhieben auf die Brust war da die Rede, durch die Kinder gegen die Wand geschleudert worden sein sollten. Von Schlägen mit Stöcken, die zerbrachen und durch Gürtel ersetzt wurden. Die Vorwürfe wurden immer belastender, so dass sich der beschuldigte Bischof endlich entschloss, schon weitaus kleinlauter einzuräumen, er könne »die eine oder andere Watsch'n vor 20 oder 30 Jahren nicht ausschließen«. Dabei fügte er hinzu, eine Ohrfeige als erzieherische Maßnahme sei damals »vollkommen normal« gewesen, »und alle Lehrer und Schüler dieser Generation wissen das auch.«[1]

Ich habe nachgerechnet und bin zu dem Ergebnis gekommen: Das stimmt einfach nicht! Die Vorwürfe gegen ihn betrafen nicht etwa die 50er und 60er Jahre, in denen so etwas tatsächlich noch »vollkommen normal« gewesen wäre. Seine Misshandlungen, die nach Aussagen seiner Opfer mit Faust, Stock oder Teppichklopfer durchgeführten Prügel, fanden in den 80er und 90er Jahren statt. Zu einer Zeit, als es längst Kinderläden und alternative Pädagogik gab, sich die geprügelten Kinder gegen ihre Eltern aufgelehnt hatten und diese versuchten, anders mit ihren Sprösslingen umzugehen. Als offiziell schon längst Schläge an Schulen und in Heimen verboten waren. Und es erste heftige Debatten darüber gab, ob man derartig drakonische Strafen nicht auch in den Familien sanktionieren müsse.

Seine Geschichtsklitterung empörte mich. Sollte hier etwas vertuscht werden? Sollte hier eine Entwicklung verharmlost und negiert werden, die mit der 68er Studentenrevolte umschwang und im Jahr 2000 dann zu dem eindeutigen Verbot führte, Kinder innerhalb der Familien körperlich zu züchtigen?

Erwähnenswert ist in der darauffolgenden Auseinandersetzung um Mixas »Watsch'n« die Position des Theologen und Sozialwissenschaftlers Wolfgang Ockenfels, der mit den Worten zitiert wurde: »Es ist absurd, wie aus ›Backpfeifen‹ Prügelorgien wurden. Dann könnte man ja sämtliche Angehörige der älteren Generation, die ihre Kinder in den 50er, 60er und 70er Jahren hin und wieder mit Ohrfeigen gezüchtigt haben, belangen. Es erscheint mir lächerlich, wie heute naseweise Typen Backpfeifen zu Anschlägen gegen die Menschlichkeit deklarieren.«

Ist es tatsächlich lächerlich, wenn das Prügeln von Kindern zu Anschlägen gegen die Menschlichkeit deklariert wird? Ist es nicht eine geradezu unverschämte Verharmlosung, die brutalen Erziehungsmethoden vieler damaliger Eltern lediglich zu ein paar harmlosen Backpfeifen herunterzuspielen? War die seinerzeit den Kindern gegenüber ausgeübte Gewalt nicht Körperverletzung? Je nach Art der erlittenen Wunden sogar ein Anschlag gegen die Menschlichkeit?

Ich beschloss, hier zu recherchieren. Und zwar nicht in Heimen, darüber ist ja seit Mixas zögerlichem Eingeständnis und dem nicht mehr zu überhörenden Aufschrei von Heimkindern viel, sehr viel berichtet worden. Mich interessierte die Erfahrung, die Kinder zu Hause mit strengen, vor Gewalt nicht zurückschreckenden Eltern gemacht hatten, die zu Kochlöffel und Teppichklopfer griffen, wenn ihnen der Geduldsfaden riss.

Die Antworten, die ich bekam, waren so verblüffend, dass ich mich fragte, wie dieses Thema so lange unter Diskretion und Sprachlosigkeit begraben bleiben konnte.

Zunächst scheint es üblich gewesen zu sein, in den 1950ern und 1960ern, Kinder durch Prügel zur Raison zu bringen. Die einen wurden heftig und mit System geschlagen, andere hatten lediglich ab und zu Ohrfeigen bekommen. Einige waren verschont geblieben, hatten aber mit Gleichaltrigen gespielt, von denen sie wussten, dass die zu Hause Senge bekamen. Eine Tracht Prügel – die kannte fast jeder meiner Altersklasse, den ich hierauf ansprach. Ob aus eigener Erfahrung oder vom Hörensagen, lediglich das unterschied sich.

Ich begann, die ersten dieser nun lange schon erwachsenen Kinder zu interviewen. Zunächst für Rundfunkfeatures bei WDR 5 und SWR 2. An Interviewpartnern mangelte es nicht. Ich habe nicht nach besonders krassen Beispielen gesucht, sondern habe die genommen, die sich mir gegenüber als geprügeltes Kind outeten. Habe weiter gesucht, diejenigen interviewt, die dazu bereit waren. Als Ergebnis meiner Recherche kann ich sagen: Ich bin auf eine geprügelte Generation gestoßen.

Dabei fühlte ich mich ausgesprochen kompetent, denn ich weiß aus eigener Erfahrung, wie es sich anfühlt, wenn man als Kind von den Eltern verhauen wird, den Grund für die erhaltenen Schläge längst nicht mehr gegenwärtig hat, sie manchmal gar nicht versteht, danach ins Bett geschickt wird. Die Interviews zeigten mir, dass ich mich in Gesellschaft befinde mit diesem Gefühl des Alleingelassenseins. Und zwar in einer großen Gesellschaft.

Was genau war diesen Kindern damals, in den 50er und 60er Jahren des vergangenen Jahrhunderts – nicht etwa in irgendwelchen Heimen, sondern zu Hause von Vater und Mutter – angetan worden? Was hatte die Eltern bewogen, ihre Kinder so lieblos, so gewalttätig, teilweise geradezu brutal zu misshandeln? Was lösten die Schläge bei den geprügelten Kindern aus? Wie alt waren diese

Kinder, als sie anfingen, sich dagegen aufzulehnen? Wie haben sie die erlittene Schmach verarbeitet? Wie sind sie selbst als Erwachsene mit ihren Kindern umgegangen? Haben sie jemals mit ihren Eltern darüber gesprochen, ihnen verziehen, sich mit ihnen versöhnt oder mit ihnen gebrochen?

Fragen, die ich in den nachfolgenden Kapiteln aus der subjektiven Sicht der einstigen Kinder zu beantworten versuche. Mit denen ich mich aber auch an Juristen, Historiker und Therapeuten gewandt habe. Ich habe mit einem Erziehungswissenschaftler gesprochen, habe alte Kinderbücher gelesen, in Archiven und Bibliotheken gestöbert. Herausgekommen ist die Geschichte einer unseligen Tradition, aber auch ein Kaleidoskop tiefer Verletzungen. Es sind Porträts von Menschen entstanden, die noch immer – so alt sie inzwischen auch geworden sein mögen – mit den Dämonen kämpfen müssen, die ihnen die Eltern mithilfe von Kochlöffeln und Rohrstöcken eingebläut haben.

1. Kapitel

KOMM DU MIR BLOSS NACH HAUSE …

Bauklötze aus Brikett

Sonja war fünf Jahre alt und spielte mit einer Freundin in der Garage ihrer Eltern. Zu der Zeit wurde noch hauptsächlich mit Kohle geheizt. Und so waren dort Briketts für den Winter gestapelt, zum Entzücken der beiden Mädchen. Die packten sie sich, diese schwarzen, rechteckigen Klötze, ohne Rücksicht auf ihre sauberen Anziehsachen, stapelten sie gekonnt und bauten aus ihnen eine Sitzgarnitur. Mit Tischen und Stühlen, mit allem, was dazu gehört. Stolz betrachteten beide anschließend ihr Werk, kletterten daran rauf und runter, ohne sich groß darum zu scheren, dass sie sich dabei immer mehr mit den Briketts einstaubten und dreckig machten.

»Das war Anfang der 50er Jahre. Meine Mutter hatte keine Waschmaschine und musste für uns drei Kinder zu Hause mit der Hand waschen«, erinnert sich Sonja. Dementsprechend aufgebracht war die Mutter, als sie die verschmierte Kleidung der Tochter sah – und schlug zu. »Das war das erste Mal, dass sie den Rohrstock rausgeholt hat.« Sonja zögert. »Vielleicht war es ja auch vorher schon.« Nur an dieses Mal erinnert sich Sonja noch ganz genau.

Für den Berliner Erziehungswissenschaftler Ulf Preuss-Lausitz eine in der damaligen Zeit normale und auch gesellschaftlich anerkannte Reaktion. »Es war durchaus klar, dass man das hinnehmen musste, wenn es passierte. Körperliche Strafen, die berühmte Ohrfeige oder auch mal das ›an den Ohren ziehen‹ – solche Sachen waren üblich in den 50er und 60er Jahren und dementsprechend allgemein akzeptiert. In den Medien, überhaupt in der Öffentlichkeit, ja auch in den Gesprächen der Erwachsenen untereinander galten Schläge als erzieherisch wirksames Mittel.«

Sonja bekam das zu spüren. »Über meine Eltern wurde gelegentlich gesagt, sie seien sehr streng. Ich finde, das ist untertrieben, sie waren brutal. Sie hatten ein brutales Erziehungs-Strafsystem. Das war gestaffelt, je nach Vergehen. Und kleinere Vergehen konnten sich addieren. Bis dann der Rohrstock kam.« Sonja hatte häufig den Eindruck, ihre Eltern hätten sich »regelrecht entlastet«, wenn sie die Tochter oder die Söhne verhauten. Danach schien es Vater und Mutter richtig gut zu gehen. Sie wirkten, als hätten sie Luft abgelassen. Dabei behaupteten die Eltern stets, die Kinder müssten nach einer solchen Tracht Prügel erleichtert sein, sich geradezu befreit fühlen, weil sie ihre Schandtat endlich gesühnt hätten. »Tatsache war, die Eltern fühlten sich besser, weil sie ihren Frust rausgeprügelt hatten. Auf uns.« Auf Sonja und ihre zwei Brüder.

»Meine Eltern waren Profiteure des Nazi-Regimes gewesen«. Diese Bemerkung macht Sonja ziemlich zu Anfang unseres Gespräches. Es ist ihr wichtig, einen Zusammenhang zwischen dem Zerplatzen der Träume ihrer Eltern von einem »Großdeutschen Reich«, verbunden mit einem damit einhergehenden von ihnen offenbar erwarteten Wohlstand und den so schmerzhaften späteren Sanktionsritualen in ihrer Familie herzustellen. Jedenfalls wirkten diese Eltern auf die kleine Sonja enttäuscht, gekränkt, ja geradezu wütend. Und sie ließen ihre Wut an den Kindern aus. So kam es Sonja jedenfalls vor.

Wenn ihre Brüder zum Beispiel etwas angestellt hatten, wenn sie – was nicht selten passierte – mit schlechten Zeugnissen nach Hause kamen, dann mussten sie sich der Reihe nach im Wohnzimmer aufstellen. In diesem großen, repräsentativen Wohnzimmer, in dem Gäste mit Salzstangen und Moselwein bewirtet wurden. Und dann schlug der Vater zu, während die Mutter dabei saß, »mit einem kleinen Cognac, einer Zigarette, und sich das ansah.«

Das Trotzköpfchen soll sich beruhigen

Sonja kommt aus einer bürgerlich protestantischen Familie. Ihr Vater war das, was man heute einen Manager nennen würde. Zunächst war ihre Familie »nachkriegsverarmt«, so wie die meisten Deutschen der damaligen Zeit. Bald schon machte sich allerdings das beginnende Wirtschaftswunder bemerkbar. Anfang der 50er Jahre des vergangenen Jahrhunderts – da war die 1947 geborene Sonja noch nicht eingeschult – wurde ein erstes Auto angeschafft. Dem folgte ein eigenes Haus. Es ging mit strammem Kurs aufwärts. Bald waren »wir eine richtig gut situierte Familie«. Doch der Wohlstand änderte nichts daran, dass zu Hause eine eisige, kinderfeindliche Atmosphäre herrschte.

Inzwischen ist Sonja über 60 Jahre alt, verheiratet, kinderlos, liebt ihren kreativen Beruf als Grafikerin. Sie wirkt bei unseren Gesprächen in sich ruhend, zufrieden mit ihrem jetzigen Leben, aber auch wie jemand, der verwundet wurde, dadurch leicht verletzbar geworden ist. Das Thema Kindheit, Schläge, Eltern ist ihr spürbar unangenehm. Doch Sonja ist kein Weichei, das wurde ihr von den Eltern ausgeprügelt. Sie ist es gewohnt, sich Herausforderungen zu stellen, tat das schon immer. Wie diesmal dem Interview mit mir, das sie belastet. Ich merke es ihr an. Sie weicht aber dennoch nicht aus.

So kann sie mir noch nach all den Jahrzehnten genau beschreiben, wie so ein Rohrstock eigentlich aussah: »Er ist mehr als einen halben Meter lang, dünn, aus Rohr oder Bambus.« Gespürt hat sie ihn während ihrer ganzen Kindheit. Wieder und wieder. Die Eltern teilten sich die Schläge auf: »Die Mutter schlug mich, der Vater meine Brüder.« Einmal im Monat »war das bei mir dran.« Vielleicht mehr oder weniger häufig, überlegt sie, aber seltener sicher nicht. »So dass ich ständig mit dieser Bedrohung lebte.«

Das Ritual der Misshandlung spielte sich immer gleich ab. Die Mutter sagte, wenn etwas schief gegangen war: »Du weißt ja, was jetzt passiert. Hol schon mal den Rohrstock.« Der lag stets griffbereit so weit oben auf einem Schrank im Esszimmer, dass die kleine Sonja ihn gerade mal zu fassen bekam. Sie reckte sich, holte ihn. Dann musste sie vorgehen, die Treppe runter in die Waschküche. »Dort wurde ich verprügelt. Röckchen hoch. Also nicht gerade auf den nackten Po. Aber auf die Unterhose.«

Sonja erinnert sich gut an die Brutalität, die bei ihr zu Hause herrschte. Und die sich von den Eltern auch auf ihre Brüder übertragen hatte. Sie als jüngstes der Geschwister musste, bis sie elf oder zwölf Jahre alt war, »ständig damit rechnen, dass jeder, der mir in diesem Haus begegnete, das Recht hatte, mir eine Ohrfeige zu geben. Jederzeit.« Eigentlich zog sie damals Schläge mit dem Rohrstock diesen spontanen Übergriffen vor, denn die gezielten Stockschläge bedurften einer gewissen Vorbereitung, dazu ging man in den Keller, »das war irgendwie kalkulierbarer«. Doch Ohrfeigen gab es einfach zwischendurch, wann immer es den anderen passte. Und wann immer sie die Brüder streifte, ihnen auf dem Flur, im Haus begegnete, wurde sie geknufft, geschlagen, an den Haaren gezogen.

Der gewalttätige Umgang mit ihr gab Sonja das Gefühl, in ihrer Familie eine Außenseiterin zu sein. Jemand, der nicht richtig dazu gehörte, der einfach von Natur aus böse war, dem man das Schlechte durch Prügelei austreiben musste. Dabei hatte sie eine Freundin, der es ähnlich schlimm erging, auch wenn deren Eltern nie handgreiflich wurden. »Aber die musste, schon als sie noch sehr klein war, in den Kohlenkeller gehen und wurde dort eingesperrt. In den dunklen Keller. Bis das Trotzköpfchen wieder ruhig war.«

Glück gehabt

Eigentlich hatte ich mich an Professor Ulf Preuss-Lausitz gewandt, weil er an der Berliner TU Hochschullehrer für Erziehungswissenschaft war, mit dem Schwerpunkt »Entwicklung von Kindern«. Er sollte mir als Experte helfen, die Schilderungen meiner Interviewpartner zeitgeschichtlich einzuordnen. Doch dann kam auch er zunächst auf seine Kindheit zu sprechen. Darauf, dass es bei ihm zu Hause Schläge nur als Androhung gab, die aber nie in die Tat umgesetzt wurde. Er kannte Prügel nur aus Andeutungen, die andere Kinder in der Schule machten. Aber an äußeren Merkmalen, am Verhalten seiner Schulkameraden erkannte Preuss-Lausitz als Jugendlicher sehr genau, in welchen Familien Gewalt zur Tagesordnung gehörte: »Das sah man diesen Kindern an, sie wirkten meistens relativ verschüchtert.«

Da sein Vater Lehrer war und die Familie in eher bürgerlich-intellektuellen Kreisen verkehrte, galt körperliche Gewalt gegenüber Kindern bei ihm zu Hause als abzulehnende, ausgesprochen proletarische Erziehungsmethode. »Als Unterschichtverhalten würde man heute sagen. So etwas gehörte sich nicht. Meine Eltern waren da doch relativ streng, fanden, so etwas dürfe – wenn überhaupt – nur im Ausnahmefall vorkommen.« Ansonsten sollte man sich als Kind bitte schön anständig benehmen.

Trotz dieses gewaltfreien Elternhauses verhielt sich auch der kleine Ulf den Erwachsenen gegenüber eher vorsichtig. »Wenn wir mal auf den Feldern Äpfel klauten und der Nachbar uns erwischt hatte und uns verprügelte, haben wir das zu Hause geheim gehalten. Weil man schon damit rechnen musste, noch zusätzlich bestraft zu werden. Es hat einen ganz anderen Umgang mit Gewalt in den Familien gegeben, als das heute üblich ist. Das war normal. Das war sehr verbreitet. Das war auch generell akzeptiert. Es war durchaus klar, dass man das hinnehmen musste, wenn es passierte«, so Preuss-Lausitz.

Als ich mit der 55-jährigen Kindertherapeutin Claudia darüber nachdachte, wie viele der in den 50er und 60er Jahren des vergangenen Jahrhunderts aufgewachsenen Kinder zu Hause wohl körperlicher Gewalt ausgesetzt waren, reagierte sie auf eine Weise, die mir inzwischen nur allzu vertraut ist. Sehr viele Kinder wurden damals geschlagen, meinte sie, sehr, sehr viele. Aber sie sei da ganz anders großgeworden, bei ihr zu Hause sei so etwas nicht üblich gewesen. Sie zögerte kurz, schränkte das etwas ein und erklärte, »jedenfalls nicht systematisch. Es war also kein explizites Erziehungsmittel.«

Dann fiel ihr wieder ein, dass auch ihren Eltern hin und wieder die Hand ausgerutscht war. »Dafür hat sich nie jemand entschuldigt«. Geradezu aufgebracht beschrieb sie, wie ihre Schwester und sie häufig keinen Anlass dafür ausmachen konnten, weshalb sie nun eine Ohrfeige bekamen. Oft empfanden sie die Gründe, die von den Eltern hierfür angegeben wurden, als ungerecht, wenig überzeugend. »Wenn man einen Teller hat fallen lassen, zum Beispiel. Oder wenn man aus Versehen jemanden geschubst hatte.«

Das erinnerte mich an ein Beispiel aus einem Erziehungsratgeber des Theologen und Pädagogen Christian Gotthilf Salzmann aus dem Jahr 1780. In seinem »Krebsbüchlein« – einer ironisierten »Anweisung zu einer unvernünftigen Erziehung der Kinder« – beschreibt Salzmann die Geschichte des kleinen Lottchens, das für die Mutter einen Blumenstrauß binden will. Dazu pflückt und rupft Lottchen Blumen aus dem Garten, dekoriert sie liebevoll auf einem Porzellanteller. Der gleitet ihr aus der Hand. Aus Unachtsamkeit »pauz, da ging der Teller in hundert Stücke. Die Mutter sprang sogleich zur Tür heraus, holte eine dicke Rute, und ohne sich nur mit einem Worte zu erkundigen […] ging sie auf dasselbe zornig los.«

Über 200 Jahre später beschrieb die Schriftstellerin Ulla Hahn eine ähnliche Szene in ihrem Roman »Das verborgene Wort«. Darin hatte die kleine Hildegard, Ulla Hahns Protagonistin, eine Tasse fallen lassen, die in sieben glatte Stücke zerbrach. Es war ausgerechnet die Tasse mit den Vergiss-mein-nicht-Girlanden um den Goldbuchstaben »Fern gedenk ich Dein«, die der Vater der Mutter geschenkt hatte, als er noch um sie warb. Abends zerrte sie der Vater am Großvater vorbei ins Wohnzimmer. Die Mutter hob Hildegards Röckchen hoch und hielt sie fest. »Das Stöckchen sauste vierzehnmal, für jede Scherbe zweimal, einmal für Papa, einmal für Mama«, heißt es in Ulla Hahns Roman »Das verborgene Wort«.

Wie mag sich das kleine Lottchen im 18. Jahrhundert bloß gefühlt haben, als seine guten Absichten so bitterlich bestraft wurden? Wie die von Ulla Hahn kreierte kleine Hildegard, als sie aus Versehen die Tasse zerbrach? Wie empfanden es Claudia und ihre Schwester, wenn bei ihnen zu Hause »sehr viel im Zusammenhang mit Tischmanieren und mit sogenanntem ›guten Benehmen‹ geschlagen wurde«? Claudia erinnert sich, dass ihre Schwester sich sehr gefreut hatte, als ein neuer Esstisch angeschafft wurde. Der war nämlich breiter als der alte. »Und da hat sie gesagt, nun kann der Papa nicht mehr rüber langen. Nun kann der mir am Tisch keine Ohrfeige mehr geben. Also mein Vater ist nicht extra aufgestanden dafür. Er langte mal so eben über den Tisch.«

Hänschen klein und die weite Welt

Wann immer Sonjas Mutter sie mit dem Rohrstock durchgeprügelt hatte, fühlte sich die Tochter »einfach nur wie ein Stück Dreck«. Die Schläge taten ihr nicht nur höllisch weh, sie fühlte sich nach dem Gang in den Keller, in dem sie ordentlich vertrimmt worden war, vor allem gedemütigt. Als kleines Kind hatte Sonja zu dem Lied ›Hänschen klein, ging allein, in die weite Welt hinein …‹ deshalb ein sehr zwiespältiges Verhältnis. »Ich hab immer gedacht«, schilderte sie mir, »warum kehrt dieses blöde Kind zurück? Jetzt ist es einmal unterwegs, soll's doch immer weiter laufen.«

Was mir bei meinen Gesprächen mit Sonja, aber auch mit anderen, als Kind geprügelten und misshandelten heutigen Erwachsenen immer wieder auffiel war, dass sie ihre Wut über das, was ihnen angetan worden war, häufig nicht auf ihre Eltern richteten. Stattdessen hielten sich viele für schlechte Menschen, suchten nach Gründen, warum Vater und Mutter sich ihnen gegenüber so brutal und gewalttätig verhalten haben könnten – und fanden sie meist nur bei sich selbst. Sonja zum Beispiel dachte immer, sie habe die Schläge ja wohl auch verdient, sonst hätten die Eltern ihr doch so etwas nicht angetan.

Später als Jugendliche, als sie nicht mehr so häufig misshandelt wurde – aber wie sie sagt, »im Grunde war ich ja immer noch diesen Erwachsenen und auch meinen Brüdern ausgeliefert« –, hatte sie immer nur das Gefühl, sie sei böse, sei an allem schuld. »Das hat sich festgesetzt.« Deshalb wollte sie auch unbedingt ins Ausland, dachte: »Ich muss weg. Ich muss da hin, wo mich niemand kennt. Wo keiner weiß, wie schlecht ich bin. Da kann ich vielleicht noch mal neu anfangen.«

Ihr Empfinden, nichts zu taugen, einen schlechten Charakter zu haben, böse zu sein, hat als spätere Erwachsene auch ihre Beziehungen zu Männern, aber auch zu anderen Menschen geprägt. Anfangs jedenfalls. Da dachte sie stets, sie dürfe niemanden wirklich nahe an sich herankommen lassen. Denn wenn der merke, wie böse sie tatsächlich sei, dann gehe der sowieso wieder. Sie hat lange Jahre ihres Lebens mit dem Gefühl zugebracht, die ihr von den Eltern verabreichten Schläge wirklich auch verdient zu haben.

Je älter Sonja wurde, desto seltener wurde der Rohrstock vom Wohnzimmerschrank heruntergeholt. »Mit der Pubertät war damit Schluss. Da hörten auch die Schläge von meinen Brüdern auf. Der Rohrstock hörte auf. Die Ohrfeigen gingen weiter. Die letzte hab ich mit einundzwanzig gekriegt. Von meinem Vater. Das war, als wieder einmal Krach war und ich gesagt habe, wir wären eine Scheißfamilie. Daraufhin hat er mich aufgefordert, wiederhol das noch mal! Und das hab ich getan. Da hat er mir eine geknallt. Ich hab mich ins Auto gesetzt und bin weggefahren.«

Die Schläge, die Sonja zu Hause bekam, haben bei ihr nachhaltig gewirkt, auf den ersten Blick nicht sichtbare, dafür aber lang anhaltende Wunden hinterlassen. Wie sie diese Auswirkungen beschreiben soll? Da zögert sie zunächst, denkt nach, spricht eher stockend weiter. »Das Schreckliche war doch, dass ich mich als erwachsene Frau eine Zeit lang sehr für Scheinhinrichtungen interessiert habe. Und mich immer verwundert fragte, woher diese Anziehung wohl kam. Denn Scheinhinrichtungen sind ja eine Foltermethode. Erst sehr viel später habe ich verstanden, dass das genau das war, was mir als kleines Kind passiert ist. Denn wenn man noch nicht abstrahieren kann, also so sechs Jahre alt ist, weiß man einfach nicht, ob man den Gang die Kellertreppe hinunter mit dem Rohrstock in der Hand überlebt. Jedes Mal, wenn ich den Schmerz der Schläge spürte, wenn es los ging mit der Prügelei, habe ich geglaubt, ich werde sterben. Schon wenn es die Treppe runter in den Keller ging, habe ich gedacht, nun ist es aus. Dieses Mal überlebe ich es nicht.«

Sie hat es überlebt. Den Ballast der Erinnerung aber lange mit sich herumgetragen. »Erst als ich schon über Dreißig war und eine Therapie machte, ist mir endlich klar geworden, dass meine Eltern mich einfach furchtbar misshandelt haben. Ich habe einen Onkel, mit dem sich meine Familie zerstritten hatte und den ich erst später kennenlernte. Dem habe ich erzählt, wie es uns Kindern zu Hause ergangen ist. Woraufhin der sagte, ja, er hätte, als wir klein waren, das auch schon beobachtet, und er mache sich heute noch Vorwürfe, dass er da nichts gesagt habe. Dieser Onkel schrieb mir in einem Brief, das, was deine Eltern mit euch gemacht haben, stünde heute unter Strafe. Das hat mich enorm beruhigt. Er ist der erste aus meiner Familie, der mal bezeugt, ja, wir sind misshandelt worden.«

Entweder sie oder ich

Sonjas Vater ist früh gestorben. Ihre Mutter hat noch lange gelebt. Aber da sie es war, die Sonja die Prügel verabreicht hatte, während der Vater nur die Brüder schlug, hegte die Tochter vor allem gegen diese Mutter einen heftigen Groll. Eine Zeit lang hat sie versucht, mit ihr über all das zu reden. Doch es brachte nichts. »Als ich ungefähr 40 Jahre alt war, habe ich den Kontakt zu meiner Mutter ganz abgebrochen. Ich habe sie auch bis zu ihrem Tod nicht mehr gesehen. Der Grund hierfür war, dass sie immer alles geleugnet hat. Mir immer versicherte, so, wie ich die Vergangenheit schildere, sei sie nicht gewesen. Ich übertriebe da ganz gewaltig. Außerdem hatte ich das Gefühl, diese Traumata werden jedes Mal reaktiviert, wenn ich sie besuche. Sie machte da auf liebevolle Mutter und große Tochter. Nein, was sind wir doch ein nettes Gespann! Dabei war es furchtbar, was für mich da drunter lag.«

Bei einem von Sonjas letzten Besuchen reichte die Mutter ihr einen Zettel. Darauf stand der Text eines Liedes von Bettina Wegner: »Sind so kleine Hände, darf man nicht drauf schlagen …«. Ob das nicht ein wunderbarer Text sei, wollte die Mutter von Sonja wissen. Die saß da wie gelähmt, hatte plötzlich den Eindruck, ihre Mutter sei »völlig verrückt geworden. Nachher, als ich darüber nachgrübelte, fiel mir ein, dass dieses Verhalten Teil ihrer Tarnung ist. Die will mir damit sagen, meine Gute, du bist verrückt, du bildest dir Dinge ein, die gar nicht passiert sind. Dass du dir vorstellst, ich könne jemals so etwas mit dir angestellt haben, ist einfach absurd.«

Sonjas Reaktion auf Besuche bei ihrer Mutter haben dazu beigetragen, dass sie irgendwann einfach nicht mehr hinfuhr. »Ich hatte ein ganz merkwürdiges Symptom entwickelt. Wenn ich nach einem Besuch bei ihr wieder wegfuhr, bekam ich immer so am Ende des Ortes, etwa in Höhe des Ortsausgangsschildes, eine heftige Müdigkeitsattacke. Die war einfach unbeschreiblich. Ich war gezwungen, rechts ranzufahren, mein Kopf flog auf den Lenker, und ich schlief ein. Tief und fest. Für etwa eine viertel Stunde. Es waren solche Überfälle von Erschöpfung, das war unglaublich. Und ich war absolut sicher, dass es eine Auswirkung meines Besuches bei ihr war, des faulen Friedens, den ich mit ihr eingegangen war. Ab einem bestimmten Punkt war mir klar, so geht das nicht weiter. Entweder sie oder ich. Ich schaffe es einfach nicht, so wie ihre Haltung hierzu ist, in irgendeiner Form unsere gemeinsame Vergangenheit zu klären. Ich habe ihr daraufhin einen Brief geschrieben. So eine Art Abschiedsbrief. Den hat sie mir über einen Anwalt zurückschicken lassen. Danach stand für mich fest: Das mache ich nicht mehr mit.«

Sonja vermutet, dass sich als Folge der brutalen Erziehungsmethoden ihrer Eltern die Geschwister untereinander nicht gut verstehen. »Wir trauen uns gegenseitig nicht. Ich glaube, das resultiert aus so einem Gefühl: Wir haben uns alle gegenseitig im Stich gelassen. Meine Brüder sind ein bisschen älter als ich. Ich habe sie eine Zeitlang dafür verachtet, weil sie sich wirklich nie gewehrt haben. Kürzlich erst hatte ich mal wieder Gelegenheit sie zu sehen. Nach dreißig Jahren Pause zum ersten Mal beide auf einmal. Bei einem Familienfest. Ich empfand sie als zwei alt werdende Männer, die sich zum Boden hin neigen und völlig unerlöst von ihren Kindheitsdämonen wirkten.«

Detlevs Vater – überwiegend abwesend

Ähnlich wie bei Sonja ging es damals in vielen Familien zu. Detlev kann das bestätigen, weiß sehr genau, wie sich ein mit Schwung geführter Kochlöffel am eigenen Leib anfühlt. Der 1949 geborene Handwerker lebt als Chef eines kleinen Betriebes und Vater von drei erwachsenen Kindern in einer Großstadt. In seiner Freizeit malt er zartfarbene Aquarelle, ist begeisterter Marathonläufer, guckt gerne Fußball in seiner Stammkneipe und ist einem kühlen Pils hin und wieder nicht abgeneigt. In seinem Schrebergarten hat er gerade einen Teich angelegt, seine ersten Kartoffeln geerntet. Er hat heute, so versichert er mir bei unserem Gespräch, ein gutes, erfülltes Leben.

Doch das war nicht immer so. Geboren ist er in Norddeutschland, verbrachte dort seine ersten Lebensjahre mit einer Schwester und einem Bruder. Die ganze Fürsorge seiner Mutter galt, soweit er sich erinnern kann, diesem sowohl körperlich als auch geistig behinderten Bruder. »So dass wir anderen im Grunde genommen nicht so beachtet wurden«, erinnert sich Detlev. Er wuchs mit Schuldgefühlen diesem Bruder gegenüber auf, den er zwar mochte, aber mit dem er auch in Konkurrenz um die Zuneigung der Mutter stand.

Detlevs Mutter blieb nach der Geburt ihrer drei Kinder Hausfrau. Sein Vater war Arzt, arbeitete an einem Krankenhaus im Ruhrgebiet. Anfangs war die Familie in extra für das Pflegepersonal auf dem Krankenhausgelände errichteten Baracken untergebracht. Der Vater kümmerte sich kaum um die Kinder. Haushalt und Erziehung blieben somit der Mutter überlassen. »Meine Mutter war die entscheidende Person, mein Vater zählte für mich gar nicht«.

Detlev erinnert sich an Trümmergrundstücke in der Gegend, in der sie damals wohnten. »Trümmergrundstücke, die waren für Kinder zum Spielen ideal.« Als die ersten Häuser wieder aufgebaut worden waren, zog die Familie um. In ein Mehrfamilienhaus. In dem lebten außer ihnen noch zwei Spätheimkehrer. »Der eine hatte durch die Grauen des Krieges seine Sprache verloren, dem anderen hatte man das Bein abgeschossen. Da waren die Probleme, die wir als Kinder mit unseren Eltern hatten, eigentlich ziemlich nebensächlich«.

Auch Detlevs Vater war im Krieg gewesen, hat aber nie darüber gesprochen. Dabei hätte sein Sohn so gerne mehr von ihm erfahren. Aber Detlev hat sich nicht getraut nachzufragen, zum Beispiel danach, ob der Vater jemanden erschossen hat. »Ich weiß nicht, was er dort erlebt hat. Ich weiß nur noch, wenn wir als

Kinder Räuber und Gendarm spielten, und ich hatte einen Stock in der Hand, mit dem ich auf andere Kinder zielte, dann bekam mein Vater ganz kleine Augen, eine gepresste Stimme und sagte: ›Tu den Stock weg, man zielt nicht auf Menschen.‹ Und wenn ich meinte, das sei doch nur ein Spiel, bestand er auf seiner Position und sagte, ›auch im Spiel tut man das nicht.‹« Das war eine Reaktion, die aus den Kriegserlebnissen des Vaters herrührte, vermutet Detlev.

Die Eltern hatten seiner Erinnerung nach eine gewalttätige Beziehung miteinander. Er hat zwar nie mitbekommen, dass sein Vater die Mutter schlug. Aber er hat miterlebt, wie sein Vater den gedeckten Tisch wutentbrannt hochhob und einfach umschmiss. Mit Geschirr, mit allem, was darauf stand. »Das ist oft vorgekommen. Mein Vater war sehr, sehr jähzornig.«

Detlevs Mutter – erst die Arbeit und danach kein Vergnügen

Seine Mutter kam aus einer Familie, in der immer hart gearbeitet wurde. »Von morgens bis abends. Da kannte man wenig Vergnügen«. Und wer nicht parierte, »der wurde vertrimmt. Und genauso sind wir auch erzogen worden.« Die Kinder mussten spuren, wer aus der Reihe tanzte, bekam »eins hinter die Löffel«. Noch heute kann sich Detlev an eine Situation erinnern, die sich häufig wiederholte. »Ich war einfach ein schlechter Esser. Und da meine Mutter viel zu erledigen hatte, mussten die Mahlzeiten immer ziemlich flott vonstatten gehen.« Damit Detlev nicht ständig in seinem Essen herumstocherte, ließ sich die Mutter eine besonders infame Methode einfallen, ihr Kind zur Eile zu zwingen: Sie stellte einfach einen Wecker neben Detlevs Teller. »Und dann wurde mir gesagt, bis da und dahin muss aufgegessen werden. Und da ich das Essen nicht mochte, die Zeit verstrich, wurde ich erst verprügelt und dann ins Bett gesteckt.«

Verprügelt wurde Detlev mit allem »was greifbar war«, Kochlöffel, Kleiderbügel. »Bis die Gegenstände an mir zerbrochen sind. Geblutet habe ich danach glaube ich nicht. Weil die Prügel immer aufs Hinterteil gingen oder auf den Rücken, nie ins Gesicht.« Detlev erinnert sich an die große Wut und die Heftigkeit, mit der die Mutter ihn schlug. An blaue Flecken, die zurückblieben. »Das kann man sich ja vorstellen. Ein massiver Kleiderbügel aus Buche, wenn der zerbricht, dazu muss man schon ordentlich zuschlagen.« Derartige Schläge bekam er, so glaubt er, ab dem vierten Lebensjahr bis zu seinem achten. Später dann gab es seiner Erinnerung nach nur noch Ohrfeigen. Aber ganz genau weiß er es nicht mehr. »Das ist schwer zu sagen, denn das liegt lange zurück.« Grob geschätzt, so vermutet er, ist er wohl 20 bis 30 Mal in seiner Kindheit heftig geschlagen worden. »Das war dann später immer so ein Gerenne um den Tisch herum. Meine Mutter musste mich einfangen, weil ich mich nicht habe verprügeln lassen.« Dabei wurde die Mutter immer wütender. »Und wenn sie mich dann erwischte, ging es richtig los. Dann setzte es was.«

Auch seine Schwester blieb nicht verschont. Die vier Jahre Jüngere war schon als Kind sehr jähzornig, konnte sich regelrecht in einen Wutanfall hineinsteigern. »Dann wurde sie gepackt, ausgezogen und unter eine kalte Dusche gestellt, bis Ruhe war.« Der kleine Detlev empfand das »mit 'ner gewissen Schadenfreude« darüber, dass nicht nur er den Zorn der Mutter abbekam. Ein Gefühl, bei dem er jedes Mal im Nachhinein ein schlechtes Gewissen bekam.

Sein Vater schlug nur, wenn die Mutter ihn dazu aufforderte. Lustlos, weil ihm hierzu einfach die erforderliche Wut fehlte. »Das lief dann so ab: Er forderte mich auf, leg dich über den Stuhl, und dann hat er mit der flachen Hand auf meinen Hintern gehauen. Das hat nie weh getan.« Bei seiner Mutter war das anders, die verletzte, war in Rage und in Aufruhr. Dennoch hat Detlev seine Mutter sehr geliebt, wusste immer genau, dass auch sie ihn liebte. »Trotz dieser Schläge. Das war wohl so.«

Die Einsamkeit nach der Tracht Prügel

Detlev hat allerdings oft, nachdem er eine Tracht Prügel verabreicht bekommen hatte, »genau gespürt, ich bin einsam. In der Hauptsache einsam und unverstanden«. Vor allem, weil er die Prügel nicht eingesehen hat, weil es doch meistens nur darum ging, »dass ich nicht essen wollte, was mir da vorgesetzt wurde.« Noch heute könnte er würgen, sobald ihm der Geruch von Spinat in die Nase steigt. »Ich glaube, das sind so Folgen davon. Mir wurde natürlich mit den Schlägen auch verbal immer wieder gesagt, dass ich einen schlechten Charakter habe, und dass sich meine Eltern später auf mich niemals verlassen könnten. Das wurde mir schon von Kind an eingebläut. Deshalb ging auch die Hoffnung der Eltern über auf meine Schwester, die sich später um meinen behinderten Bruder kümmern sollte.«

Wenn er sich das heute so überlegt, fällt ihm ein, dass er sich schon als Kind innerlich von seinen Eltern verabschiedet hat. »Also ich war nicht steuerbar für die. Ich führte mein eigenes Leben, von dem die oft gar nichts wussten. Überhaupt gar nichts. Die Schule war zu Ende. Danach habe ich so herumgetrödelt. Auf Hausaufgaben hatte ich sowieso keine Lust. Und dann habe ich mich so lange auf der Straße rumgetrieben, bis es anfing dunkel zu werden. Ich kam dann häufig erst so gegen 7, 8 Uhr von der Schule.«

Verzweifelt geweint und protestiert hatte er immer schon, wenn man ihn zur Strafe, weil er seinen Teller nicht leer gegessen hatte, in einem dunklen Zimmer ins Bett steckte. Er hat dann »alle möglichen Gegenstände aus dem Fenster geschmissen. Ich hab einmal aus dem Fenster geschissen vor Wut.« Doch je älter er wurde, desto schwerer fiel es seiner Mutter, ihn zu packen. »Als ich letztmalig geohrfeigt werden sollte, war ich vierzehn. Da hab' ich ihr den Arm festgehalten, ich war dazu inzwischen stark genug, und habe ihr angedroht, wenn sie mich schlägt, dann schlage ich zurück.«

»Ich will da jetzt nichts konstruieren«, versucht Detlev sich genau zu erinnern. »Nur so eine Gewaltbereitschaft, die habe ich von zu Hause irgendwie mitbekommen. Ich habe mich als Kind da, glaube ich, gehen lassen. War unkontrolliert. Ich war wie fremdgesteuert manchmal. Auch in meinen Wutanfällen, das habe ich schon gemerkt. Wenn der Verstand völlig aussetzte und ich dann nur noch draufgeschlagen habe. Ich konnte dann bis zur Besinnungslosigkeit draufhauen.«

Detlev schlägt zurück

Detlev wurde nicht nur zu Hause drangsaliert und gezüchtigt, sondern hatte es auch in der Schule schwer. »Die Schulzeit war für mich so schrecklich, dass ich davon bis vor zehn Jahren zeitweilig noch geträumt habe.« Vor einiger Zeit lud ihn ein ehemaliger Klassenkamerad zum 60. Geburtstag ein. Auf dem Fest redeten sie über früher, und der Gastgeber erkundigte sich bei Detlev, wie es ihm denn so gehe. »Gut«, antwortete ihm Detlev, »ja, mir geht's gut.« Das sei prima, antwortete ihm der ehemalige Mitschüler. Das freue ihn sehr. Er habe Detlev nämlich als den Klassenkameraden in Erinnerung, der es von allen Schülern am schwersten auf der Schule gehabt habe. Weil er immer von den Lehrern gepiesackt worden sei. Das weiß Detlev noch sehr genau. »Ich habe die Lehrer natürlich auch gepiesackt, aber die Lehrer haben mich schon sehr gequält. Erst taten dies die Eltern und dann die Lehrer. Ich stand immer in Konflikt mit irgendjemand. Immer. Wurde zu Hause und in der Schule gedemütigt.«

Als Kind und auch als Jugendlicher war er, so sagt er selbst, »schon verhaltensauffällig. Das muss man sagen. Das hat sich auch in den Zeugnissen niedergeschlagen. Ich habe mich in den ersten vier Jahren in der Volksschule fast täglich geprügelt. Meine Mutter wurde deshalb sehr oft in die Schule zitiert. Entweder hatte ich einen Zahn weggehabt oder ich habe jemand anderem einen Zahn weggeschlagen. Ich hatte in dem Alter vor nichts Angst und wurde von älteren Kindern vorweggeschickt wenn es darum ging, jemanden zu verhauen.«

Bei all dem blieb Detlev einsam. Fühlte sich nicht zugehörig zu den anderen Kindern. »Ist ja auch logisch, wenn sie von mir immer Prügel kriegten, dass sie mich nicht mochten. Das kann man ja verstehen. Ich habe allerdings sehr darunter gelitten, als Kind unbeliebt zu sein. Dabei habe ich schon damals fast zwanghaft auf Zwang reagiert. Wenn mich einer zwingen wollte oder wenn eine Erwartung an mich gerichtet wurde, habe ich grundsätzlich das Gegenteil gemacht.«

Eine Situation aus seiner Schulzeit ist ihm besonders im Gedächtnis geblieben. Das war, als er vor einem Trümmergrundstück mal wieder heftig mit jemandem aneinander geraten war. Danach fehlten ihm büschelweise Haare, die ihm sein Gegner ausgerissen hatte. Er kam blutverschmiert nach Hause. Woraufhin ihn sein Vater drohend mit den Worten empfing: »Na, hast du dich wieder geprügelt? Ich sagte, hm. Daraufhin er: Und, haste es ihm gegeben? Ich sagte, ja, dem hab' ich es gegeben. Da hat mein Vater sich umgedreht und gesagt: Prima. Das haste gut gemacht.«

Es geht auch anders

Seinen eigenen Kindern gegenüber hat Detlev ganz anders reagiert. Vor allem, weil sein jüngster Sohn sich eine Zeitlang gern herumschlug, meistens unter Alkoholeinfluss. »Dem habe ich ein paar Mal gesagt, das muss er abstellen, das passt nicht. Neulich hat er mir ganz stolz erklärt, dass er angegriffen worden sei und sich nicht gewehrt, sondern nur abgewehrt habe. Anschließend sei er einfach weitergegangen. Daraufhin habe ich gesagt, das haste gut gemacht.«

Detlev beschreibt den Umgang mit seinem jüngsten Sohn als etwas ganz Besonderes. Sein Verhältnis zu den beiden Kindern aus der ersten Ehe dagegen ist kompliziert. »Hierzu muss ich zurück auf meine Mutter kommen. Meine Mutter war mit meinem behinderten Bruder sehr beschäftigt. Meine Mutter hatte drei Kinder. War selber sehr im Stress. Und ich glaube, sie wollte ihre Arbeit einfach bis zu einem bestimmten Zeitpunkt erledigt kriegen, und wenn das dann nicht funktionierte, wurde sie wütend. Und so ein Typ bin ich eigentlich auch. Meine Mutter war immer schon hart. Dafür war sie bekannt, knapp, hart, wie das alle in der Familie sind, ohne Schnörkel und immer sehr direkt.« Eine Direktheit, die auch Detlev ausstrahlt. Seiner Mutter hat er später nie vorgeworfen, ihn als Kind so heftig gezüchtigt zu haben. Weil er sie »irgendwie verstanden hat. Die war überlastet und überfordert.« Und trotz der Schläge, die er von ihr bekommen hat, war er »früher ein richtiges Mutterkind. Ich habe an meiner Mutter wie ein Tier gehangen.«

»Später, als ich selbst Vater geworden war, hatte ich eines Tages mal einen wichtigen Termin. Wollte unbedingt nachts schlafen. Da lag das quäkende Baby, das man einmal, zweimal, dreimal beruhigt hatte. Und es quäkte weiter. Ich wusste, der nächste Tag ist gelaufen, bist völlig im Arsch. Und spürte so ein Gefühl von Wut und Gewalt in mir. Damals habe ich mir zum ersten Mal gedacht, es ist besser, du kümmerst dich nicht so intensiv um deine Kinder, denn irgendwann haust du eins womöglich noch an die Wand. Einfach aus dem Gefühl heraus, du musst funktionieren und das Kind stört dich.«

Erst als Detlev dann seine jetzige, zweite Frau kennen lernte, verspürte er den Wunsch, noch ein drittes Kind zu bekommen, mit dem er anders umgehen wollte, als mit seinen ersten beiden. »Zu der Zeit litt ich schwer unter den Schuldgefühlen der Trennung von den beiden ersten Kindern. Und als nun mein drittes Kind, ein Sohn, da war, wurde es so viel besser, dass ich wieder normal empfinden konnte. Ich habe mich nur über den gefreut. Während seiner ganzen Kindheit hatte ich nicht einmal den Impuls, ihn zu schlagen. Nie. Nicht ein einziges Mal.«

2. Kapitel

SELBSTHERRLICHE ELTERN, VERSCHRECKTE KINDER

Ordnung, Fleiß und keine Widerworte

Sonja oder Detlev sind nicht die einzigen, die in jener Zeit durch ihre Eltern schwer gezüchtigt wurden. Als ich begann, Interviewpartner für dieses Buch zu suchen, sprach ich das Thema zunächst in meinem Freundeskreis an. Und stellte fest, dass sehr viele der heute über 50-Jährigen geradezu Experten in Sachen »Elterngewalt« sind. Dass sie genau wissen, wie verlogen der äußere Schein von Wohlanständigkeit und Bürgerlichkeit vieler Familien der 50er und 60er Jahre war. Und dass es tatsächlich unter der Oberfläche heftig brodelte.

Damals konnten Eltern ihre Kinder ungehindert maßregeln, ohne dass sich in Nachbarschaft oder Verwandtschaft jemand hierüber aufregte. Dabei müssen viele die Schmerzensschreie der misshandelten Kinder mitgehört haben. Doch Eltern fühlten sich im Recht, weil niemand da war, der ihnen den Rohrstock abnahm, ihnen Einhalt gebot. Das, was sie taten, war völlig legal.

Der bei den Nachkriegsdeutschen noch immer vorhandene Respekt vor Autoritäten sowie die Erziehungsziele Gehorsam und Unterordnung hatten absolute Priorität, erklären Ute und Wolfgang Benz in ihrem Buch »Deutschland, deine Kinder«. Die soeben überlebte Flucht, die Vertreibung, die Zerstörung und das damit einhergehende Chaos ließen nach ihren Recherchen vor allem Ordnungsliebe und Fleiß den meisten Eltern als besonders erstrebenswert erscheinen. Wohl deshalb, so vermute ich, weil Ordnung und Fleiß ihnen als Garant für Sicherheit und zukünftigen Wohlstand erschienen. Etwas, das sie lange entbehrt hatten. »Verständnis für andere Menschen und Völker« aber auch so etwas wie »Allgemeinbildung« galten dagegen als nicht unbedingt förderungswürdig.[2]

Ute und Wolfgang Benz stützen sich unter anderem auf eine

Umfrage jener Jahre, nach der über die Hälfte der befragten Nachkriegseltern zur Durchsetzung dieser Ziele körperliche Strafen für notwendig und richtig hielten. Nur wenige erzogen ihre Kinder ganz ohne Schläge. Als weitere Strafe war damals der »Stubenarrest« sehr populär. Es gab aber auch Entzug von Vergünstigungen, Essen, Taschengeld und Liebe.

Haben sie es wirklich nicht besser gewusst?

Noch heute berufen sich die inzwischen alt gewordenen Eltern jener Zeit darauf, sie hätten es damals nicht besser gewusst, niemand habe ihnen gesagt, Prügeln sei Unrecht. Woher auch hätten sie wissen sollen, wie man Kinder anders, mit Liebe und Fürsorge erziehen könne? Ein wenig überzeugendes Argument, angesichts der Bereitwilligkeit und der unerschöpflichen Gewaltfantasie, mit der Eltern ihre Sprösslinge damals züchtigten.

Der Schriftsteller Tilman Röhrig, selbst einst ein geprügeltes Kind, empfindet diese Rechtfertigungs-Argumente als ausgesprochen dreist und erklärte mir seine Haltung so: »Wenn Eltern behaupten, ja weißt du, es tut mir schrecklich leid, aber ich hab's halt nicht besser gewusst, außerdem waren alle anderen ja auch so streng, deshalb habe ich es auch getan, dann ist das eine Frechheit. Wenn du dein Kind liebst, dann holst du nicht den Stock und verprügelst es. Nur weil der Nachbar das auch tut. Man kann sich nicht zurückziehen auf die Entschuldigung, ja, es war halt so üblich. Es mag üblich gewesen sein, dass in der Schule der Schlag mit dem Rohrstock auf die Hand zur Erziehungsmethode der Lehrer gehörte. Darüber ließe sich diskutieren. Aber wenn ich Vater und Mutter bin, dann weiß ich, wie weh ein Rohrstock tut. Dann kann ich mich nicht auf das Argument zurückziehen, das tun ja alle, deshalb tue ich das auch.«

Es könne schon sein, »dass diese Eltern es nicht besser wussten«, vermutete Arne Hofmann, einer der renommiertesten deutschen Traumatherapeuten, im Interview. Aber verstecken dürften Eltern sich nicht hinter diesem Argument. Für Fehler, die man mache, müsse man ein Stück Verantwortung übernehmen. Doch mit dem Wort »Entschuldigung«, mit Reue und Bedauern tut sich die Generation der damaligen Eltern seiner Erfahrung nach schwer. Vor allem die Männer bringen eine Bitte um Vergebung, selbst den eigenen Kindern gegenüber, kaum über die Lippen. Hofmann geht allerdings davon aus, dass »das meiste oder vieles von dem, was geschehen ist, nicht böswillig geschah.« Er bucht es eher unter die Kategorie »tragisch« ab. Denn die wenigsten Eltern waren seiner Einschätzung nach »richtige Sadisten, die emotional ausbeutend mit Lustgewinn geprügelt haben. Diese Eltern glaubten wirklich, dass das, was sie da tun, richtig ist.«

Mir schien, als ich meine Recherchen zu diesem Buch beendete, dass ein Großteil der damaligen Kinder ähnlich brachial erzogen worden sind wie Sonja oder Detlev. Und dass diejenigen, die nicht selbst den Rohrstock oder den Kochlöffel zu spüren bekamen, Ausnahmen waren. Sie hatten einfach Glück gehabt. Wie es eine Freundin kürzlich ausdrückte: »Wenn Prügeln wirklich so häufig vorkam, muss ich meine Eltern ja noch mal unter einem ganz neuen Blickwinkel betrachten. Sie haben mich nicht ein einziges Mal vertrimmt, mir nie eine Ohrfeige verpasst. Ich wusste bis heute nicht, dass das etwas so Besonderes war.«

Gewaltlose Erziehung war die Ausnahme

Nach einer meiner Rundfunksendungen zu diesem Thema bekam ich einen Hörerbrief von einem Paar, das in den 50er und 60er Jahren vier Kinder großgezogen hatte. »Mein Mann und ich«, hieß es darin, »sind entsetzt! In unserer Familie und auch in Familien unserer Bekanntschaft und Freundschaft hat es solche Erziehungsmethoden nicht gegeben. Wir fühlen uns persönlich beleidigt«, und zwar darüber, »dass Sie eine solche Sendung ausstrahlen und damit Eltern dieser Zeit diskriminieren und infam pauschalieren. Wir sind wütend und das sollten Sie wissen.« Ich habe auf diesen Brief sehr zwiespältig reagiert. Einerseits war ich froh, dass es auch ein solches Milieu gab, in dem Kinder damals eben nicht geprügelt wurden. Andererseits wunderte es mich schon, dass die Briefeschreiber offenbar so gar nicht mitbekommen hatten, was zu der Zeit in vielen Familien übliche Praxis war.

Ein Artikel im Kölner Stadt-Anzeiger aus dem Jahr 1968 unterstrich meinen Eindruck. »Westdeutschlands Eltern werden angeklagt von ihren eigenen Kindern«, hieß es dort. Anlass zu der Veröffentlichung war eine Umfrage der Aktion Jugendschutz, die 1.780 Jugendliche gebeten hatte, einen Aufsatz zu dem Thema zu schreiben: »Wenn ich mein Vater/meine Mutter wäre [...]«. Das Ergebnis war niederschmetternd, was die Jugendlichen schrieben, alarmierend. Denn herausgekommen war, so die Aktion Jugendschutz: » [...] dass wir zu einem großen Teil ein Volk prügelnder Eltern sind«.[3]

»Das Faktum ist bekannt und wird seit Jahren angeprangert«, kommentierte der Kölner Stadt-Anzeiger damals. »Doch was bewirken die Warnungen und Proteste? Sie bewirken nichts. Im Klima der Grausamkeit wachsen in Westdeutschland natürlich nicht alle, aber noch immer viel zu viele Kinder auf. Und sie halten schließlich das Prügeln für so selbstverständlich, dass auch sie zuschlagen wollen, wenn sie einmal Kinder haben. Deutschland ein Land – so möchte man meinen – wo Aggressionen kultiviert werden und nicht Vernunft, Rache weit eher denn Liebe. Ob in Villen oder Wohnblocks, in Nissenhütten oder Reihenhäusern: Bis heute halten 85 Prozent aller westdeutschen Eltern die Prügelstrafe für eine angemessene Erziehungsmethode. Nur zwei Prozent aller Eltern schlagen ihre Kinder nie. Da spuckt der Sohn in hohem Bogen, weil ihm der Spinat nicht schmeckt. Eine Maulschelle soll ihn prompt zur Räson bringen. Da lungern die Töchter vor ihren Heften herum, weil ihnen zum Thema »Mein schönstes Erlebnis« partout nichts einfallen will; ein paar Backpfeifen sollen ihre Phantasie beflügeln. Da quengeln die Kleinen, weil die lange Autofahrt sie ermüdet; mit einer Abreibung werden sie schnell zum Schweigen gebracht.«

Monika hat zwei Mütter – eine gute und eine böse

Monika hatte als Kind immer die Vorstellung zwei Mütter zu haben. So jedenfalls die Fantasie der heute 57-jährigen, in München lebenden Angestellten. »Die eine Mutter, die nett zu mir war. Und die andere, die eben nicht nett zu mir war. Das habe ich mir ganz oft so vorgestellt. Und dann bin ich immer in die Küche gegangen, um zu gucken, welche von den beiden Müttern gerade da war.« Schon als knapp Dreijährige ist sie zum ersten Mal von zu Hause weggelaufen. Ein Vorfall, der bei Familientreffen als witzige Anekdote zum Besten gegeben wurde. »Wo man mich dann am Bahnhof aufgegriffen hat. Wie ich auf allen Vieren die Freitreppe hochgekrabbelt bin.«

Rückblickend ist sie sich sicher: Ihre Mutter habe sie einfach nicht verstanden. Habe ihr ständig das Gefühl vermittelt, nicht richtig zu sein, nicht das Kind zu sein, was sie sich gewünscht hatte. Dabei hat Monika die ihr verabreichten Schläge nicht unbedingt als Ausdruck von Lieblosigkeit empfunden. »Das gehörte für meine Eltern irgendwie dazu. Die haben mich schon geliebt. Aber nicht akzeptiert, dass ich anders war.« Lauter, als Mädchen damals zu sein hatten. Wissbegieriger, als es sich für ein Kind aus einem Arbeiterhaushalt gehörte.

Du wirst doch sowieso heiraten

Wann immer sie lernte, sobald sie Schularbeiten machte, bekam Monika mit, wie ihr Vater entweder lautstark dagegen protestierte oder irgendwie anders seiner Missbilligung Ausdruck verlieh. Der Mann, der sein Leben lang für die Familie malocht hatte, sah nicht ein, dass ausgerechnet seine Tochter sich weiterbilden sollte, wo sie doch seiner Meinung nach sowieso heiraten und Kinder kriegen würde. Damalige Erziehungspublikationen gaben ihm Recht. So veröffentlichte 1959 Gertrud Oheim einen Ratgeber für Eltern unter dem Titel: »Die gute Ehe – ein Ratgeber für Mann und Frau«. Darin hieß es unverblümt: »Entscheidend ist, dass überhaupt erst einmal das seelische Klima geschaffen wird, in dem schon bei ganz jungen Mädchen die Freude an der Hauswirtschaft gedeiht, dass bei aller Ertüchtigung für den Beruf die Mädchen jenen krassen Materialismus etwas mehr zurückstellen lernen, der sie treibt, schnell Geld zu verdienen und zwar möglichst unter Schonung ihres Nagellacks oder ihrer duftigen Kleidchen.«

Monika hat diese Haltung zu Hause immer zu spüren bekommen. Sie musste ihre schulische Weiterbildung ständig gegenüber dem Vater rechtfertigen und durchsetzen. Manchmal schlug er sie allein schon deshalb, weil ihm die lernbegierige Tochter nicht in den Kram passte. Auch noch, als sie schon fünfzehn Jahre alt war. »Da standen die Kinder aus der Nachbarschaft aufgereiht am Gartenzaun, weil die wussten, ich würde jetzt verprügelt werden.« Doch irgendwann wurde auch sie aufsässig, »renitent«, wie sie es nennt. »Habe aufbegehrt ohne Ende.« Mähte mit ihrer Sprachgewalt nicht nur die Eltern, sondern auch die gesamte Verwandtschaft nieder. »Ich war unglaublich«, beschreibt sie sich rückblickend nicht ohne Stolz.

Alle hielten Monika für bekloppt

»Ich fiel schon immer als Intellektuelle in diesem Arbeiterhaushalt auf. Das hätten die nicht so genannt. Sie meinten eher, ich sei eben bekloppt. Ich war mal wieder nicht richtig, wie immer. Nur woanders, in der Schule zum Beispiel, bekam ich dadurch ziemlich viel Anerkennung. Zu Hause hörte ich immer nur, wenn du so bist, dann kriegst Du nie jemanden, der dich liebt. Dann kriegst Du keinen Mann ab. Immer wurde gesagt, tu das doch nicht, lass das doch sein, werde ja nicht so selbstbewusst, weil du heiratest ja doch bald. Also immer so diese doppelten Sachen, die ich mit auf den Weg gekriegt habe. Ich sollte gut in der Schule sein, aber eigentlich auch wieder nicht, weil ich ja doch bald heiraten werde. Und außerdem, was soll aus mir schon werden. Ich bin ein Arbeiterkind, das geht nicht aufs Gymnasium. So. Das waren immer solch' merkwürdige Botschaften, die ich da mitbekommen habe.«

Ihr Vater kam aus einer Familie, die während der Nazizeit in den inneren Widerstand gegangen war. So dass er, während alle die Hitlerfähnchen schwangen, bei Aufmärschen nicht mit dabei sein durfte. Ihre Mutter war Hausfrau, kam ebenfalls aus einer Arbeiterfamilie. Ihr Großvater mütterlicherseits war Bergmann, ein intelligenter Mann, der nie die Chance hatte, etwas anderes zu tun als diesen Job. Der sich aber einen Ausgleich gesucht hatte, in Laientheatergruppen mitspielte, in Vereinen engagiert war. Dieser Großvater ging dann den »Nazis auf den Leim«, wie Monika es ausdrückt. Weil er hoffte, die würden ihn rausreißen aus seinem tristen Arbeitermilieu, aber auch, weil er seine Chance sah, doch noch etwas Besseres zu werden. »Und so wurde er dann zu einem praktizierenden Nazi.«

Die Konsequenz der Eltern aus ihrer unterschiedlichen Familienbiografie war: Beide hatten große Angst aufzufallen, aus dem Mainstream auszuscheren, nicht dazuzugehören. Der Vater hatte während des sogenannten »Dritten Reichs« – die Mutter erst danach – gelernt, dass es besser ist, sich bedeckt zu halten. »Eins hatten beide Großväter gemeinsam: Sie haben ihre Frauen geprügelt. Und ihre Kinder, also meine Eltern, natürlich auch.«

Zunächst lebten Monikas Eltern in einer Zechenwohnung im Ruhrgebiet, gemeinsam mit den Großeltern. Später zogen sie aus, wohnten aber weiterhin zur Untermiete. Erst in den späten 50er Jahren, als der Wohnungsbau boomte, bekamen sie in einer für Arbeiter erstellten Siedlung eine kleine Wohnung. Für ein eigenes Häuschen verdiente der Vater zu wenig, auch wenn er zwei, manchmal drei Jobs annahm, um die Familie zu ernähren. »Er hat sowohl Schichtarbeit gemacht, als auch bei einem Umzugsunternehmen gearbeitet. Und dann noch Nebenjobs als Schlosser angenommen, in seinem erlernten Beruf.« Ihre Mutter beschwerte sich oft darüber, dass der Vater so gut wie nie zu Hause sei. Sie fühlte sich einsam, versuchte sich durch regelmäßige Besuche in einer Nähstube oder durch die Teilnahme an Hausfrauennachmittagen abzulenken.

Ihre Eltern achteten sehr darauf, dass die Tochter gut gekleidet war, diesbezüglich mit anderen konkurrieren konnte, dass sie frühzeitig ein Fahrrad bekam. Was den Konsum anbelangte, da konnte Monika durchaus mit bessergestellten Kindern mithalten. Doch was die Stimmung zu Hause anging, da fehlte es an allen Ecken und Enden. Die Mutter war nett und freundlich, wenn sie gut gelaunt war. Dann lachte sie auch schon mal. Was sie jetzt, als alte Frau, häufiger tut und sich zum Erstaunen der Tochter als eine »unheimlich humorvolle Frau« entpuppt. Man kann sich, sagt Monika, »über die schippelig lachen«. Was früher einfach zu selten vorkam.

Kaltes Wasser auf toupierte Haare

Verstanden fühlte sich Monika nie von dieser Mutter. Selbst in ihren guten Phasen, wenn sie die nette Mutter zu sein schien, war ihr diese Tochter offenbar immer zu viel. »Also ich weiß noch, wenn ich aus der Schule kam und ihr was erzählen wollte, reagierte sie mit aaahhh, hör auf, du redest zu viel. Sie hat mich einfach nicht verstanden, überhaupt nicht.«

Die Reaktion der Mutter auf die Tochter war entsprechend handfest. Monika war aufmüpfig, das bestreitet sie gar nicht. Manches, was sie als Kind tat, kann sie sich im Nachhinein auch nicht mehr erklären. So, als sie sich eines Tages, die Mutter wischte gerade den Flur, einfach mit all ihren Anziehsachen in den Putzeimer setzte. »So dass ich eine völlig nasse Hose bekam. Dafür wurde ich dann geprügelt.« Oder als sie auf die jüngere Cousine eifersüchtig reagierte, die immer die Engelsgleiche, Sanfte war, und mit der sie viel Zeit verbrachte. »Da wurde ich manchmal richtig fies. Ich hab ihr zum Beispiel ein Beinchen gestellt, weil ich so eine Wut auf sie hatte. Danach habe ich von mir gedacht, nun weiß ich es genau, ich bin einfach ein böses Kind.«

Später, als sie in die Pubertät kam, wurde die Sache noch schwieriger. Einmal durfte sie zum Friseur gehen. »Der hatte, wie das damals so war, mir die Haare furchtbar hoch toupiert. Mir war das zwar schrecklich peinlich, aber ich habe mich nicht getraut zu sagen, ich möchte das so nicht. Irgendwie fand ich das auch lustig.« Nur ihre Mutter nicht, die reagierte sauer, als sie ihr Kind mit dieser aufgemotzten Frisur sah, packte die Tochter und hielt sie unter den kalten Wasserhahn. »Sie hat mir das Wasser regelrecht über den Kopf laufen lassen.« Während die Mutter sie anschließend verhaute, hielt Monika »einfach nur die Hände über den Kopf«, machte sich so klein wie möglich, damit es sie nicht so heftig traf. Sie kann sich nicht erinnern, womit sie bei der Gelegenheit geschlagen wurde, ob wie üblich mit dem nassen Aufnehmer oder wie so oft mit einem Handfeger.

Monika war, trotz der brutalen Schläge, nie zornig auf die Mutter. »Das versteh ich überhaupt nicht. Also ich habe nie in der Situation Wut gehabt, sondern ich hatte immer nur dieses unglaublich hilflose Gefühl.« Ihr war schon klar, dass die Wutausbrüche der Mutter wenig mit ihrem eigenen Verhalten zu tun hatten, mehr mit der Mutter selbst, mit deren Frust und deren allgemeiner Unzufriedenheit.

Ein stillschweigendes Übereinkommen

Bis heute weiß Monika eigentlich nicht so recht, warum sie über das Verhalten ihrer Mutter andern gegenüber so eisern schwieg. »Ich habe eine Freundin gehabt, der es ähnlich ging wie mir. Wir haben schon darüber geredet, aber sehr verhalten.« Monika war nicht die einzige, die über ihre Familienverhältnisse nichts nach außen dringen ließ. Wer spricht schon gerne darüber, dass bei ihm zuhause nicht alles so läuft, wie man es gerne gehabt hätte? Wer würde einfach so herumerzählen, dass sein Vater, der auf seine Freunde einen so sympathischen Eindruck macht, auch eine andere, eine dunkle, eine äußerst gewalttätige Seite hat? Wer stellt schon gerne die Mutter als eine aufbrausende, schlagkräftige Person bloß?

Die österreichische Schriftstellerin Anna Mitgutsch hat in ihrem Buch »Die Züchtigung« sehr genau den Grund für dieses flächendeckende Verschweigen beschrieben, dieses Unbehagen im Umgang mit dem Gewaltthema bei sich daheim. Danach war das erste Gebot, dass nichts, was zuhause vor sich ging, nach außen dringen durfte. »Die Fassade musste lückenlos bleiben. Wir waren eine anständige Familie, in der nur Harmonie herrschte.« Wann immer die Protagonistin ihres Buches sich vor angedrohten Schlägen aus dem Haus flüchtete, »bei Fremden, die nichtsahnend den Berg heraufkamen, Zuflucht suchte«, konnte sie sich anschließend auf eine heftige Tracht Prügel gefasst machen. »Und wer glaubt denn schon einer heulenden Sechsjährigen, die einem den Weg versperrt, den gemütlichen Spaziergang ins Grüne an einem stillen Sonntagnachmittag, wenn sie schreit, Hilfe, bitte helfen Sie mir, die Mama haut mich, wer will sich denn schon einmischen, bloß weil eine kleine, freche Göre ihrer wohlverdienten Züchtigung entgehen will? Na, na, sagte der freundliche Herr mit dem Spazierstock begütigend, wird schon nicht so schlimm sein, wir sind doch alle hie und da übers Knie gelegt worden und sind auch anständige Menschen geworden und hat uns kein bisschen geschadet.«[4]

Wer hat eigentlich ihre Schreie damals gehört, fragt sich Anna Mitgutschs Protagonistin, wenn an schönen Sommertagen alle Fenster offenstanden und nur die bei ihr zu Hause sorgfältig verschlossen blieben. Ihr Klavierspiel haben die Nachbarn sehr wohl mitbekommen, »und mein Gebrüll, das nichts mehr mit Kindergeschrei zu tun haben konnte, hätten sie nicht gehört? Meine Mutter hat mich nämlich geschlagen, sagte ich später, wenn Verwandte und Nachbarn die Lobreden der tüchtigen Hausfrau und guten Mutter anstimmten, aber sie warfen mir beschwörende Blicke zu und gingen verlegen zu andern Themen über. Schmutzwäsche versteckt man vor Fremden, ich habe an ein Tabu gerührt, wir sind eine Nation geschlagener Kinder.«

»Die Scham verschließt den Mund«, glaubt auch der Schriftsteller Tilman Röhrig. »Man schämt sich für das, was passiert ist. Weil man sich so sehr ein gutes, ein liebevolles Elternhaus wünscht«, sagt er im Gespräch mit mir. »Eines, in dem die Eltern weise und freundlich in bequemen Sesseln sitzen. Eltern, die man Besuchern gerne vorstellt: das ist mein alter Herr, dort die alte Dame ist meine Mutter.«

Doch weder bei Tilman Röhrig noch bei Monika war das der Fall. Deshalb schwiegen beide lieber, wie so viele ihrer Generation, die die Ausraster der Eltern, die erlebte Gewalt nicht öffentlich machten. Warum groß darüber lamentieren? Es gab so etwas wie eine Art stillschweigendes Übereinkommen, über die Gewalt in der Familie lieber den Mund zu halten.

Monika hat sich nur ihrem Lieblingslehrer anvertraut. Da war sie schon sechzehn Jahre alt. Ist zu ihm regelrecht hin geflüchtet vor den Schlägen der Mutter. Der hat ihr zwar zugehört, aber schützen konnte er sie auch nicht. So dass sie immer dachte: »Ich muss das halt alleine hinkriegen. Und das war auch so«.

Später dann, als Monika längst in diversen Wohngemeinschaften lebte, hat sie die Erziehungsmethoden ihrer Mutter bei Gelegenheit vorsichtig angedeutet. Doch ihre Mitbewohner kamen meist aus der Mittel- oder der Oberschicht. Als Arbeiterkind hatte sie in diesem Kreis sowieso eine Sonderstellung. Wenn sie dann auch noch versuchte, ihre Kindheitserfahrungen anzusprechen, distanzierten sich die anderen, behaupteten, so etwas nie erlebt zu haben. »Wobei ich hinterher von einem ganz engen Freund,

Sohn aus einer Arztfamilie, erfahren habe, dass er und seine zwei Brüder zu Hause furchtbar verprügelt worden sind. Aber der hätte das nie gesagt in der Wohngemeinschafts-Runde. Nie! Also wir Frauen haben da eher drüber geredet. Aber Jungs haben geschwiegen.«

Nirgendwo richtig sein, immer nicht passen

Dieses Gefühl, nicht liebenswert zu sein, immer nicht richtig zu sein, hat Monika ihr Leben lang begleitet. »Hinzu kam der Eindruck, dass ich mich eigentlich mit niemandem wirklich verstehe. Keiner nachvollziehen kann, wie es mir geht. Ganz oft bin ich, als ich jünger war, unglaublich aggressiv gewesen. Ich erinnere mich noch an eine Diskussion über Ausländerfeindlichkeit. Da wurde die Position vertreten, ja so mit der Ausländerfreundlichkeit, das könnten sie auch nicht immer so durchhalten, wenn jemand sich nicht integrieren wolle oder so. Daraufhin bin ich auf die Barrikaden gegangen. Ich war immer so moralisch. Das ist mir auch vorgeworfen worden. Immer unglaublich moralisch und habe selber darunter gelitten. Weil keiner mich verstanden hat. Ich war wieder anders.«

In ihrer Wohngemeinschaft, in der sie als Studentin lebte, hatte sie bei Kontroversen immer mal wieder den Impuls »du stehst jetzt auf und scheuerst dem ein paar. Damals kam dieses Gefühl viel häufiger hoch, als später gegenüber meinem Kind. Also so Macho-Ärschen gegenüber, die es ja wirklich in Wohngemeinschaften gab. So dogmatischen DKPisten gegenüber oder so.«

Während ihres Studiums an einer Fachschule für Sozialpädagogik gab es nur einen männlichen Dozenten. »Ansonsten war das eine richtige Frauenschule. Die Lehrerinnen hatten sich allesamt rübergerettet aus dem Naziregime. Auf diesen Mann bin ich zugegangen. Der war zwar ultrakatholisch, hatte vier Kinder. Trotzdem hat er mich so in die Richtung A. S. Neill, Summerhill[5] denken lassen. Das fand der bestimmt nicht eins zu eins gut. Später hat er mal anlässlich eines Klassentreffens zu mir gesagt, also der Unterricht war immer total spannend, wenn Sie da waren. Weil Sie waren immer dagegen. Egal was ich erzählt habe, Sie waren erst mal immer dagegen. Das war so um 1968.«

Auch als erwachsene erfolgreiche Frau hatte sie in ihrem beruflichen Alltag oft das Gefühl, gedemütigt zu werden. So, wie sie das ja von zu Hause aus kannte. Und in Beziehungen fühlte sie sich häufig verkannt, nicht genug geliebt, ging davon aus, »mich kann sowieso keiner lieben, weil ich ständig so unter Strom stehe. Auf der anderen Seite war ich grenzenlos anspruchsvoll.«

Dieses Gefühl, sich anders zu fühlen, nicht richtig dazuzugehören, hat sie oft einsam gemacht. »Meine ganz große Liebe ist hieran gescheitert. Noch heute grübele ich darüber nach, was daran mein Anteil war. Ob meine Art, Ich zu sein, die Dinge zerstörte. Das Gefühl, ich bin nicht richtig, ich bin hier nicht richtig, ich bin wie ich bin nicht richtig. Ich muss immer aufpassen. Das ist etwas, was mich mein Leben lang begleitet.«

Irgendwo hatte sie gelesen, wer geprügelt wurde, prügelt selber. Deshalb ist sie auch besonders stolz darauf, gegenüber ihrer Tochter nie die Hand erhoben zu haben. »Ich habe sie nie geschlagen, nur einmal habe ich sie geschubst. Das erzählt sie immer noch: Du hast mich mal geschubst! Ich weiß noch, als sie während ihrer ersten Trotzphase so mit drei oder vier nie das anziehen wollte, was dem Wetter angemessen war, und dass sie beim Anziehen unglaublich getrödelt hat. Dabei musste ich sie in den Kindergarten bringen, danach musste ich arbeiten. Also das war getaktet. Nein, das zieh ich nicht an, ich will das Sommerkleid anziehen! Und es war tiefster Winter, unter null Grad.« Für Monika eine brenzlige Situation, aus der sie sich klug herauszog. Sie legte ihrer Tochter die Anziehsachen hin, sagte ihr: »Du ziehst die jetzt an. Ich geh jetzt raus. Meine Taktik war, mich zu entfernen, Distanz zu schaffen. Wenn ich wiederkam, hatte sie sich beruhigt. Ich bin weggegangen, weil ich Angst davor hatte, ihr eine zu scheuern, wenn ich geblieben wäre.«

Monikas Mutter wird zur witzigen, liebevollen Oma

Monikas Mutter hatte aber auch eine andere, eine humorvolle, ja geradezu liebevolle Seite. Von der ist Monika heute »völlig begeistert, weil die Oma sehr, sehr witzig sein kann und Sachen super auf den Punkt bringt. Sie hatte eben auch diese Seite. Auch wenn ich krank darniederlag, war sie unglaublich lieb zu mir. Richtig besorgt saß sie an meinem Krankenbett. Allerdings auch nicht mehr als ein oder zwei Tage. Dann hatte ich gefälligst wieder gesund zu sein.«

Meistens jedoch, erzählt Monika, konnte sie machen was sie wollte, es war immer falsch. »Nein, stimmt gar nicht«, korrigiert sie sich. »Es war nicht falsch, sondern ich war falsch. Ich war jedenfalls nicht richtig.« So glaubte Monika viele Jahre lang, sie sei ungeschickt, habe zwei linke Hände. Erst als sie im Alter von 45 Jahren eine Therapie machte, sagte die Psychologin zu ihr: »Wieso glauben Sie eigentlich, dass Sie zwei linke Hände haben? Sie haben den ganzen Haushalt geschmissen. Sie waren allein erziehend. Sie haben so viel in Ihrem Leben schon hingekriegt.« Seitdem merkt sie, wie geschickt sie eigentlich ist. Wie leicht sie Kaputtes repariert, ihren Haushalt schmeißt, Dinge regelt. Bei solchen Gelegenheiten fällt ihr wieder ein, dass sie die Tochter eines Schlossers ist.

Irgendwann hat sie ihrer Mutter beschrieben, wie schrecklich diese Kindheit für sie war. Woraufhin die sich mit den Worten verteidigte, wir wussten es nicht anders. Außerdem sei Monika wirklich ein furchtbar anstrengendes Kind gewesen. »Das war ich sicher auch. Ich habe lange drüber nachgedacht, warum das alles so war. Ein Grund war sicherlich, dass meine Mutter mir meine Kindheit und meine Jugend geneidet hat. Weil bei ihr alles anders war. Ihre Mutter, also meine Großmutter, ist früh gestorben, dann war Krieg, und ihre Stiefmutter hat sie nie geliebt, sie immer bis aufs Blut gereizt. Deshalb war sie so unglaublich neidisch auf mein Leben. Vor allem, als ich dann ausgegangen bin, auf Feten, auf denen echte Bands gespielt haben. Als ich dort so etwas wie Lebensfreude entwickelte.«

Als Monika aus dem Haus war, ging ihre Mutter wieder arbeiten. Häufig holte Monika sie zu der Zeit nach der Arbeit vor dem Geschäft ab. Doch immer meckerte die Mutter dann an ihr herum, fand sie nicht richtig gekleidet. »War peinlich berührt über mein Outfit. Da war ich wieder nicht richtig. Das hat sich immer durchgezogen. Trotzdem habe ich sie abgeholt. Aber ich bin immer seltener zu ihr nach Hause gefahren, habe manchmal Freunde mitgenommen, damit so eine Distanz zwischen uns entsteht.«

Monika hat nie geheiratet. »Es war ein bisschen eine Reaktion auf den Eindruck: Dich will ja keiner, gut, dann will ich auch nicht. War so, als wollte ich etwas dagegen setzen. Und meine berufliche Karriere, über die mein Vater immer gesagt hat, die sei sinnlos, weil ich ja doch irgendwann heirate, die habe ich in den Mittelpunkt meines Lebens gestellt. Trotzdem habe ich ein Kind bekommen. Unehelich. Ich wollte ein Kind, aber nicht unbedingt einen Mann dazu. Sobald ich sicher im Job war, habe ich gedacht, so jetzt kann das passieren. Und ich wurde auch schwanger. Als meine Mutter das erfuhr, hat sie mir einen Brief geschrieben, in dem stand, wir haben jetzt keine Tochter mehr. Ich solle jetzt bloß in meinem Zustand nicht nach Hause kommen, weil die Leute mich so nicht sehen dürften.«

Für Monika war dieser Brief »eine Befreiung.« Nun war sie diese Mutter endlich los, konnte machen was sie wollte, ohne ständig kritisiert zu werden. »Als dann meine Tochter geboren war, stand meine Mutter allerdings sofort wieder auf der Matte. Damit begann eine neue Ära. Die hat mein Kind angeguckt, mein Kind hat meine Mutter angeguckt, und zwischen beiden gab es sofort eine innige Beziehung. Dabei hatte ich mir vorgenommen, mein Kind niemals mit meiner Mutter allein zu lassen. Vielleicht in Erinnerung an die Frau, die mir den nassen Aufnehmer um die Ohren geklatscht hatte.«

Monikas Mutter war immer schon eine pingelige Hausfrau, bei ihr war es piekfein sauber und ordentlich. Als Monikas Tochter daher so etwa mit anderthalb Jahren im Wohnzimmer dieser Oma zu Besuch war und auf dem »Holzsims des Wahnsinns-Wohnzimmer-Schrank-Trumms, an den keiner außer ihr ran durfte, mit ihren Matchbox-Autos Rennen fuhr«, rechnete Monika mit einer Katastrophe. »Ich habe gedacht, meine Mutter geht jetzt hin und knallt der eine. Ich hab das wirklich so gesehen.« Stattdessen ging ihre Mutter hin zu dem Enkelkind und sagte verzückt: ›Ach guck mal, was das Kind da macht! Das ist ja wie 'ne Rennbahn!‹ »Ich dachte, ich fass es nicht. Von da an habe ich ihr meine Tochter anvertraut. Ich war mir sicher, diesem Kind tut sie nichts. Das ist für mich die absolute Versöhnung gewesen. Die besteht bis heute. Die Beziehung zwischen meiner Mutter und meiner Tochter ist sehr tragfähig. Rundumversorgung gab es nicht bei der berufstätigen, alleinerziehenden Mama, Rundumversorgung gab es bei der Oma. Obwohl die etwa 100 Kilometer entfernt lebte. Sie hat so einen Spaß an dem Kind gehabt, ist durch meine Tochter wieder jung geworden. Ihr ist bewusst, dass sie das gut gemacht hat.«

Inzwischen ist Monikas Mutter 80 Jahre alt. Mittlerweile kann Monika auch ihre guten Seiten sehen. »Sie hatte immer ihre Kompetenz, nur früher nicht zu meinen Gunsten. Sie ist eine unglaublich praktische Frau. Bei meinen tausend Umzügen kam die immer, rapzap war alles eingepackt. Die hat auf einem Bügelbrett eine Küche improvisiert, für alle gekocht. Da war man atemlos. Sie hat wirklich eine unglaublich praktische Intelligenz. Noch heute. Die zaubert immer was. Letztes Wochenende ist sie mir allerdings wieder unheimlich auf den Geist gegangen. Da kamen dann so Gedanken hoch: Warum soll ich mich eigentlich so doll um diese alte Frau kümmern, wo die mich doch lange Zeit meines Lebens fertig gemacht hat? Na ja, und dann tu ich es doch. Wenn sie schwer krank werden würde, jetzt im Alter, dann würde ich sie vielleicht sogar pflegen. Nicht gerne, aber ich würde es tun.

Da bin ich sehr ambivalent. Manchmal verspüre ich zu ihr eine gewisse Nähe. Aber ich passe immer auf, dass ich da nicht wieder in irgendwas rein gerate, wo sie mich verletzen könnte. Noch heute reicht es aus, dass sie eine Bemerkung macht, und plätsch, bin ich wieder fix und fertig. So eine Bemerkung wie die: Also wie sieht es denn bei Dir wieder aus? Das lernst Du ja nie! Ja, mit der Schnüss warste immer schon vorne dran!«

3. Kapitel

MIT ZUCKER-BROT UND PEITSCHE

Einblick in die Schwarze Pädagogik

Sie sieht gut aus, jung geblieben, attraktiv, fit. Ihre Augen hat sie hinter einer großen, dunkel getönten Brille versteckt. An einem Oktoberabend des Jahres 2010 ist die Wiener Kammersängerin Renate Holm abends auf WDR3 in der Talkrunde »Kölner Treff« zu Gast. Im Gespräch mit der Moderatorin Bettina Böttinger plaudert die fast 80-Jährige über ihre Kindheit. Zunächst darüber, wie sie nach Ende des Zweiten Weltkriegs Schlager gesungen hatte, »in einem Studio aufgenommen, so groß wie jetzt mein Schlafzimmer«. Damals schon wollte sie unbedingt Opernsängerin werden. Dieser Wunsch ging in Erfüllung. Drei Jahrzehnte lang sang Renate Holm an der Wiener Staatsoper, zeitweilig unter Herbert von Karajan. Ein immenser Erfolg, den sie auf die Disziplin zurückführt, die ihr die Mutter durch Ohrfeigen und Strenge einbleute. Ohrfeigen, die Renate Holm in der Fernseh-Talkrunde mit den Worten umschreibt: »Es gab schon mal eine rechts und links.«

»Die Strenge meiner Mutter hat mir den Weg geebnet«, kommentiert sie die Watschen. Ihre Mutter wiederum habe ihr Pflichtbewusstsein vom eigenen Vater, dem Generalfeldmarschall von Bülow, einem soldatischen Preußen. Sie sei der Mutter durchaus dankbar, dass sie sie so erzogen habe, nämlich sehr autoritär. »Damit bin ich aufgewachsen.« Nachdenklich räumt sie im Verlauf des TV-Abends allerdings ein, dass sie eine solche Erziehung doch nicht gern an jemand anderem praktizieren würde.

Der Liebling aller Regisseure

Je länger die alte Dame, für die das hohe F ihr Leben lang ein ganz normaler Ton war, je länger Renate Holm vor laufender Kamera so vordergründig leicht und locker über ihre Kindheit plauderte, umso nachdenklicher wurde ich zu Hause vor dem Fernseher. Mich erstaunte vor allem, mit welcher Selbstverständlichkeit sie die negativen Auswirkungen ihrer Erziehung auf ihr späteres Leben offenbar akzeptiert hatte. Klaglos und ohne aufzumucken. »Ich habe mein Leben lang gehorcht. Die Regisseure haben mich geliebt. Ich habe nie widersprochen, war immer devot und habe immer 200 Prozent meiner Pflicht erfüllt.« Eine Aussage, die mich diese Frau in einem ganz anderen Licht als dem von Glamour und Erfolg sehen ließ. Als ein kleines geprügeltes, eingeschüchtertes Mädchen, das diese angstgeprägte Haltung nie mehr los geworden ist.

Dieser Eindruck wurde durch Renate Holm im weiteren Verlauf der Talkshow noch verstärkt. Fast nebenbei schilderte sie, welche Probleme sie später als Erwachsene hatte. Zum Beispiel mit Freiheit, mit der sie so gar nicht umgehen konnte, wo doch früher die Mutter immer alles entschieden habe. Und genießen, nein, das könne sie auch heute noch nicht. Das habe sie einfach nicht gelernt. Irgendwann im Verlauf der Diskussion schob sie noch leise nach: »Ich wäre auch ohne [links und rechts] ausgekommen.«

Das wäre sie sicherlich, dachte ich an dieser Stelle. Wobei ich mich fragte, wieso eine solch gestandene erfolgreiche Frau rückblickend über diese Mutter, die sie um so viel Genussfähigkeit und Selbstwertgefühl gebracht hat, noch im hohen Alter sagt, sie habe sie bewundert. Hat sie den Drill der Mutter nie infrage gestellt? Nie Wut auf diese Frau gehabt, die sie um einen Teil ihrer Lebensqualität brachte? Wo es doch diese Mutter war, die Renate Holm das Genießen mit »rechts und links eine um die Ohren« ausgetrieben hatte. Der Preis, den die Kammersängerin für die Disziplin zahlen musste, der sie ihre Karriere verdankte, war meiner Ansicht nach zu hoch. Denn was hatte ihr dieser Erfolg gebracht, wenn sie ihn nicht genießen konnte? Wenn sie nichts im Leben so richtig genießen konnte, wie sie an diesem Abend sagte. Wer so wie Renate Holm früh schon zu Hause parieren lernt, seinen Eltern gehorcht, keine unbequemen Nachfragen stellt, wer sich an Ohrfeigen gewöhnt, sich einengt, einzwängt – aus dem wird im Leben möglicherweise eine erfolgreiche Kammersängerin, der Liebling aller Regisseure. Aus dem wird aber nur im Ausnahmefall ein glücklicher, zufriedener Mensch, egal wie viel Erfolg, wie viel Wohlergehen ihm das Leben beschert. Stattdessen könnte aus ihm gut und gern der ideale Untertan werden, der künftige Soldat seines Königs, der Befehlsempfänger, derjenige, der ohne Schwierigkeiten zu machen der Obrigkeit gehorcht. Denn das wurde ihm sozusagen mit dem Rohrstock eingeprügelt. Um dies zu erreichen, wurden über Jahrhunderte hinweg den Kindern Widerspenstigkeit und Eigensinn durch pädagogische Gewaltakte ausgetrieben. Herrscher sind auf gehorsame Untertanen angewiesen, Regisseure lieben folgsame Kammersängerinnen.

Ein Reformator mit gnadenlosen Parolen

> Es war einmal ein Kind eigensinnig und tat nicht, was seine Mutter haben wollte. Darum hatte der liebe Gott kein Wohlgefallen an ihm und ließ es krank werden, und kein Arzt konnte ihm helfen, und in kurzem lag es auf dem Totenbettchen. Als es nun ins Grab versenkt und die Erde über es hingedeckt war, so kam auf einmal sein Ärmchen wieder hervor und reichte in die Höhe, und wenn sie es hineinlegten und frische Erde darüber taten, so half das nichts, und das Ärmchen kam immer wieder heraus. Da musste die Mutter selbst zum Grabe gehen und mit der Rute aufs Ärmchen schlagen, und wie sie das getan hatte, zog es sich hinein, und das Kind hatte nun erst Ruhe unter der Erde.[6]

Eine grausame Geschichte wird in diesem Märchen über »Das eigensinnige Kind« erzählt, das die Gebrüder Grimm 1815 in ihre

Kinder- und Hausmärchen-Sammlung aufnahmen. Bis ins Grab hinein verfolgt die Mutter ihren Sprössling – nicht mit Trauer und Tränen, sondern mit der Rute. Und der Tod, so wird hier dargestellt, kam von Gott gesandt, der kein Wohlgefallen an diesem Kind hatte, denn es war »eigensinnig«. Dieses Märchen hat mich schon immer verstört. Und als ich jetzt in Büchern über die Geschichte der Pädagogik blätterte, stieß ich auf einen ähnlichen Text. 1552, also mehr als 250 Jahre zuvor, schrieb Hans Sachs ein Meisterlied »von der Kinderzucht«. Darin heißt es: »Haut mit Ruten die toten Hände / achtzehn Stunden lang am Ende«. Auch hier geht es um ein totes Kind, dessen Hand noch immer widerspenstig aus dem Grab ragt.

Ab wann begannen Eltern eigentlich ihren Kindern den Eigensinn derart brutal auszutreiben, ihnen Buckeln und Duckmäusertum mit Gewalt einzubläuen? Offenbar schon, seit sich Eltern von ihren Kindern genervt fühlen, sie zur Anpassung und zum Gehorsam zurechtbiegen wollen. Der Reformator Martin Luther, der für eine harte Hand im Umgang mit den Sprösslingen plädierte, zitierte gern den alttestamentarischen Prediger Salomon mit den Worten: »Wer seine Rute schonet, der hasset seinen Sohn; wer ihn aber lieb hat, der züchtigt ihn bald.« Aussprüche die zeigen, dass schon vor über 2000 Jahren Eltern im Umgang mit ihren Kindern auch nichts anderes einfiel, als deren Willen mit Gewalt zu brechen.

Die in der Erziehung legitimierte Gewalt bezeichnete die Journalistin und Autorin Katharina Rutschky im Zuge der Studentenrevolten und des allgemeinen Umschwungs in den 60er und 70er Jahren des vergangenen Jahrhunderts als »Schwarze Pädagogik«.[7] Damit definierte sie eine Erziehung, die auf der Brechung des kindlichen Willens basierte. Und als deren vehementer Verfechter sich Reformator Martin Luther hervorgetan hatte. Seine Worte hatten über Jahrhunderte hinweg Gewicht. Sie haben den Umgang vieler Generationen mit ihren Kindern geprägt. Die 1621 erschienenen Erziehungsanweisungen, die auf Luthers Gedankengut basierten, propagierten: »Das Kind in der Wiege ist sowohl eigensinnig wie voller krankhafter Zustände. Wiewohl sein Körper klein ist, hat es doch ein sündhaftes Herz und neigt zum Bösen.«[8] Eltern und Lehrer sollten diesem Kind von klein an das Böse austreiben, sich Autorität sozusagen erprügeln.

Luther hat einmal über seine eigene Kindheit gesagt: »Die Eltern haben mich hart gehalten, dass ich darüber gar schüchtern wurde. Die Mutter schlägt mich einmal um einer Nuss willen, dass das Blut herausfloss. Aber sie meinten's herzlich gut.« Damit entschuldigte Luther nicht nur die ihm angetane Brutalität. Er übernahm sie und propagierte sie weiter.

Martin Luther sorgte als Vordenker und Autoritätsperson ab Beginn des 16. Jahrhunderts für Zucht und Ordnung, Gehorsamkeit und Unterwerfung – vor allem im Kinderzimmer. Über das Ziel seiner Erziehungsratschläge äußerte er sich folgendermaßen: »Feine, wohlgesittete Bürger und züchtige häusliche Frauen« wolle er mit der Rute heranprügeln, die dann »weiterhin auch ihre Kinder und ihr Gesinde zur Rechenschaft erziehen könnten.«

Als Martin Luther in seiner Schrift »An die Burgmeyster und Radherren allerley Stedte ynn deutschen Landen« 1524 die Kommunalvertreter der Städte aufforderte, für eine bessere Schulbildung zu sorgen, tat er das zu einer Zeit, als das Verhalten von Eltern ihren Kindern gegenüber eher durch Nachlässigkeit geprägt war. Kinder konnten seit Jahrhunderten mehr oder weniger sich selbst überlassen aufwachsen. Im Mittelalter war Erziehung kein Thema, außer in den Lateinschulen der Geistlichen, in den Pfarrschulen, die einzelne Städte eingerichtet hatten. Ansonsten, so Carl-Heinz Mallet in seinem Buch »Untertan Kind«, war der Begriff »Kindheit so gut wie unbekannt. Kinder waren kein Thema. Man sprach nicht über sie, beschäftigte sich nicht mit ihren Sorgen, Nöten, Bedürfnissen, und schon gar nicht gab es so etwas wie Erziehungstheorien, Erziehungsideale oder überhaupt irgendetwas, was man Pädagogik nennen könnte.«[9] Mallet wundert es nicht, dass man auf den meisten Bildern der damaligen

Zeit Darstellungen von Kindern vergeblich sucht. Und wer tatsächlich auf ein Kinderbild stößt, der erblickt ein wie ein verkleideter Erwachsener aussehendes Kind.

Buchstäblich hautnah erlebten Kinder Zeugung, Geburt und Tod mit, beschreibt Carl-Heinz Mallet. »Nichts geschah hinter Kulissen, und wer auch nur laufen konnte, nahm ohne weiteres teil am Leben: an Kirchgängen, Beerdigungen, an grausamen Hahnenkämpfen, an Trinkgelagen und an öffentlichen Hinrichtungen [...] Die mittelalterlichen Straßen waren voll von Kindern. Man gab den Kindern Almosen, aber kein Mensch fühlte sich verpflichtet, auch nur die geringste Aufsicht über sie zu führen.«

Hört ihr die Kinder weinen?

»Die Geschichte der Kindheit ist ein Alptraum, aus dem wir gerade erst erwachen.« Mit diesem Satz beginnt der US-Psychologe Lloyd deMause seinen 1980 erschienenen Band: »Hört ihr die Kinder weinen – eine psychogenetische Geschichte der Kindheit«. Darin heißt es: »Je weiter wir in der Geschichte zurückgehen, desto unzureichender wird die Pflege der Kinder, die Fürsorge für sie, und desto größer die Wahrscheinlichkeit, dass Kinder getötet, ausgesetzt, geschlagen, gequält und sexuell missbraucht wurden.«[10] Für ihn ist die Geschichte der Kindheit nach wie vor ein weites, unerforschtes Feld.

Sein Buch ist eine einzige Anklage des Umgangs von Eltern mit ihren Kindern – über die Jahrhunderte hinweg. »Selbst ein so simpler Akt wie der, sich in Kinder, die geschlagen werden, einzufühlen, war für Erwachsene in der Vergangenheit schwierig«, schreibt deMause. »Die wenigen Erzieher, die vor unserer modernen Zeit dazu rieten, Kinder sollten im allgemeinen nicht geschlagen werden, begründeten das damit, dass das Schlagen böse Folgen habe, und nicht etwa damit, dass es dem Kind Schmerzen zufüge oder es verletze. Ohne das Element der Empathie hatte dieser Rat überhaupt keine Wirkung, und die Kinder wurden weiter wie zuvor geschlagen.«

In »Schwarze Pädagogik«, ihrer 1977 erschienenen, verstörenden Auflistung der Erziehungsschriften aus vergangenen Jahrhunderten, zitiert die Journalistin Katharina Rutschky unter anderem einen Pädagogen namens J. Sulzer, der vor 200 Jahren all denen, die Kinder zu erziehen hatten, riet, ihr Hauptaugenmerk auf »die Vertreibung des Eigensinns und der Bosheit« mit der Rute zu richten. »Diese ersten Jahre haben unter andern auch den Vorteil, dass man da Gewalt und Zwang brauchen kann«, so Sulzer. »Die Kinder vergessen mit den Jahren alles, was ihnen in der ersten Kindheit begegnet ist«, erinnern sich später nicht mehr daran, »dass sie einen Willen gehabt haben, und die Schärfe, die man wird brauchen müssen, hat auch eben deswegen keine schlimmen Folgen«.[11] Dem widersprach 200 Jahre später ganz entschieden die Schweizer Psychoanalytikerin Alice Miller in ihrem Buch »Am Anfang war Erziehung« und schrieb: »Das Gegenteil ist der Fall: Juristen, Politiker, Psychiater, Ärzte und Gefängniswärter haben beruflich gerade mit diesen schlimmen Folgen ein Leben lang zu tun.«[12]

Doch um derlei Folgen scherte man sich lange nicht. In Erziehungshandbüchern des 18. und 19. Jahrhunderts wird Eltern empfohlen, Kinder zu öffentlichen Hinrichtungen mitzunehmen, damit sie nicht verweichlichten. Kalte Bäder sollten der Abschreckung dienen, Schnallen und Gurte, mit denen die Kinder an Stühlen und in Rückenlage im Bett festgezurrt wurden, der aufrechten Haltung. Vor allem Daniel Gottlieb Moritz Schreber hatte sich Mitte des 19. Jahrhunderts einen Namen durch äußerst fragwürdige Erziehungsmethoden gemacht. Seine Erziehungsbücher, deren Ratschläge er zuvor an seinen eigenen fünf Kindern ausprobiert hatte, wurden Bestseller, bis zu vierzig Mal aufgelegt und in mehrere Sprachen übersetzt. Schreber lehrte seine Kinder, ihn als eine geradezu gottähnliche Gestalt zu verehren und zu fürchten. Er malträtierte sie durch diverse mechanische Geräte, fesselte sie, zwängte sie in ein Gestell, das die Kinder mittels Riemen und Stahlfedern zu einem kerzengeraden Gang zwang. Ließ diese Geräte herstellen und verkaufen. Prügel wurden bei ihm schon zur Disziplinierung des Säuglings eingesetzt, denn: »Eine solche Prozedur ist nur ein- oder höchstens zweimal nötig, und – man ist Herr des Kindes für immer.«[13]

Von derart eingezwängten Kindern war kein Aufstand zu erwarten. Deshalb verwundert es auch nicht, dass in manchen Gegenden bis ins 19. Jahrhundert ein sogenanntes Rutenfest gefeiert wurde. Aus Anlass dieses Festes sammelten Lehrer und Schüler bei fröhlichem Gesang und Tanz gemeinsam ihren Jahresvorrat an Ruten, mit dem die Kinder in den kommenden zwölf Monaten gezüchtigt werden sollten. Ein Fest, das bei mir das Bild eines zum Scheiterhaufen verurteilten Delinquenten heraufbeschwört, der das Reisig für die Flammen freiwillig im Wald sammeln geht.

Das Material, dass der US-Psychologe Lloyd deMause in seinem Buch »Hört ihr die Kinder weinen« zusammengetragen hat, führte ihn zu dem Resümee, dass ein großer Prozentsatz der vor dem 18. Jahrhundert geborenen Kinder »geschlagene Kinder« gewesen seien – im kolonialen Amerika ebenso wie in Italien zur Zeit der Renaissance. Von über zweihundert Büchern mit Ratschlägen zur Kindererziehung vor dem achtzehnten Jahrhundert, die er untersuchte, »billigten die meisten das schwere Schlagen von Kindern und alle das Schlagen von Kindern unter verschiedenen Umständen.« Die Erziehungsratgeber richteten sich an Väter und Lehrer, Mütter wurden darin gar nicht erst erwähnt. »Zu den Instrumenten, mit denen geschlagen wurde, gehörten«, so deMause, »Peitschen der verschiedensten Art, darunter Klopfpeitschen, Schaufeln, Rohrstöcke, Eisen- und Holzstangen, Rutenbündel, die ›discipline‹ (eine Peitsche aus kleinen Ketten) und spezielle Instrumente für die Schule wie die ›flapper‹, die ein birnenförmiges Ende mit einem runden Loch hatte und brennende Schmerzen hervorrief.«

Lloyd deMause beschreibt diese üble Art mit Kindern umzugehen als schichtenunabhängig. Als Beweis hierfür erwähnt er den jungen Ludwig XIII., dessen Vater bei Tisch immer eine Peitsche neben sich deponiert hielt. Schon im Säuglingsalter machte der Dauphin erstmals Bekanntschaft mit diesem Folterinstrument und lernte bald schon, dass er tunlichst nicht schreien solle, wenn ihm die Peitsche drohte. Als er gerade mal zwei Jahre alt war, wurde er morgens routinemäßig ausgepeitscht. Selbst an dem Tag, an dem der Achtjährige zum König gekrönt werden sollte, erhielt er seine morgendliche Tracht Prügel mit der Peitsche. Überliefert ist, dass er hierzu gesagt haben soll: »Ich würde auf so viel Huldigung und Ehre gern verzichten, wenn man mich statt dessen weniger peitschen würde.« Sein Leben lang war er von Alpträumen heimgesucht, schreckte nachts voller Horror davor auf, er könne morgens wieder ausgepeitscht werden.

Erst später, im 19. Jahrhundert, »kam das altmodische Peitschen in den meisten Teilen Europas und Amerikas allmählich aus der Mode. Am längsten«, so deMause in seinem Ende der 1970er Jahre in den USA erstmals erschienenen, noch heute als Klassiker der Pädagogik-Geschichte geltenden Buch, »hielt es sich in Deutschland, wo 80% der Eltern noch immer das Schlagen ihrer Kinder billigen, volle 35% das Schlagen mit Rohrstöcken.« Als auch dies immer weniger akzeptiert wurde, musste ein Ersatz her. Denn die allgemeine Auffassung, Kinder müssen bestraft, erschreckt, sanktioniert werden, hielt sich hartnäckig. Der US-Psychologe fand heraus, dass sich im 18. und 19. Jahrhundert zum Beispiel das Einsperren von Kindern im Dunkeln verbreitete. So wurden Kinder in »dunkle Klosetts« gesperrt und mussten dort stundenlang bleiben. Manchmal, so deMause, »blieben Kinder tagelang in Räume eingesperrt.«

Emile verkündete keine Wattepädagogik

Jean-Jacques Rousseau hat diese Grundeinstellung zum Kind im 18. Jahrhundert durch sein berühmtes Buch »Emile« in Frage gestellt. Sein theoretisches pädagogisches Konzept war das genaue Gegenteil der bisherigen Haltung. Er ging davon aus, dass das Kind von Grund auf gut sei. Und wenn man es vor schlechten Einflüssen der Gesellschaft schütze, dann werde es auch gut aufwachsen. Es müsse, so Rousseau, deswegen nicht gestraft werden, sondern es müsse nur die realen Auswirkungen seines Verhaltens erfahren.

»Das ist keine Wattepädagogik«, erläuterte Erziehungswissenschaftler Ulf Preuss-Lausitz mir gegenüber diesen Aspekt von Rousseaus Pädagogikkonzept, »sondern wenn das Kind eine Scheibe eingeschmissen hat, dann muss es eben frieren. Oder es muss die Scheibe selber wieder reparieren. Das war das Konzept. Das Kind wird deswegen nicht geschlagen werden, sondern es lernt durch das Leben.« Rousseau, so bedauerte der Erziehungsexperte während unseres Gespräches, »ist Jahrhunderte lang ungehört verhallt. Erst im 19. Jahrhundert hat wieder ein großer gesellschaftlicher Diskurs über die richtige Kindererziehung begonnen, Stichwort Reformpädagogik. Aber die ist auch nur von einem Teil der Öffentlichkeit, der bürgerlichen Öffentlichkeit, überhaupt zur Kenntnis genommen worden.«

»Emile« wurde schnell vergessen. Es wurde nichts aus dem behutsamen Wachsen lassen eines kleinen Wesens, nichts aus dem Genuss der Freiheit, in den Kinder gelangen sollten. So zogen sie sich denn stattdessen weiter hin, die Erziehungsrituale vieler Jahrhunderte. Sie hinterließen Striemen und blaue Flecken auf den Körpern der Kinder, Blessuren auf ihren Seelen. Wie bei Erich Mühsam, dem Revolutionär, Bohemien und Lyriker, von dem im Sommer 2010 der erste Band seiner Tagebücher aus den Jahren 1910–1911 im Verbrecher-Verlag Berlin erschien. Darin beschreibt Mühsam die sadistischen Prügelstrafen seines Vaters, der den Sprössling offenbar für missraten hielt und dies durch Schläge ausdrückte, »mit denen alles, was an natürlicher Regung in mir war, herausgeprügelt werden sollte«. So setzte es eine dreifache Tracht Prügel, wann immer sich Erich heimlich Bücher beschaffte und dafür kleine Geldsummen stibitzte. Hierfür hatte sich der Junge an drei Tagen »zum Empfang der Strafe« beim Vater zu melden. Etwas »Haarsträubenderes an viehischer Grausamkeit« wurde wohl kaum jemals gegenüber einem 12- bis 13-jährigen ausgesonnen, so Mühsam in seinen Tagebüchern.

Heribert Prantl wies im April 2010 in der Süddeutschen Zeitung darauf hin, dass »zwei Jahrtausende lang ›Frau Grammatika‹, also die Symbolfigur für Schule und Unterricht, mit der Rute in der Hand gezeigt worden ist. Und zwei Jahrtausende lang hieß das, was heute elterliche Sorge heißt, elterliche Gewalt.«

Der Tod eines Kindes und ein aufsehenerregender Prozess

Heute erinnert sich kaum noch jemand an den Fall des Hauslehrers Andreas Dippold, der einen seiner Schüler zu Tode züchtigte. Dabei wäre es geblieben, wenn nicht der Schweizer Wissenschaftsforscher Michael Hagner bei Recherchen auf eine Mappe gestoßen wäre, die Zeitungsausschnitte über diesen Fall enthielt. Neugierig geworden recherchierte Hagner weiter, stieß in Archiven auf Prozessakten ebenso wie auf die Korrespondenz des jungen Erziehers mit den Eltern der ihm anvertrauten beiden Schüler und veröffentlichte 2010 sein faszinierendes Buch »Der Hauslehrer«. Darin wird eindrucksvoll beschrieben, wie intensiv sich zu Beginn des 20. Jahrhunderts die Gazetten mit dem Prozess gegen Dippold befassten, der 1903 in Bayreuth stattfand. Angeklagt war der damals 23-jährige ehemalige Jurastudent und spätere Hauslehrer, weil er einen der beiden ihm anvertrauten Jungen so misshandelt, geprügelt und gezüchtigt hatte, dass der 14-Jährige an den Folgen der Verletzungen starb. Der Bezirksarzt, der seinerzeit den Tod des Schülers Heinz Koch feststellte, bemerkte an dem Leichnam blutunterlaufene Striemen, Schwellungen und Blutergüsse.

Dass Heinz Koch geprügelt wurde, war damals völlig in Ordnung, gesellschaftlich akzeptiert. Was nicht akzeptiert wurde, war Dippolds Heftigkeit, die zum Tod seines Schützlings führte. Dies jedenfalls war die einhellige Meinung der Öffentlichkeit zu dem Skandal, den der Tod des Jungen selbst in der an prügelnde Erzieher gewöhnten Wilhelminischen Zeit hervorrief. Die Familie Koch gehörte großbürgerlichen Berliner Kreisen an, der Vater war im Vorstand der Deutschen Bank. Die Rollenverteilung in der Familie entsprach dem damaligen Zeitgeist: Für das Geldverdienen war der Vater, für die Erziehung der Kinder die Mutter zuständig. Den Vater bekamen die Kinder so gut wie nie zu Gesicht. Erziehung und Vermittlung bürgerlicher Werte wie Bildung, Arbeitsdisziplin und Pflichterfüllung oblagen der Frau. Das war die klassische Rolle, die bürgerliche Frauen um 1900 einnahmen.

Als die Mutter merkte, dass ihr die beiden Söhne entglitten, steckte sie sie zunächst in ein reformpädagogisch ausgerichtetes Landerziehungsheim. Immerhin, so Autor Hagner, setzte die Reformpädagogik dort darauf, Neugierde und Engagement bei den Schülern zu wecken, nahm von Strenge und körperlicher Züchtigung Abstand. Damals durchaus etwas Besonderes. Doch auch dort kam man mit dem Desinteresse und der Lethargie der beiden Koch-Kinder nicht klar. Daraufhin engagierte die Mutter in ihrer Verzweiflung Andreas Dippold als Hauslehrer. Dippold war ein mittelloser Jurastudent, der beim Vorstellungsgespräch mit Kenntnissen pädagogischer Klassiker wie Rousseau aufgewartet hatte. Er sollte die beiden Söhne nun zurechtbiegen, denen Faulheit, mangelnde Motivation, Müßiggang, Unzuverlässigkeit und geistige Trägheit vorgeworfen wurde. Der Hauslehrer sollte ihnen Zucht und Ordnung beibringen. Notfalls mit Schlägen. Das billigte die Mutter durchaus, wie aus der Korrespondenz zwischen ihr und Dippold hervorging, die später eine entscheidende

Rolle in dem Strafverfahren nach dem Tod ihres ältesten Sohnes spielte.

Zwischen Mutter und Hauslehrer entwickelte sich in der darauffolgenden Zeit eine unselige Allianz, die dazu führte, dass die verzweifelte und sich vor den Vorwürfen ihres Mannes fürchtende Frau Dippold fast gänzlich freie Hand bei der Erziehung ihrer beiden Söhne ließ. So erlaubte sie Dippold, sich mit den Kindern auf einen Familiensitz im Harz zurückzuziehen. Gestattete, dass sie mit ihren Söhnen nur noch korrespondieren durfte, nachdem Dippold die Briefe kontrolliert hatte. Dippold ließ sie wissen, dass die Jungs unaufhörlich onanierten und er alles tue, um dies zu unterbinden. Er nutzte seine Macht aus, fesselte seine Zöglinge manche Nacht ans Bett, legte sich zwischen die Jungs, angeblich, um sie vom Griff unter die Bettdecke abzuhalten.

All diese Details wurden im späteren Strafverfahren nach und nach bekannt. Sie machten deutlich, dass Ärzte, Verwandte, das Dienstpersonal, ja selbst die Mutter nicht einschritten, obwohl sie wussten, dass dieser Hauslehrer die Kinder heftig züchtigte. Dippold konnte ungehindert den Rohrstock schwingen. Eine damals gebräuchliche Praxis. Der Hauslehrer hatte mit der Heftigkeit seiner Züchtigung der Kinder zweifellos übertrieben, aber im Prinzip war sie durch die Wissenschaft gedeckt. Denn nicht nur Pädagogen, auch Sexualwissenschaftler jener Zeit propagierten die Prügelstrafe als ein ausgesprochen wirksames Mittel gegen Onanie und forderten dazu auf, gegen dieses Laster mit größter Härte vorzugehen. Es führe zum geistigen Verfall, schlaffen Muskeln und dunklen Rändern unter den Augen. In einem Erziehungsratgeber von 1879 hieß es über den Umgang mit onanierenden Kindern und Jugendlichen: »Die körperliche Züchtigung ist im allgemeinen gerechtfertigt, in vielen Fällen empfehlenswert, in manchen Fällen sogar unentbehrlich.«[14]

Erstaunlich am Fall Dippold war jedoch, dass dieser Erzieher ebenso wie die Mutter des von ihm totgeprügelten Schülers Anhänger der damaligen reformpädagogischen Bestrebungen war, die um die Jahrhundertwende eine immer größer werdende Anhängerschaft fanden. Und die immerhin am Ende der Weimarer Republik mit zahlreichen Reformschulen aufwarten konnte. Unter anderem Peter Petersen und Maria Montessori konzentrierten sich auf die ihrer Meinung nach real existierenden Bedürfnisse des Kindes. Oft war ihre Pädagogikvorstellung von einem elitären Menschenbild und einer romantisierten Gemeinschaftsideologie durchsetzt. Sie erreichten damit aber weitgehend nur besondere Eliten, aufgeschlossene Bürgerfamilien. So wie die Bankierfamilie Koch, die allerdings nur solange diesem neuen Erziehungskonzept anhing, wie es sich als hilfreich bei der Dressur ihrer beiden Söhne erwies.

Als 1933 die Nazis an die Macht kamen, war es vorbei mit diesen reformpädagogischen Ansätzen, mit Zuwendung und Empathie dem Kind gegenüber. Auch wenn sie sich gern einzelner reformpädagogischer Ideen bedienten und sie für ihre Zwecke umwandelten. Von nun an gesellte sich zu den noch immer dominierenden preußisch und christlich geprägten Erziehungsidealen, die die Kindheit vieler Generationen zur Qual gemacht hatten, der Drill des Kasernenhofes.

Warum tat er das vor dem Chef?

Der Mann, den ich im Mai 1996 in seiner Privatwohnung aufsuchte, war mir gleich sympathisch. Er war groß gewachsen, hielt sich sehr aufrecht, strahlte eine natürliche Autorität aus, hatte dabei etwas Sanftes, überzeugend Ehrliches an sich. Martin Bormann, so sein Name, war eigentlich Zeit seines Lebens damit beschäftigt, sich mit seinem Mördervater auseinanderzusetzen, ihm zu verzeihen, an seiner statt zu sühnen und gleichzeitig die rigorosen Erziehungsmethoden der Nazi-Ideologie zu verarbeiten. Es war der älteste und gleichnamige Sohn von Hitlers rechter Hand, dem heimlichen Herrscher des Dritten Reiches, Leiter der

NS-Parteikanzlei, bürokratischer Vollstrecker der von Hitler bei Tisch- und Spaziergängen so dahin geworfenen Gedanken, mitverantwortlich für den Mord an Millionen Menschen. Im Nürnberger Kriegsverbrecherprozess war dieser verbrecherische Vater 1946 in Abwesenheit zum Tode verurteilt worden. Sein Sohn Martin, bei unserem Gespräch 66 Jahre alt, war lange Zeit als Priester und Missionar in Afrika gewesen. Später hatte er den Orden verlassen und geheiratet.

Im Verlauf meines Gesprächs mit dem noch immer streng katholischen Martin Bormann[15] fragte ich ihn: »Es heißt, Ihr Vater sei sehr streng mit seinen neun Kindern umgegangen. Er soll sie mit Hunde- und Pferdepeitsche geschlagen haben, wenn sie nicht parierten. Auch Ihrer Mutter gegenüber soll er unglaublich autoritär aufgetreten sein. So soll er sie zum Beispiel mit einem Pfiff zu sich beordert haben. Können Sie sich an solche Situationen erinnern?«

Bormann antwortete mir: »Dass er streng war, das ist sicher richtig. Einer meiner Brüder hat mal mit der Peitsche Hiebe bekommen, weil er eines von den Hausmädchen beklaut hatte. Das sind so drakonische Strafen. Aber Körperstrafen waren damals überhaupt noch nicht so negativ angesehen wie heute. Eine strenge Erziehung verbunden mit einer körperlichen Züchtigung, das war damals allgemein gang und gäbe. Das kam mit guter Tradition aus dem Obrigkeitsstaat, aus dem Kaiserreich. Erst nach dem Krieg wandelte sich hierzu die Einstellung schrittweise zu der heutigen Ablehnung von körperlicher Züchtigung. Wenn man das über meinen Vater in der Ballung liest, sieht es furchtbar aus.«

Ein Sohn also, der seinen Vater in Schutz nimmt. Nach allem, was der nicht nur ihm sondern einem ganzen Volk angetan hatte. Ein Vater, der seinen Sohn bis aufs Blut beschämen und bloßstellen konnte. An eine Situation erinnert sich Sohn Martin besonders. Eine Situation, die ihn, wie er einer Journalistin gegenüber einmal zugab, doch geärgert hatte. Damals war der kleine Martin dreizehn Jahre alt und kam in den Ferien aus seinem Eliteinternat in Feldafing, der »Reichsschule der NSDAP«, zurück nach Hause auf den Obersalzberg. Als Hitlers Patensohn musste er gleich bei Ferienbeginn zu einer Audienz beim Führer antreten. Und stand nun stramm vor Hitler, gekleidet in seine Feldafinger Schuluniform. Zum Gruß hob der Junge seinen Arm. »Aber ich machte einen Fehler«, erinnert er sich. »Statt wie vorgeschrieben ›Heil, mein Führer‹ sagte ich ›Heil Hitler, mein Führer‹, und ehe ich mich versah, gab mir mein Vater so eine Ohrfeige, dass ich dachte, er hätte mir den Kiefer gebrochen, und mir die Tränen in die Augen traten – was ebenfalls verpönt war. Ich wäre am liebsten im Erdboden versunken. Warum musste er das tun, vor dem Chef?«

Eine gewalttätige herrische Jugend muss her

Das Verhalten von Martin Bormanns Vater entsprach ganz dem Zeitgeist. Wer 1933 in Deutschland zwischen vier und fünfzehn Jahren alt war, wurde in ein geistig-politisches Klima hineingeboren, das von einer Mixtur aus Nationalismus und kriegerischem Heroismus »bereits wesentlich bestimmt war«, schreiben Ute und Wolfgang Benz in ihrem Buch »Deutschland, deine Kinder«. Ob in der Familie, ob in der Schule, ob in den Organisationen der Jugend selbst, ob in der Literatur, ob in einem beträchtlichen Teil der landauf, landab gesungenen Lieder – »nirgends gab es ein Entrinnen vor der Droge Nationalismus und vor der mentalen Vorbereitung auf Kampf und Krieg und Heldentod.«

Die NS-Pädagogik war allerdings nach Einschätzung der Soziologin Sigrid Chamberlain nicht nur eine bruchlose Fortsetzung dessen, was vorher schon war. »Es musste ziemlich vieles ›ausgemerzt‹ werden an bäuerlicher Tradition …; an reformpädagogischen Experimenten, an psychologischen Erkenntnissen und psychoanalytischen Ansätzen in Pädagogik, Fürsorgeerziehung und Medizin; es gab bereits in den 20er Jahren Frauenkliniken mit Rooming-in und Dissertationen zur Notwendigkeit des Stillens gleich nach der Geburt; es gab junge Frauen, die Italienisch lernten, um in Italien Montessori-Ausbildungen zu machen.«[16] Doch ab 1933 war mit all dem Schluss. Autoritätshörigkeit war gefragt, Härte im Umgang mit dem neuen, gestählten, heroischen Menschen gefordert.

»Während der alte Staat ein Nachtwächterstaat war, ist unser Staat ein Erziehungsstaat«, hatte der Leiter der Deutschen Arbeitsfront, Robert Ley, schon 1933 propagiert. »Ein Pädagoge, ein väterlicher Freund«, sei der NS-Staat. Er lasse den Menschen nicht mehr los, von der Wiege bis zum Grabe. »Und so fangen wir schon beim Kinde von drei Jahren an; sobald es anfängt zu denken, bekommt es schon ein Fähnchen zu tragen. Alsdann folgt die Schule, die Hitlerjugend, die SA, der Wehrdienst.«

Ley war damit nichts weiter als die Stimme seines Herrn. Martin Bormann, der Priester und Sohn des NS-Schreibtischtäters, hat später Hitlers Erziehungsvorstellungen in einer von ihm herausgegebenen »Analyse zur Sprache des Dritten Reiches« zitiert. Darin gibt er eine Erziehungsanweisung Hitlers wieder, die da lautete: »Meine Pädagogik ist hart. Das Schwache muss weggehämmert werden. In meinen Ordensburgen wird eine Jugend heranwachsen, vor der sich die Welt erschrecken wird. Eine gewalttätige, herrische, unerschrockene, grausame Jugend will ich. Jugend muss das alles sein. Schmerzen muss sie ertragen. Es darf nichts Schwaches und Zärtliches an ihr sein. Das freie, herrliche Raubtier muss erst wieder aus ihren Augen blitzen. Stark und schön will ich meine Jugend. Ich werde sie in allen Leibesübungen ausbilden lassen. Ich will eine athletische Jugend. Das ist das erste und wichtigste. So merze ich die tausende von Jahren der menschlichen Domestikation aus. So habe ich das reine, edle Material der Natur vor mir. So kann ich das Neue schaffen.«[17]

Johanna Haarers Kampfansage an das Neugeborene

In seinem Pamphlet »Mein Kampf« schrieb Hitler: Der Staat »hat seine Erziehungsarbeit so einzuteilen, dass die jungen Körper schon in ihrer frühesten Kindheit zweckentsprechend behandelt werden und die notwendige Stählung für das spätere Leben erhalten [...] Diese Pflege- und Erziehungsarbeit hat schon einzusetzen bei der jungen Mutter.« Ratschläge dazu bekamen die jungen Mütter von der maßgeblichen NS-Pädagogin: von Dr. med. Johanna Haarer, einer im Jahr 1900 geborenen Münchener Ärztin.

1934 erschien Haarers erstes Erziehungshandbuch unter dem Titel: »Die deutsche Mutter und ihr erstes Kind«, das zum Bestseller wurde und wie kein anderes Hitlers Erziehungsvorstellungen in die Praxis übersetzte. Es war eine Kampfansage an das neugeborene Baby, dem von seinem ersten Moment an die Naziideologie eingetrichtert werden sollte. Durch strenge Maßregelungen, durch das rigorose Brechen seines Willens.

»Schreien lassen! Jeder Säugling soll von Anfang an nachts allein sein. Nun macht ja Kindergeschrei vor Türen und Mauern nicht halt. Die Eltern müssen dann eben alle Willenskraft zusammennehmen und, nachdem das Kind gut versorgt wurde, sich die Nacht über nicht sehen lassen [...] So viel Strenge und Beharrlichkeit ist natürlich nicht jedermanns Sache, und besonders den Großmüttern völlig unverständlich«, so Haarer.

1936 erschien Haarers Fortsetzungsband »Unsere kleinen Kinder« und 1939 das Lesebuch »Mutter, erzähl von Adolf Hitler«. Alle drei Bücher wurden große Erfolge, nicht zuletzt deshalb, weil der »Völkische Beobachter« sie als ein wundervolles Werk für jede frisch verheiratete Frau empfahl. Bei Kriegsende hatte »Die deutsche Mutter und ihr erstes Kind« eine Auflage von fast 700 000 verkauften Büchern erreicht.

Die Soziologin Sigrid Chamberlain veröffentlichte 1997 eine umfassende Analyse der Haarer-Bücher. Darin schreibt sie: »Haarers Bücher galten als praktisch. Sie waren aber auch politische

Propagandaschriften. Und es wurde in ihnen eine ›Pädagogik‹ vertreten, die ausdrücklich auf das nationalsozialistische System hin erziehen sollte. Das bedeutet, dass sehr viele Menschen, im Dritten Reich und auch noch in den Jahren danach geboren, mit frühen nationalsozialistischen Prägungen ins Leben entlassen wurden, ohne sich dessen bewusst zu sein und ohne überhaupt zu merken, was sie möglicherweise weitergaben.«[18]

So riet Haarer den Müttern, das Neugeborene gleich nachdem es abgenabelt war, in ein Tuch gehüllt zur Seite zu legen, und es erst nach 24 Stunden zum ersten Stillen zu holen. Später dann, sobald das Kind im Krabbelalter war, sollte man es häufig ermahnen und zurechtweisen. Immerhin führe sein Nachahmungstrieb »dann gar bald dazu, dass es versucht, Gleiches mit Gleichem zu vergelten, und dass es nun seinerseits anfangen will, der Mutter oder anderen Erwachsenen allerhand Vorschriften zu machen. Dies darf man auf gar keinen Fall dulden. Belacht man die ersten und wirklich drolligen Vorstöße des Kindes in dieser Richtung und lässt man es gutmütig gewähren, so haben wir im Handumdrehen einen äußerst vorlauten und anmaßenden kleinen Querulanten vor uns, mit dem dann schwer fertig zu werden ist. Eingriffe in die Vorrechte und in die selbstverständliche Autorität der Großen werden daher mit strengen Schweigegeboten sofort in ihre Grenzen zurückgewiesen. Wir scheuen uns nicht, hier etwaige Widersetzlichkeit und das hässliche ›Maulen‹ der Kinder mit einem Klaps augenblicklich zu ›bestrafen‹«. Vor einem »Zuviel an Zärtlichkeit« wird wiederholt gewarnt, dabei wird nicht wirklich klar, was mit Zärtlichkeit gemeint ist und wo ein Zuviel anfängt, allerdings droht nach Haarer sehr schnell die sogenannte Affenliebe.

»Solche Affenliebe verzieht das Kind wohl, erzieht es aber nicht. Das Überschütten des Kindes mit Zärtlichkeiten, etwa gar vor Dritten, kann verderblich sein und muss auf die Dauer verweichlichen. Eine gewisse Sparsamkeit in diesen Dingen ist dem deutschen Menschen und dem deutschen Kinde sicherlich angemessener. [. .] Zärtlichen Müttern, die nun aber ihre Art auch nicht mehr gut ändern können, sei vorgeschlagen, das allzu Gefühlvolle und Sentimentale mehr ins Lustige und Humoristische abzubiegen.«

Sigrid Chamberlain glaubt, vielen dieser unter den Nazis großgewordenen Kindern müssten noch heute Parolen in den Ohren klingen wie »Entweder du parierst oder es setzt was« – »Entweder du spurst oder es knallt« – »Entweder ich höre keinen Mucks mehr, oder es setzt Ohrfeigen, dass du nicht mehr weißt, wo dir der Kopf steht« – »Entweder du isst den Teller sofort leer, oder du bleibst hier sitzen, bis du schwarz wirst« – »Entweder du schläfst jetzt sofort ein, oder du darfst heute Nachmittag nicht mit in den Zirkus« – »Entweder du reißt dich jetzt am Riemen, oder ich schlage dich windelweich«.

Die Soziologin hält Haarer wie viele andere Nazis auch für psychisch schwer gestört. Eine Gestörtheit, die sie durch ihre verheerenden Erziehungsratschläge an die Eltern weitergaben. Was dazu führte, dass, so Chamberlain, »das nationalsozialistisch erzogene Kind als ganz und gar beziehungsgestörtes prädestiniert dafür ist, Zuflucht in unheilvollen Symbiosen zu suchen. Das ist es dann schließlich auch, was den nationalsozialistischen Typus so anfällig macht für das Verschwimmen in der formierten Masse. In dieser Masse ist er dann scheinbar verbunden mit den vielen anderen. Diese scheinbare Verbundenheit wird hergestellt über die Uniformierung.«[19]

Auch nach der Befreiung von der NS-Diktatur ging es in der beginnenden Demokratie weiter mit Haarers Erziehungsratschlägen. Der Umgang vieler Eltern mit ihren Kindern in den beiden ersten Nachkriegsjahrzehnten unterschied sich oftmals kaum von den Erziehungsmethoden der Nazis. Der von Haarer propagierte Erziehungsstil hatte weiterhin Bestand, ihre Bücher wurden immer noch publiziert und gelesen – bis Anfang der 80er Jahre, bei einer Gesamtauflage von über einer Million Exemplare. Noch immer waren die Grundlagen der schwarzen Pädagogik überwiegend Konsens, die ihre Gewalt damit gerechtfertigt hatte, dass Kinder chaotisch sind, bösartig und deshalb gezähmt werden müssen – zu ihrem eigenen Besten.

»Heute weiß man aus Bindungsforschungen, dass das überhaupt nicht der Fall ist«, erläuterte mir Therapeut Arne Hofmann, »dass Kinder sehr feinfühlig sein können. Kinder brauchen zwar klare Strukturen. Aber doch nicht diese von Frau Haarer empfohlene körperliche oder seelische Gewalt, wonach das Kind, wenn es schreit, einfach mal in einen dunklen Raum geschoben wird, solange, bis es aufhört.«

Erziehung nach Auschwitz

Menschen wie die Kammersängerin Renate Holm haben an den Auswirkungen ihrer strengen Erziehung nur mit sich selbst gelitten. Was für sie sicherlich schlimm genug war. Andere wiederum trugen ihren Frust, ihre eingeprügelte Knechtschaft und die damit verbundene Demütigungsbereitschaft nach außen – mit schrecklichen Folgen. Niemand hat dies besser und auch mahnender beschrieben als der Philosoph Theodor W. Adorno. Er sprach vom sogenannten autoritären Charakter, der autoritären Persönlichkeitsstruktur und meinte damit einen Menschen, der nach unten tritt und nach oben buckelt. In seinen Rundfunkgesprächen 1968 und 1969 erläuterte Adorno noch einmal sein Lebensthema, wonach die Fortdauer der Barbarei in der Erziehung wesentlich auf eben dem Autoritätsprinzip basiere, mit dem zwangsläufig das Recht auf Züchtigung einhergehe. Ein Recht, so Adorno, das »bekanntlich in deutschen Landen immer noch zu den heiligsten Gütern zählt, an welche die Menschen so ungern rühren lassen.«[20]

Der Philosoph hat in seinen Gedanken dazu, wie eine »Erziehung nach Auschwitz« auszusehen habe, gegen diese von Hitler und Konsorten angepriesene Härte angeschrieben. Dabei zitierte er Wilhelm Boger, einen SS-Oberscharführer, der in Auschwitz wahllos Menschen erschossen und gefoltert hatte, wofür er im Auschwitz-Prozess Anfang der 60er Jahre zu lebenslanger Haft verurteilt worden war. Boger hatte während »der Auschwitz-Verhandlung einen Ausbruch, der gipfelte in einer Lobrede auf Erziehung durch Disziplin und Härte. Sie sei notwendig, um den ihm richtig erscheinenden Typus vom Menschen hervorzubringen«, schrieb Adorno in den 60er Jahren.

»Dieses Erziehungsbild der Härte, an das viele glauben mögen, ohne darüber nachzudenken, ist durch und durch verkehrt. Die Vorstellung, Männlichkeit bestehe in einem Höchstmaß an Ertragen können, wurde längst zum Deck-Bild eines Masochismus, der – wie die Psychologie dartat – mit dem Sadismus nur allzu leicht sich zusammenfindet. Das gepriesene Hart-Sein, zu dem da erzogen werden soll, bedeutet Gleichgültigkeit gegen den Schmerz schlechthin. Dabei wird zwischen dem eigenen und dem anderer nicht einmal so sehr fest unterschieden. Wer hart ist gegen sich, der erkauft sich das Recht, hart auch gegen andere zu sein, und rächt sich für den Schmerz, dessen Regungen er nicht zeigen durfte, die er verdrängen musste. Dieser Mechanismus ist ebenso bewusst zu machen wie eine Erziehung zu fördern, die nicht, wie früher, auch noch Prämien auf den Schmerz setzt und auf die Fähigkeit, Schmerzen auszuhalten. Mit anderen Worten: Erziehung muss Ernst machen mit einem Gedanken, der der Philosophie keineswegs fremd ist: dass man die Angst nicht verdrängen soll. Wenn Angst nicht verdrängt wird, wenn man sich gestattet, real so viel Angst zu haben, wie diese Realität Angst verdient, dann wird gerade dadurch doch manches von dem zerstörerischen Effekt der unbewussten und verschobenen Angst verschwinden.«

Adorno hat sich gefragt, wie es dazu kommen konnte, dass im »Dritten Reich« die Leute so begeistert Hitler zujubelten. Wieso war »der Führer« so eine faszinierende Figur für viele Menschen, die im Alltag ganz normale, freundliche, reizende Personen waren? »Erklärt hat Adorno sich das dadurch, dass über Jahrhunderte hinweg die Gesellschaft hier generell autoritär erzogen wurde. Dass die Macht bewundert worden ist«, erläuterte mir der Berliner Erziehungswissenschaftler Ulf Preuss-Lausitz Adornos Position. »Und immer, wenn man die Macht bewundert, hat man ja häufig eine Radfahrer Einstellung. Nach oben buckeln und nach unten treten. So wie Heinrich Mann das in seinem Roman »Der Untertan« am Beispiel von Diederich Heßling beschrieben hat. Der liebt den starken Vater, verachtet gleichzeitig seine Mutter, die sich dem Vater unterwirft. Er liebt den Vater, obwohl der ihn schlägt. Er selbst schlägt dann die Arbeiter seines Vaters und verachtet sie gleichzeitig.«

»Man muss die Mechanismen erkennen, die die Menschen so machen, dass sie solcher Taten fähig werden«, schrieb Adorno und meinte mit solchen Taten die Greuel und Massenmorde im sogenannten »Dritten Reich«, zu deren Umsetzung es Schreibtischtäter und Handlanger bedurft hatte. Um so etwas künftig zu verhindern, müsse man ein Bewusstsein für die Mechanismen erwecken, die diese Menschen formten. Die sie ihren besinnungslosen Hass und ihre Angriffswut an wehrlosen Menschen austoben ließen.

»Solcher Besinnungslosigkeit ist entgegenzuarbeiten. Die Menschen sind davon abzubringen, ohne Reflexion auf sich selbst nach außen zu schlagen. Erziehung wäre sinnvoll überhaupt nur als eine zu kritischer Selbstreflexion. Da aber die Charaktere insgesamt, auch die, welche im späteren Leben die Untaten verübten, nach den Kenntnissen der Tiefenpsychologie schon in der frühen Kindheit sich bilden, so hat Erziehung, welche die Wiederholung verhindern will, auf die frühe Kindheit sich zu konzentrieren«.

Auf die frühe Kindheit konzentrierte sich in der Tat die Erziehung vor Auschwitz, und zwar schon lange zuvor. Bedauerlicherweise genau in der Art, vor der Adorno so entschieden und so häufig warnte.

Wer sein Kind nach den Vorstellungen eines Tyrannen wie

Adolf Hitler erzog, erreichte das genaue Gegenteil: »Ich will keine intellektuelle Jugend«, hatte Hitler gesagt. »Aber Beherrschung müssen sie lernen. Sie sollen mir in den schwierigsten Proben die Todesfurcht besiegen lernen [...] Das ist die Stufe der heroischen Jugend. Aus ihr wächst die Stufe des Freien, des Menschen, der Maß und Mitte der Welt ist, des schaffenden Menschen, des Gottmenschen.«

Martin Bormanns ältester Sohn, der spätere Priester, sagte einmal: »Wenn ich das heute den jungen Menschen vorlese und ihnen erzähle, dass wir vom elften Lebensjahr an praktisch Hitlers Eigentum waren, und dass wir, nach seinen Worten, durch die Entwicklung vom Pimpf über die Hitlerjugend und den Arbeitsdienst bis zur SS, SA und zur Wehrmacht für immer sein Eigentum bleiben würden, können sie sich vorstellen, wie das gewesen ist.«

4. Kapitel

AUS DER NOT GEBOREN

Die Spuren der Nazis und des Krieges

Warum klatschte Monikas Mutter ihrer kleinen Tochter aus nichtigem Anlass den nassen Aufnehmer um die Ohren? Weshalb benutzten Sonjas Eltern so häufig den Rohrstock? Was veranlasste Detlevs Mutter, die Mahlzeiten ihres Sohnes mit einem Wecker zu kontrollieren, und – wenn die Suppe nicht in der vorgeschriebenen Zeit ausgelöffelt war – auf seinem Po so manchen Kochlöffel zu zerbrechen?

»Eltern schlagen ihre Kinder, weil sie sie lieben und nur so glauben, sie vor Gefahren schützen zu können.« Diese verblüffende Antwort bekam ich von der US-amerikanischen Psychologin und Bindungsforscherin Patricia Crittenden, einer international gefragten Expertin zum Thema Gewalt in der Familie, auf deren Thesen ich noch ausführlich eingehen werde. Viele der anderen Experten, die ich um Erklärungen bat, führten die Wutausbrüche, die regelrechten Prügelexzesse und Misshandlungen von Kindern durch die Eltern in den 50er und 60er Jahren auf zwei Ursachen zurück:

Zum einen benannten sie die Schrecknisse des »Dritten Reiches,« die Brutalität des Krieges, die Bombennächte, Hungersnöte, Fluchtentbehrungen und eigenen Gewalterfahrungen, die diese Eltern schwer traumatisiert hatten und sie ihren Frust und ihre Wut an den Kindern ausagieren ließen. Zum anderen führten die Experten den brutalen Umgang der damaligen Elterngeneration mit ihren Kindern darauf zurück, dass sie selbst in ihren Familien meist schwer gezüchtigt worden waren. Dass sie gar kein anderes Erziehungskonzept kannten, als die schon seit Generationen erprobte körperliche Gewalt gegenüber ihrem Nachwuchs.

Prügelnde Eltern bauten dadurch, dass sie ihren Kindern mit Gewalt begegneten, Stress ab. Sie versuchten es nach Ansicht des

Traumatherapeuten Arne Hofmann jedenfalls. Wenn sie selbst zu Hause geprügelt worden sind, so erklärte er mir, »dann klinkt in bestimmten Situationen die Vernunft bei vielen Leuten aus. Wir nennen das Impulskontrollstörung. Die Leute fangen auf eine nicht vernünftige, irrationale Weise an, die Muster, die sie zum Teil selbst erlebt haben, nachzuvollziehen. Das sind ganz, ganz häufig unglückliche, tragische Konstellationen.« Seiner Erfahrung nach gibt es nur eine sehr kleine Gruppe tatsächlich sadistisch veranlagter Menschen, die Lust und Spaß daran haben, jemanden zu quälen. »Die meisten der Menschen, die schlagen, tun das aus Verzweiflung, weil sie den Stress nicht regulieren können, weil sie unter Druck kommen, weil sie psychisch dem nicht standhalten können.«

Will man mehr über die damaligen Väter wissen, die zu Hause ein so eisernes Regiment führten, dann fragt man am besten bei Sabine Bode nach. Die Kölner Autorin hatte sich zunächst in ihren Büchern mit den sogenannten »Kriegskindern« befasst. Nun ist im August 2011 bei Klett-Cotta ihr neuestes Buch mit dem Titel »Nachkriegskinder – Die 1950er Jahrgänge und ihre Soldatenväter« erschienen. Darin beschreibt sie das Leben ehemaliger Wehrmachtssoldaten und Kriegsgefangener, also das der Väter der hier beschriebenen Kinder.

»Diese Männer hatten acht, neun oder zehn Jahre überhaupt keinen eigenen Willen gehabt. Sich nicht frei entscheiden können. Sich immer unterordnen oder einfügen müssen«, so Sabine Bode in einem Interview mit mir für dieses Buch. Manche kamen weit nach Kriegsende erschöpft und ausgelaugt zurück in die zerstörten Städte, zu Frauen, die während ihrer Abwesenheit selbstständig ihr Leben gemeistert hatten. Und von denen erwartet wurde, dass sie widerspruchslos zurück an Heim und Herd kehrten, dem Vater den Platz als Familienoberhaupt wieder frei machten. Ein Wechsel, der an sich schon genug Zündstoff für Zank und Streit, für Frust und Enttäuschung bot.

Paare, die eigentlich ausreichend damit beschäftigt gewesen

wären, sich in einer neuen Zeit, einem neuen Leben zurechtzufinden, wurden zu Eltern. »Kriegseltern«, wie Sabine Bode sie in ihrem Buch »Die vergessene Generation – Die Kriegskinder brechen ihr Schweigen« bezeichnet. Erziehungswissenschaftler Ulf Preuss-Lausitz nennt diese Eltern »eine schweigende Kriegsgeneration«, die sehr wohl erkannte, »dass es falsch gewesen war, wie sie sich verhalten hatten. Aber sie wollten nicht darüber reden. Weil sie nicht in der Lage waren, über sich selbst zu reden.« Vor allem die Männer schwiegen beharrlich über das, was sie im Krieg erlebt, was sie dabei gefühlt hatten. Sprachen mit niemandem über ihre Enttäuschungen und Verletzungen. »Das tat man nicht. Erwachsene redeten nicht mit Kindern über ihre Gefühle«, erklärte mir Sabine Bode. Wenn über den Krieg gesprochen wurde, gaben die Männer nur Anekdotisches, Lustiges darüber preis, wie sie es als »Schütze Anton dem Feind gezeigt hatten. Aber hallo! Ha, ha, ha!«

Vor dem Hintergrund dessen, was diese Eltern erlebt hatten, konnten sie die Lebendigkeit und Spontaneität ihrer Kinder nicht gut aushalten. Es war, so Bode, vor allem für die Männer »schwierig zu sehen, wie ihre Kinder sich frei entwickelten. Wenn sie plötzlich sahen, meine Güte, so hätte ich werden können, wenn ich in einer anderen Zeit gelebt hätte. Wenn ich dem Krieg hätte entgehen können. Aber die wurden nun mal mit zwanzig da rein geworfen in diesen Krieg und konnten nicht mehr abhauen.« Vom Kopf her, meint Bode, hatte sich so ein Vater sicherlich vorgenommen, mein Kind soll es besser, soll eine glückliche Kindheit haben. Vom Gefühl her konnte er das nicht aushalten. Konnte dem Kind die Freiheit, die Leichtigkeit nicht gönnen. »Das ist alles verdammt schwierig gewesen. Und da ist viel Frust entstanden. Und da ist auch viel Distanz entstanden zu den Kindern.«

Die Lebendigkeit dieser Kinder war deshalb für viele dieser Väter eine regelrechte Provokation, musste daher sozusagen ›im Keim‹ erstickt werden. Eine der Möglichkeiten, dies zu tun, war eine gehörige Tracht Prügel. Die hatte Tradition. Sie war schlichtweg der einfachste Weg, Kinder ruhig zu stellen. Sabine Bode glaubt gar nicht, dass es so etwas wie eine logische Fortsetzung der Gewalttätigkeit im Krieg hin zur Gewalttätigkeit den Kindern gegenüber gab. Das mag hin und wieder vorgekommen sein, schließt sie nicht aus. Aber eigentlich sieht sie ein ganz anderes Problem, das sie an einem Beispiel verdeutlicht:

»Ich sehe einen Vater, der in der Gefangenschaft war, und der so furchtbar gehungert hat, dass er immer wieder erzählt, sie hätten dort einmal eine Pflaume gekriegt und sich dann gestritten, wer kriegt das Fruchtfleisch und wer kriegt den Kern. Und natürlich war der Kern das Begehrtere, weil man da solange drauf rumlutschen konnte. In dieser Familie passierte folgendes: Die Tochter war ein leicht zu lenkendes Kind, ganz brav, lieb. Aber das Kind mäkelte am Essen. Und in regelmäßigen Abständen rastete der Vater aus, griff zum Stock und prügelte sie durch.«

Das Kind hat nicht gewusst, warum ihr Vater so wütend wurde. Dem Vater war dies womöglich auch nicht klar. Und erst als Sabine Bode im Gespräch mit dieser längst erwachsenen Frau erfuhr, dass der Vater immer nur beim Essen derart in Zorn geriet, stellte sie den Zusammenhang mit der Kriegsgefangenschaft her, wies die Tochter darauf hin, dass sie ihr zuvor erzählt habe, wie klapperdürr der Vater aus der Gefangenschaft gekommen sei und wie er sich mit einem Mithäftling um eine Pflaume gestritten hatte. Erst da sah die Tochter zwischen ihrer Mäkelei ums Essen und dem ausrastenden Vater einen Zusammenhang. Erst da wurde klar, dass der Vater offenbar an einer Art Hungertrauma litt, nicht aushalten konnte, wenn seine Tochter Essen zurückwies. Durch diese Traumatisierung war es für den Vater extrem bedrohlich mit anzusehen, wenn im Essen herumgestochert wurde. »Wer weiß, was er alles angestellt hat, um nicht zu verhungern«, fragt sich der Kölner Psychotherapeut Martin Stokowy, dem ich dieses Beispiel schilderte. »Wem hat er was weggenommen? Was hat er für einen einzigen Bissen alles tun müssen? Und nun will er seine

Tochter genau vor einer solchen Gefahr schützen, prügelt sie durch und durch und kann nicht aufhören.«

Für Traumatherapeut Arne Hofmann besteht schon ein direkter Zusammenhang zwischen Kriegserlebnissen und dem späteren Verhalten der Heimkehrer ihren Familien, ihren Kindern gegenüber. Die damals aus Krieg oder Gefangenschaft zurückgekehrten Soldaten waren als 18-, 20- oder 30-Jährige in die Wehrmacht eingezogen worden. Zuvor hatten sie gelernt, dass man sich im Zusammenleben mit anderen verständigen muss, freundlich sein sollte, dass soziales Verhalten gefragt war. Dann plötzlich lernten sie die Brutalität eines Vernichtungskrieges kennen. »Die sind zurückgekommen und haben eigentlich nur gewusst, man muss sich durchsetzen, man muss Gewalt anwenden, um überhaupt zu überleben.«

Das Wunder von Bern

An ihre neue Umgebung in dem sich demokratisierenden Westdeutschland konnten sich die Kriegsheimkehrer nur schwer anpassen. In dem Film »Das Wunder von Bern« werden diese Schwierigkeiten an einem simplen Beispiel sehr plastisch dargestellt. Der kleine Sohn liebt sein Kaninchen über alles, der Vater schlachtet es. »Dieser Vater«, so Traumatherapeut Hofmann, »ist noch immer geprägt von einer Durchsetzungsmentalität, während sein kleiner Sohn eine Beziehung zu einem Kaninchen aufgebaut hat. Der Vater schlachtet nun dieses Kaninchen brutal. Einfach, weil es ums Überleben geht, da muss was gegessen werden und zack, ist das Kaninchen weg. Ob das Kind eine Beziehung zu dem Kaninchen aufgebaut hat, spielt überhaupt keine Rolle.« Psychotherapeut Stokowy glaubt freilich, dass der Vater dies aus reiner Fürsorglichkeit dem Sohn gegenüber tat. Um eine Lektion an ihn weiterzugeben, die er selbst bitter lernen musste: »Sohn, binde dich nicht zu eng an Lebewesen, bleib auf Abstand, schütze dich vor Verlusten.«

Für Hofmann ist dies jedenfalls eine Ur-Szene, um die Elterngeneration der 50er und 60er Jahre überhaupt zu verstehen. »Wir wissen heute, dass Soldaten, die aus Afghanistan und aus Irak zurückkehren, ganz häufig häusliche Gewalt verüben,« erklärte mir Hofmann. »Dass es enorm viele Scheidungen und Trennungen gibt, weil die Frauen sagen, ich kenne diesen Mann nicht, der da zurückgekommen ist. Das ist nicht der Mann, den ich geheiratet habe. Und ich vermute, in den 50er Jahren ist mit der Rückkehr der Gefangenen was ganz Ähnliches passiert. Natürlich war das Ideal damals, man trennt sich nicht. Aber es gab große Entfremdungen. Viele der Anpassungsleistungen an die neue Zeit hatten die Frauen ja schon vollbracht, während ihre Männer in Kriegsgefangenschaft waren. Ich denke in der Situation war sicher sehr viel Druck und Verzweiflung da. Und das führt«, so erläuterte mir Hofmann, »bei vielen Menschen unweigerlich zu Gewaltausbrüchen.«

In dieser Atmosphäre des unterdrückten Zorns, des Vertuschens und Verschweigens wurden Ehen geschlossen, Kinder geboren. Eltern hätten gar nicht überleben können, hätten keine Energie mehr für Wiederaufbau und ein neues Leben gehabt, wenn sie sich der Verzweiflung und dem Kummer über das Verlorene und das Erlebte hingegeben hätten. Grund genug wäre da gewesen. Doch es half alles nichts. Der Schutt musste weggeräumt, Häuser gebaut, Essen und Kleidung besorgt werden. Um dies zu bewerkstelligen, konnte man nicht ständig an die Vergangenheit denken. Deshalb, so der Psychotherapeut Hartmut Radebold, lautete denn auch die Devise in den Nachkriegsjahren: »Bagatellisieren, Abschwächen und [bewusst] Vergessen und Verdrängen«. Mit dieser Haltung richtete sich das neu entstehende Westdeutschland seiner Meinung nach »in einer manchmal pathologischen Normalität ein«.[21]

Die Altvorderen mit dem braunen Schandfleck

In fast allen gesellschaftlichen Bereichen hatten unselige Kontinuitäten die Nazizeit überlebt. Die Altvorderen mit dem braunen Parteibuch standen nach wie vor in Arbeit und Brot, bestimmten das Klima in der aufkeimenden Demokratie. Egal, ob sie lediglich Handlanger der NS-Vernichtungspolitik gewesen waren oder an vorderster Front die Ermordung von Millionen Menschen mitgestaltet hatten – bis auf wenige Ausnahmen kamen sie nach und nach wieder zurück auf ihre alten Plätze oder machten ungehindert Karriere in der neuen Republik.

Allein in Nordrhein-Westfalen waren etwa 75 Prozent der Richter und fast 90 Prozent aller nach 1945 wieder amtierenden Staatsanwälte zuvor NSDAP-Mitglieder gewesen. Keiner der unter den Nazis wirkenden »furchtbaren Juristen« ist jemals für das Unrecht, das er gesprochen hatte, zur Rechenschaft gezogen worden. Auch bei der Polizei war es keineswegs zu einem personellen Austausch gekommen. Bis in die 1970er und 1980er Jahre hinein waren dort noch Beamte tätig, die den im Osten zur Judenermordung eingesetzten Polizei-Bataillonen angehört hatten oder bei der Gestapo tätig gewesen waren. Sie alle bildeten Nachwuchs aus, übermittelten ihnen ihr Gedankengut.[22]

Nach der Befreiung gab es in der neuen westdeutschen Demokratie einfach zu wenig unbescholtene Fachkräfte jeglicher Couleur, die das zerstörte Land wieder hätten aufbauen können. Die in ihre Heimat zurückgekehrten Emigranten wollte niemand an seiner Seite haben. Sie galten als trouble-maker, als Menschen, die Ärger machen würden, und führten schon durch ihre bloße Existenz den im Lande Gebliebenen ständig vor Augen, dass die sich mit den Nazis arrangiert wenn nicht gar verbrüdert hatten. So zog man es vor, auf das Personal zurückzugreifen, das schon den Nazis gedient hatte. Setzte die fragwürdige Kompetenz ein, die das sogenannte »Dritte Reich« mitgestaltet hatte. Sie alle prägten das Klima der neuen Republik, verhinderten eine wirkliche

Erneuerung, einen echten Umbruch, ein Abrücken von der Vergangenheit. Sie alle drückten der neuen Zeit ihren alten Stempel auf.

Zwischen Eltern, die sich mit all dem nur schwer zurechtfanden, und Kindern, für die das Neue selbstverständlich war, entstand eine große emotionale Kluft. Die Therapeutin Bettina Alberti erklärt sie in ihrem Buch »Seelische Trümmer« durch die »scheinbar unüberbrückbare Erfahrung des Erlebens und des Nicht-Erlebens des Krieges. Im Versuch, die Kinder vor den Schrecken des Zweiten Weltkrieges durch Schweigen zu schützen. Im Versuch, gegenüber Nachkommen in Täterfamilien Wahrheiten zu verschleiern und zu verleugnen. In der kollektiven emotionalen Unerreichbarkeit der Elterngeneration als Folge ihrer Kriegserfahrung. In den verinnerlichten nationalsozialistischen Erziehungsprinzipien, die eine physische und emotionale Distanz zwischen Eltern und Kindern installierten.«

Eine Botschaft, die in den 50er und 60er Jahren sozusagen unausgesprochen weitergegeben wurde, war die »Verleugnung«. Mit der Last ihrer Vergangenheit musste die damalige Elterngeneration allein zurechtkommen. Die Umgebung verdrängte ebenso wie sie. Keiner bot sich als Ansprechpartner an. Jeder hatte genug mit sich selbst zu tun. Alle waren vorsichtig. Welche Rolle hatte der Nachbar seinerzeit gespielt? War er Nazi gewesen? Oder hatten ihn die Nazis verfolgt, würde er nun Vorwürfe erheben? Wusste er um die dunklen Flecken in der eigenen Vergangenheit? Würde er den Vater, der in der Partei gewesen war, verpfeifen, das Verhalten des Onkels öffentlich anprangern, der in der Reichspogromnacht Steine auf jüdische Geschäfte geworfen hatte? Eine ganze Gesellschaft ging auf brüchigem Eis. Man wusste nicht so recht, wie die neue Demokratie mit den Altlasten umgehen würde. Verhielt sich abwartend. Wollte ja nicht auffallen. Am besten, so dachten viele, man tue einfach mal so, als sei nichts gewesen, sei nichts passiert.

Dennoch wurde von diesen, so durch und durch mit sich

selbst beschäftigten Eltern erwartet, ihren Kindern mit Empathie zu begegnen, ihnen, so Therapeutin Alberti, »emotionale Sicherheit, seelische Nähe und ein Bindungsangebot zu geben, das sie selbst nur unzureichend erfahren hatten. Mangelnde Impulskontrolle aufgrund traumatischer Erfahrungen führte zu aggressiven Aufladungen in deutschen Elternhäusern der Nachkriegszeit, was in Verbindung mit der damals üblichen Gewalt in der Erziehung fatalerweise eine gesellschaftliche Legitimation fand. Und ein bis heute sichtbares überbewertetes Konsumverhalten kann verstanden werden als Ausdruck eines emotionalen Hungers, der anders keine Antwort zu finden scheint.«

Diesen emotionalen Hunger, entstanden aus einem nie gestillten emotionalen Mangel, empfanden viele der damaligen Kinder. Ihre Eltern funktionierten nach außen hin gut, die Mütter schmierten ihnen die Frühstücksbrote, kochten das Mittagessen, wuschen die Kleidung. Die Väter brachten das Geld nach Hause. Das alles klappte meistens. Doch die Kluft zwischen der neuen Kindergeneration und den durch ihre Erfahrungen teils schwer traumatisierten Eltern war unüberbrückbar. Eine gemeinsame Sprache wurde einfach nicht gefunden.

Die Kinder der Täter

Dörte von Westernhagen hat sich in ihrem Buch »Die Kinder der Täter. Das Dritte Reich und die Generation danach« aus den Informationen, die sie im Lauf der Jahre zusammengetragen hat, folgendes Bild über »die Entstehung der paranoiden Beziehungsform zwischen den Generationen gemacht: […] Das Bestreben der Eltern, sich in einem Panzer künstlicher Stärke gegen die eigene Schwäche, quälende Schuld und peinigende Schamgefühle zu verschanzen, lähmte ihre Trauerreaktion, machte sie starr, selbstgerecht und unlebendig. Für die Kinder hieß das, an bestimmten Punkten immer wieder zurückgewiesen zu werden, das

Gefühl, die Eltern nie richtig zu erreichen, ihnen nie richtig zu genügen. Ärger, Enttäuschung, Wut und Zorn darüber durften die Kinder jedoch auch nicht ausdrücken.« Die Autorin von Westernhagen vermutet deshalb, dass in vielen Angehörigen der zweiten Generation auf diese Weise das Gefühl entstand, von den Eltern niemals warm ans Herz genommen worden zu sein, sich niemals in einem wirklichen körperlichen und emotionalen Dialog mit ihnen befunden zu haben.

Therapeut Hofmann geht davon aus, dass jemand, der durch Erlebnisse während des Zweiten Weltkrieges traumatisiert wurde – egal ob an der Front oder in den bombardierten Städten – seine Wahrnehmung und seine Feinfühligkeit gegenüber der Umgebung verändert. »Bei den Soldaten im Kriegsfeld nennt man das Verrohung.« So ein Mensch verliert laut Hofmann ein Stück weit das Gefühl für andere. Bestätigt wurde dies durch Untersuchungen bei Gefängnisinsassen, von denen etwa die Hälfte Gewalterfahrungen in der Kindheit gemacht hatten. Die später wegen Körperverletzungen oder anderer Gewalttaten einsitzenden Häftlinge können so etwas wie Empathie nicht mehr empfinden, sich nicht mehr in einen anderen Menschen hineinversetzen, erspüren, was der gerade leidet. Inzwischen weiß man, erklärt Hofmann, »dass im Therapieverlauf mit einem solchen Täter eines der wichtigsten Anzeichen für eine Besserung seine sich wieder bildende, ansteigende Empathiefähigkeit ist.«

Bezogen auf das Verhalten der Kriegseltern aus den 50er und 60er Jahren bedeutet das, so erklärte mir Hofmann: »Viele Eltern haben damals überhaupt nicht wahrgenommen, was sie ihren Kindern antaten. Denen fehlte die Empathiefähigkeit. Hinzu kam noch, dass das Sozialsystem sagte, Schlagen von Kindern ist normal, mach das mal. Genauso normal, wie es in Deutschland eine Zeit lang normal war, Juden zu verschleppen und umzubringen oder Sinti und Roma umzubringen. Das war so normalisiert in der Bevölkerung, dass das keine große Rolle gespielt hat. Ebenso wenig wie das Prügeln von Kindern.«

Psychotherapeut Martin Stokowy zeigte sich im Interview mit mir davon überzeugt, dass die Generation, die in den 50er und 60er Jahren Eltern wurde, nach allem, was sie erlebt hatte, »massiv traumatisiert war. Einmal, weil viele von ihnen entweder noch in den letzten Kriegstagen als Kanonenfutter benutzt wurden. Dann, weil sie verschüttet, verfolgt, bedrängt, bedroht, misshandelt oder vergewaltigt worden sind. Außerdem, weil sie die ganze Zerstörung, dieses ganze Entsetzen mitbekommen haben. Aber auch, weil sie in der einen oder anderen Weise entweder Mittäter waren oder weggeguckt haben oder von ihren Eltern dasselbe wussten.« Eine ganze Generation stand damals unter dem Generalverdacht, im günstigsten Fall kollaboriert zu haben. »An diesen Generalverdacht gewöhnst du dich irgendwann mal. So lebst du dann mit so einer Schuld.«

Die Beispiele machen deutlich, unter welchem Druck die damalige Gesellschaft stand. Wie sehr gestrebt und gebaggert wurde. Wie fleißig man damit beschäftigt war, das Vergangene zu begraben, wie groß die Angst vor etwas Neuem, Unbekanntem war. Kein Wunder, dass das schwächste Glied in dieser Kette, das Kind, Zorn und Frust abbekam. Und darauf getrimmt wurde, so anpassungsfähig wie nur möglich zu werden. Es musste einfach gehorchen, dachten sich die damaligen Eltern. Was denn sonst? Etwas anderes kannten sie nicht. Wer weiß, wie die neue Zeit verlaufen würde. Rebellion, Ungehorsam, Zorn gegen die Obrigkeit – dies alles hatten sie nicht gelernt, konnten es deshalb auch nicht an ihre Kinder weitergeben. Und so verwundert es nicht, dass laut Umfragen aus der damaligen Zeit »Gehorsam« als Erziehungsziel in den 50er und 60er Jahren weitaus mehr Zustimmung in der Bevölkerung fand als das Erziehungsziel »Freiheit«.

Der Kinderschutzbund – eine erste öffentliche Reaktion

So heftig wurden Kinder in vielen deutschen Nachkriegsfamilien misshandelt, wurde ihnen Gehorsam und Benehmen eingebläut, dass sich im Jahr 1953 in Hamburg eine Gruppe engagierter Pädagogen und Kinderfreunde aus Protest hiergegen zusammenschloss und den noch heute existierenden »Kinderschutzbund« ins Leben rief. Die Gründe für diesen Schritt wurden in einer späteren Jubiläumsbroschüre erklärt: »Es war die Zeit, in der die Deutschen die Wirren des Zweiten Weltkrieges zu überwinden suchten, eine enorme Wohnungsnot beklagten, über die Hälfte aller Familien unvollständig war und besonders unter den Kindern immer noch große Verunsicherung und Elend herrschte.« Lebensumstände, die einen erheblichen »Missbrauch der elterlichen Sorge« nach sich zogen. Dieser Missbrauch äußerte sich in übermäßiger Züchtigung der Kinder bis hin zu deren körperlicher und seelischer Misshandlung und Vernachlässigung in Pflege, Aufsicht und Erziehung. Als Mittel gegen Gewalt und Pflichtverletzungen gegenüber Kindern sollte deshalb, nach Ansicht der Kinderschutzgründer, eine harte Bestrafung der Täter eingeführt werden.

5. Kapitel

FLASHBACKS UND IHRE VORGESCHICHTE

Das Geräusch eines schnalzenden Ledergürtels

Wer in einem gewalttätigen Elternhaus groß geworden ist, der muss oft noch im Alter mit den Erinnerungen kämpfen. Die ihm, wie eine Art Flashback, wie eine blitzartige Erinnerung an eine vergangene unangenehme Situation, wieder ins Gedächtnis rücken. Ungewollt, überraschend und oft gerade dann, wenn derjenige damit überhaupt nicht rechnet. Wie bei Fritz, der kürzlich ein Geräusch hörte, das ihn zusammenzucken ließ. Irgendwo im Nebenzimmer zog eines seiner drei Kinder mit Schwung einen Ledergürtel aus dem Hosenbund. Dabei entstand so ein, wie er es nennt, »schnalzendes Geräusch«. Was ihn aufhorchen ließ, ihn zutiefst irritierte. Als dies noch einmal passierte und er wiederum nicht wusste, warum dieser aus dem Hosenbund herausgezogene Gürtel ihn derart zusammenzucken ließ, hat er sich bei seiner Mutter erkundigt, ob der Vater ihn oder seine Geschwister eigentlich mit dem Gürtel geschlagen habe. Die 73-Jährige räumte zwar zunächst ein, ja, der Vater tat dies gelegentlich. Doch ein Jahr später, als das Gespräch erneut hierauf kam, stritt sie es ab.

Fritz allerdings hat die Schläge längst nicht vergessen, die er von seinen Eltern bekam. Vor allem die nicht, die mit dem Holzlöffel verabreicht wurden. Woran sich seine Mutter partout nicht mehr erinnern will. Sie gibt heute zwar zu, ihr sei schon mal die Hand ausgerutscht, vergisst dabei aber hinzuzufügen, dass »diese Hand zumeist mit etwas Hölzernem bewaffnet war. Es gab Situationen, in denen wir alle fünf Kinder durchgeprügelt wurden. So übers Knie gelegt, und dann entweder auf die Hose oder auf den nackten Po« erinnert sich Fritz.

Einmal »da sind, glaube ich, drei oder vier Holzlöffel dabei draufgegangen. Die Mutter war so außer sich, offensichtlich so voller Spannung und so geladen, dass die wirklich diese Kochlöffel an uns kaputtgeschlagen hat. Das waren schon heftige Situationen. Vor allem, weil alle Kinder dabei sein mussten. Das waren richtige Kollektivstrafen. Wir durften nicht weggehen. Unter uns war eine große Bangigkeit. Bitte hör auf, lass das, flehten wir. Und gleichzeitig war man froh, wenn es einen nicht selbst traf.« Es waren quälende Momente, nach denen die gesamte Familie sich deprimiert und niedergeschlagen auf die Zimmer verteilte.

Der als Arzt arbeitende Fritz ist 1960 geboren, hat vier Geschwister. Sein Vater war gehobener Angestellter in einer kleinen Firma, brachte das Geld nach Hause. Zu Hause war man sehr katholisch, ging regelmäßig zum Gottesdienst. Die Mutter war Hausfrau. In einer etwa 80 bis 90 Quadratmeter großen Vierzimmer-Wohnung im dritten Stock eines Mietshauses mit Balkon lebte die Familie gemeinsam mit einer Großmutter, die ein klein wenig ihrer Rente zum Budget beisteuerte. Diese Oma hat gestopft, hat Kartoffeln geschält, so dass die Mutter das Haus zum Einkaufen verlassen konnte. Die Wohnung war eng, sehr eng, wie sich Fritz erinnert. Nicht nur räumlich, sondern vor allem von der ganzen Atmosphäre her.

Die fürsorgliche Mutter schmiert Schulbrote

Morgens stand seine Mutter als erste auf, brühte sich Kaffee auf. Anschließend schmierte sie Brote, für alle. »Bei so vielen Leuten ging da ein ganzes Brot drauf.« Anschließend kochte sie dem Vater das Mittagessen, damit er es in seinem Henkelmann mit auf die Arbeit nehmen konnte. Dann zogen die Kinder los zur Schule, der Vater ins Büro. Da keines der Kinder in den Kindergarten ging, waren bald alle wieder zu Hause. Die Grundschule endete meist um 12 Uhr. Nach dem Essen war Mittagsruhe. Großmutter machte ihr Nickerchen. Danach kamen die Hausaufgaben dran.

Abends wurde für den Vater noch einmal warm gekocht. Eine üppige Mahlzeit, »weil er alle Kinder, die sonst nur Brote bekommen hätten, noch mit gefüttert hat. Das war so ein ganz nettes liebevolles Ritual.« Fritz hat noch Fotos, die zeigen, wie er und seine Geschwister am Tisch sitzen, vor dem Vater der Teller mit dem Abendessen. Und man kann gut erkennen, wie er die Kinder füttert. »Das war eine schöne Zeit«, erinnert sich Fritz. »Später war es dann nicht mehr so gemütlich.«

Fritz beschreibt sich als einen ruhigen Schüler. »Eher so der Typ, der Opfer von anderen wurde, der keine Grenzen setzte. Auf der katholischen Grundschule, an die eine Hauptschule anschloss, bin ich häufig in den Pausen hinters Gebüsch gedrängt, geneckt, gequält worden, und ich habe mich nicht gewehrt. Es gab eine Situation, die mir aber sehr klar in Erinnerung ist, da hat mich auf dem Heimweg ein Junge drangsaliert. Woraufhin ich ausgerastet bin, mich umgedreht und zugeschlagen habe. Der bekam eine blutende Nase. Zunächst bin ich weitergegangen. Hatte dann aber so ein schlechtes Gewissen, dass ich zurück zu ihm ging und ihn getröstet habe.«

Seine Schwester schlief mit der Oma in einem Zimmer, er und seine Brüder hatten einen eigenen Raum mit einem Etagenbett und zwei Klappbetten. Die wurden tagsüber hochgeklappt, so dass in dem Zimmer auch gespielt werden konnte. »Es gab da so klassische Unfälle, dass jemand gegen das Klappbett gefallen ist, und dann ist das ganze Bett umgekippt. Oder dass meine Schwester sich ans Etagenbett hing und ihr dabei der Arm ausgekugelt wurde.«

»Die Großmutter, so verrückt die auch war, hatte auch was sehr Liebevolles. Die hat immer Märchen erzählt. Oder vorgelesen. Und dann saßen alle am Kachelofen. Ja, es gab auch sehr viel Wärme zu Hause. Alles Muffige ist auch warm. Menschlich warm. Aber es ist eben auch sehr muffig.«

Fritz hat noch Fotos von der Kommunionsfeier, zu der alle Verwandten zusammenkamen und sein kleiner Bruder so angespannt war, dass er ein Glas zerbiss. Ein dünnwandiges Glas, erinnert sich Fritz, »so einen Likörkelch. Soviel Anspannung war in dem kleinen Bruder.« Soviel Anspannung, wie offenbar in der ganzen Familie. Eine Familie, die sich ausschließlich auf sich selbst zurückgezogen hatte, im eigenen Saft schmorte. »Diese Begrenztheit auf die Kernfamilie, die war schon sehr, sehr strikt. Wir durften nur selten ein anderes Kind zu Besuch haben. Ihr seid euch selbst genug, damit wurde das begründet.« Auch andere Kinder durfte Fritz nicht zu Hause besuchen. Es wurde nicht gerne gesehen, wenn die Kinder den Wunsch äußerten, an der Geburtstagsfeier eines Klassenkameraden teilzunehmen. »Weil, dann must du den ja auch einladen.« Fritz weiß nur noch, dass er ein einziges Mal eine Schulfreundin besuchte und mit dem Mädchen im Hof spielte. »Die restliche Zeit haben wir meistens im eigenen Saft geschmort. Das war eine sehr abgeschottete Familienidylle. Auch die Eltern gingen nie weg. Nie. Buchstäblich nie.«

Es gab weder Frischluft noch Freiheit

Fritz hat den einen Abend nicht vergessen, an dem die Eltern tatsächlich ankündigten, sie werden ausgehen. Als Vater und Mutter dann weg waren, standen die Kinder gemeinsam mit der Oma ratlos da und fragten sich, »wo sind die hin?« Eine Viertelstunde später kamen die Eltern aber schon zurück und »haben uns ausgelacht.« Ein Beispiel, das für Fritz der Beleg dafür ist, wie wenig die Eltern »Luft an diese Familie gelassen haben. Dass es in so einem engen Käfig dann zu Gewaltausbrüchen kommt«, hält Fritz im Nachhinein betrachtet fast schon für zwangsläufig. »Sperr sieben Leute auf 80 Quadratmetern ein, dazu noch die Oma, lass da kaum Luft ran und dann geht die Post ab. Ist doch völlig klar.«

Der Vater von Fritz wurde 1937 geboren, stammte aus Oberschlesien, lebte, so erinnert sich Fritz, »sag ich mal, in Reichweite von einem KZ.« Mit acht Jahren musste er in einem extrem kalten Winter mit seiner Familie zu Fuß vor der Roten Armee nach Bayern fliehen. »Mein Großvater väterlicherseits war SA-Mann. Und der hatte Geld eingetrieben bei den Mitgliedern, und da ist mein Vater immer mit. Und es gibt einen Onkel, väterlicherseits, der sicher SS-Totenkopf-Mitglied war.« Was genau dieser Onkel getan hat, ob er vielleicht sogar in einem KZ arbeitete, hat Fritz nie herausbekommen. »Von daher denke ich, dass in dieser Familie eine ganz besondere Form von roher, offener, direkter Gewalt herrschte.«

Von Seiten seiner Großeltern väterlicherseits, »die bekennende Nazis waren, gibt es eine massive Geschichtsklitterung.« Sein Vater hat ihm dies sehr viel später in einem Brief bestätigt. »Unter anderem hat er beschrieben, wie schrecklich es für ihn war, als Achtjähriger miterleben zu müssen, wie aus den glühenden Nazis bet-fromme Polacken wurden, die als Flüchtlinge in Bayern nichts anderes mehr als nur noch katholisch sein wollten. Dort wurden sie dann in irgendwelchen Wohnungen untergebracht, aus denen man wenige Jahre zuvor die Juden rausgeschmissen hatte.«

Fritz weiß nicht, wie viel Gewalt sein Vater während der Nazizeit als Kind erfahren hat, wie viel Gewalt er gesehen hat. »Ich weiß nur, dass es in den Straßen seiner oberschlesischen Heimatstadt Massenerschießungen gab. Dass da Blut in den Rinnsteinen geflossen ist, das weiß ich heute alles. Wie viel er davon mitbekommen hat, weiß ich nicht. Ich weiß aber, dass er von dieser Lügenatmosphäre und von der hochgradigen Anspannung dieser Zeit als Junge einiges spürte. Er sollte Priester werden, um den Katholizismus der Familie sozusagen zu beeiden. Das ist so der Gewalthintergrund der väterlichen Seite.«

Die letzte Ohrfeige bekam Fritz von seiner Mutter verpasst, als er vierzehn war. »Auf einem Bahnsteig. Wo genau, weiß ich nicht mehr. Auf jeden Fall habe ich eine Bemerkung gemacht, die ihr nicht passte und daraufhin ist ihr die Hand ausgerutscht. Das Markante dabei war, dass sie an dem Tag ein relativ schweres Silberarmband trug. Das rutschte ihr ins Handgelenk und hat mir einen Abdruck im Gesicht hinterlassen. Den sieht man heute zwar nicht mehr, aber damals blieb ziemlich lange eine Marke zurück. Worüber sie selber erschreckt ist. Und ab da war dann auch Schluss.«

Von allen Geschwistern war Fritz derjenige, der seinem Vater am nächsten stand. Auch nach1980, nachdem seine Eltern sich getrennt hatten, als der Vater völlig isoliert und einsam lebte. Fritz hatte als einziger von allen Kindern noch Kontakt zu ihm. Als der Vater schwer psychisch krank wurde, sah Fritz ihn nur noch sporadisch bis zu dessen Tod.

Seiner Mutter nimmt Fritz deren Geschichtsklitterung übel. »Vor allem, dass sie ihre eigene Rolle völlig außen vor hält. Sie behauptet nach wie vor, sie hätte alles richtig gemacht. Sie sei die Übermutter gewesen. Wollte immer nur unser Bestes. Ich halte Abstand zu ihr, einfach weil ich bestimmte Sachen nicht mit ihr besprechen und klären kann. Dadurch sind die latent natürlich vorhanden. Das ist inzwischen mein üblicher Umgang mit meiner Mutter: Ich erzähl der nichts wirklich Persönliches von mir. Sie ist nicht die Ansprechperson, um Probleme zu besprechen. Ich bin immer noch ihr Ältester. Und natürlich ist sie meine Mutter. Und sie hat auch viel für mich getan. Ohne Zweifel. Wenn man guckt, wo die hergekommen sind, und wenn man guckt, was daraus geworden ist, das ist schon bemerkenswert. Drei ihrer Kinder sind Akademiker, und die anderen haben gute Berufe, sind erfolgreich in leitenden Positionen. Aber dass es so Brüche und unüberwindbare Gräben gibt im Verhältnis zu meiner Mutter, das hat sicher mit meiner sehr eingeengten, isolierten, idealisierten Kindheit zu tun. Vor allem aber sind es Unehrlichkeiten, Unoffenheiten, das Nicht-Eingestehen-Wollen von eigener persönlicher Verantwortung, die mich auf Abstand zu ihr gehen lassen.«

Erst als Fritz seine Frau kennen lernte, hat er mit ihr eine andere Art von familiärem Umgang entdeckt. Hat vor allem gelernt, sein eigenes Kontaktverhalten zu verändern. »Wir leben nicht genau das Gegenteil von dem, was meine Eltern gelebt haben. Ich kann schon auch gerne für mich allein sein, das bringt mein

Beruf mit sich, durch den ich den ganzen Tag von vielen Menschen umgeben bin. Aber wir haben, an dem gemessen, was meine Eltern gelebt haben, einen viel offeneren Umgang mit Menschen. Unsere Kinder durften immer andere Kinder mit nach Hause bringen. Sie konnten immer woanders hingehen. All diese Dinge. Das habe ich, denke ich, schon meiner Frau zu verdanken. Dass die das so an mich herangetragen hat.«

Gerade in der Anfangszeit, als seine Kinder klein waren, war das manchmal für Fritz nicht leicht. Damals hatte er Phasen großer Ängstlichkeit. «In denen ich in meinen Phantasien befürchtete, dass wenn ich jetzt nach Hause komme, irgendwas Schreckliches passiert sein könnte. Dabei hatten wir alles gut organisiert. Die Kinder waren nie alleine. Aber trotzdem gab es solche Phantasien, Katastrophenphantasien, die haben sich dann irgendwann gelegt. Ich denke, das kam aus der Besorgnis, es anders zu machen. Den sehr tief eingeübten, so eingegrabenen, eingefressenen Rahmen zu verlassen. Hierzu musste ich innere Widerstände überwinden. Ich glaube, dass diese Phantasien immer wieder so eine Art Rückholversuch waren. Ein Teil in mir hat offenbar versucht, mit aller Macht etwas konservativer, etwas überschaubarer, etwas weniger offen zu bleiben.«

Eine der Folgen aus seiner strengen, isolierten Erziehung ist seiner Einschätzung nach seine übergroße »Anstrengungsbereitschaft«, wie er es nennt. Damit meint er, sein Bestreben, immer wieder über die eigenen Grenzen zu gehen, »mich anzustrengen, es recht zu machen. Dazu ist meine Bereitschaft enorm groß. Ich will unbedingt ein gutes Ergebnis abliefern. Das ist mittlerweile nicht mehr ganz so vordergründig, aber ich will immer wieder auf was Besonderes raus. Gebe mich nur schwer mit etwas zufrieden, will es häufig einfach genauer wissen. Ich glaube, das hat was damit zu tun, dass ich mich mit diesem Verhalten wieder in die Welt des Kindes zurückversetze, das ich mal war. Und das nicht versteht, nach welchen Regeln das alles, was ihm passiert, so funktioniert. Dieses Kind versucht sich durch etwas zu retten, was es kann: nämlich die Dinge gut zu machen, zu perfektionieren.«

Seine Kinder haben von ihm ab und zu Klapse auf den Hintern bekommen, dazu steht er. »Mit der Hand. Jetzt nicht im Sinne von Prügel, sondern mal einen auf den Hintern. Was meine Frau überhaupt nicht mochte. Ich habe das aber nur dann getan, wenn sie überzogen hatten. Danach gab es immer ein Gespräch hierüber. Im Sinne von, was ist da jetzt eigentlich gewesen, wie hat das Ganze angefangen, warum habe ich da so reagiert. Das passierte im Affekt. Manchmal vielleicht in so einer Situation, wo ich's auch habe drauf ankommen lassen. Aber nicht im Sinne von, du kommst jetzt her, und ich prügel dich jetzt. Nicht so, wie ich es erlebt habe. Anschließend gab es von meiner Seite aus immer den Versuch, das wieder auszugleichen und zu klären. Es hat mir leidgetan. Weil, das tut weh, und das erschreckt. Sollte es vielleicht auch. Weil es einfach eine Situation unterbrechen sollte, die unerträglich geworden war. Mich hat das jedes Mal auch erschreckt, nicht in dem Sinne von: Ich muss mir die Hand abhacken, aber doch im Sinne von: Mensch musste das sein? Wie kommen wir aus der Situation jetzt raus? Wie kriegen wir das wieder geflickt? Ich bin dann nicht im Büßerhemd rumgelaufen, sondern habe danach oftmals wirklich lange Gespräche mit meiner Frau geführt und eben auch mit dem jeweils betroffenen Kind.«

6. Kapitel

LITERATUR ALS VENTIL

Aufschreiben, Rausschreien, Kundtun

»Wann die Prügelstrafen begonnen haben, daran kann ich mich nicht erinnern, aber damals gehörten sie wie die Schikanen mit dem Essen und den sauberen Kleidern zu den unabwendbaren Gegebenheiten des Lebens wie Winter und Sommer und Regen, man konnte ihnen nicht entkommen, es gab immer etwas, wofür man züchtigungswürdig war«, lässt die österreichische Schriftstellerin Anna Mitgutsch in ihrem Buch »Die Züchtigung« ihre Protagonistin Marie sagen. »Ob nach Ausflügen in den Wald zum Blumenpflücken, weil die Kleider Grasflecken hatten, die Knie aufgeschunden waren. Je größer die Wunde war, desto größer die Panik, desto heftiger der Zorn und die Schläge.« Marie, der Romanfigur, blieb das Schmerzgebrüll im Hals stecken, als die Mutter sie packte und wahllos ins Gesicht schlug, bis das Kleid blutig war von ihrer aufgerissenen Lippe. »Mit einem Tuch über dem Mund wurde ich ins Bett gejagt.« Später sagte der Hausarzt: »Die Wunde hätte genäht werden sollen«. Doch darum hat sich damals niemand geschert.

Geschlagene Kinder haben versucht, das Erlebte literarisch zu verarbeiten. Eine ganze Autorengeneration hat sich vor allem an den Vätern literarisch abgearbeitet. Zorn ist dabei rausgekommen, schonungslos ehrlich und entlarvend für die Elterngeneration. Als sich 1971 der zeitweilige Lebensgefährte von Gudrun Ensslin und Vater des gemeinsamen Sohnes, Bernward Vesper, umbrachte, fand sich in seinem Nachlass ein Romanfragment. Später wurde es unter dem Titel »Die Reise« veröffentlicht. Ein Kultbuch jener Jahre. Darin schildert der Sohn des Reichsarbeitsdichters Will Vesper den Umgang seines Vaters mit ihm. So den Tag, als der kleine Bernward seinen Grießbrei einfach nicht herunterbekam. Allein bei dessen Anblick würgte und beinahe kotzte. Er wurde daraufhin, mitsamt dem Grießbrei, auf sein Zimmer geschickt, hangelte sich aus dem Fenster runter in den Garten, vergrub dort das ekelige Essen. Sein Ungehorsam flog auf und führte dazu, dass sein Vater ihn zur Rede stellte und anbrüllte.

»Ich hörte nicht mehr hin, ich fühlte nichts mehr, ich sah, wie er zum Bücherregal ging, wo über den Kunstbänden und Geschichtswerken der Siebenstriem lag. Er stürzte sich auf mich, legte mich über die harte, hölzerne Lehne seines Sofas, drückte mir mit seiner großen Hand den Kopf herunter und schlug auf mich ein. Es brannte höllisch (ich fühlte nichts), ich fühlte mich hilflos (Tränen liefen aus meinen Augen über die herunterhängende Stirn, ich schrie nicht)«, schreibt Vesper.

Der Frankfurter Autor Rudolf Westenberger hat im Kursbuch im Juni 1998 unter der Überschrift: »Du hast es immer nur gut gemeint« eine erschütternde »Grabrede« auf seine Mutter gehalten. Eine schonungslose Abrechnung mit einer Mutter, von der er zwar wusste, dass sie ihn über alles geliebt hat, deren Liebe für ihn aber immer nur »Folter und Qual« war. Die ihm nie zugestand, ein eigener Mensch zu sein. Die seine Seele »in Schach gehalten und jegliche Rührung mit Gewalt und Liebe und mit Liebe und Gewalt unterdrückt« hat.

Dabei erinnert er sich vor allem an die Stunden, die er und seine Schwester mit der Mutter in Geschäften und Wartezimmern von Ärzten verbrachten. Einer Zeit, in der andere Kinder sich nicht so brav wie er und die Schwester verhielten. Sie beide bekamen von der Mutter ständig ein »bei Fuß« zugezischt, gefolgt von der Warnung »und keinen Laut will ich hören!« Das Verhalten anderer Kinder wurde mit der Drohung kommentiert: »Wenn ihr euch so benehmen würdet, ich würde euch erschlagen.« Als Kind wünschte er sich nichts sehnlicher als »einen Tag ohne Streit, Drohungen, Schläge und Wutausbrüche zu erleben.«[23]

Das verborgene Wort

In Ulla Hahns Roman »Das verborgene Wort« zeigt Hildegards Vater der kleinen Tochter am ersten Schultag das neue Stöckchen hinter der Uhr. »Es war mit mir gewachsen. Mindestens doppelt so dick wie die Schilfrohrstöckchen aus der Kindergartenzeit, die alle paar Monate auf den Sonntagsspaziergängen mit den Eltern erneuert worden waren. Das neue Stöckchen war aus Holz und himmelblau bemalt.« Sie sollte es bald schon zu spüren bekommen. »Es et nit schön?« kommentierte ihr Vater das nette kleine Prügelinstrument, lachte und balancierte das Stöckchen senkrecht auf der Handfläche. »Doför bes de jitz alt jenuch«, meinte er in seinem niederrheinischen Dialekt und hieb es wie zur Probe ein paarmal in die Luft. »Es sauste. Paß op, dat de Färv nit affjeht. Die Farbe nicht abgeht. Hau drupp, sagte später die Mutter, et hät et verdeent.« Sie hat es verdient.

Die Wut des Vaters entfachte sich an allem möglichen. Einmal ging er soweit, dass er Hildegards Gesicht in die heiße Buchstaben-Nudelsuppe drückte. Das Kind schrie auf, die Haut war regelrecht verbrannt. »Mein Gesicht wurde gewaschen, in kalte Tücher gepackt, mit Butter eingeschmiert, messerrückendick mit guter Butter. Brandblasen gab es nicht. Aber rote Flecken auf Wangen und Nase von erweiterten Gefäßen. Lebenslänglich.« Sein schlechtes Gewissen führte dazu, dass der Vater am nächsten Tag früher als sonst nach Hause kam. Und seiner verletzten Tochter das Fahrradfahren beibrachte.

Dann bekam Hildegard endlich eine Zahnspange. Eine teure Anschaffung für die Eltern. Doch die Freude hierüber hielt nur kurz. Eines Tages zog sich Hildegard wieder einmal den Zorn des Vaters zu. Woraufhin der sie zwang, die Zahnspange aus dem Mund zu nehmen. Mit Gewalt. »Mach de Muul op, zischte der Vater. Die Klammer eruss!« Er presste solange, umklammerte ihren Nacken, griff ihr unters Kinn, quetschte ihren Unterkiefer zusammen. »Die Kiefer sprangen auseinander, ich schrie vor Schmerzen, der Vater fuhr mit seinem Finger in meinem Mund herum. Ich würgte.« Irgendwann nestelte Hildegard die Klammer aus dem Mund. Der Vater nahm sie in die Hand, und während Hildegard verzweifelt Papa rief und winselte, drückte er zu. Langsam, ganz langsam, bis sich diese Klammer verbog, zu einem nicht mehr brauchbaren Klumpen. Dann reichte er seiner Tochter das zerstörte Teil zurück mit den Worten: »Do häs de et widder.«

Nicht alle geprügelten Kinder haben ein solches Ventil wie die Autoren, die ihre Kindheit literarisch verarbeiteten. Nicht jeder kann das zu Papier bringen, was ihm zuhause widerfahren ist. Erziehungswissenschaftler Ulf Preuss-Lausitz hält allerdings Reden oder Schreiben über die erlebte Tortur für »ganz wichtig. Vielleicht sogar wichtiger als die Täter zu bestrafen. Das muss rauskommen dürfen.« Egal, ob es um Prügel oder sexuellen Missbrauch, psychische Gewalt oder um Missachtungserfahrungen geht. »Die Opfer müssen darüber reden. Nur so können sie mit dieser Erfahrung verarbeitend umgehen und ihr Leben wieder in den Griff bekommen«, erklärte er mir.

Thom, die Fantasiegestalt – Tilman, der aus dem wirklichen Leben

Auf das Interview mit dem Schriftsteller Tilman Röhrig war ich gespannt. Eine Freundin hatte mich auf sein Buch »Thoms Bericht« aufmerksam gemacht, ein Jugendroman, der im Lauf der Jahre eine Auflage von über 500 000 Exemplaren erreichte. Noch immer liest Röhrig hieraus vor Schulklassen, noch immer fasziniert das in »Thoms Bericht« erzählte Schicksal eines von seinen Eltern misshandelten Jungen. Als ich es durchlas, wusste ich sofort: Hier schreibt jemand über etwas, das er sehr genau kennt. Der fiktive Thom ist, so wie Röhrig selbst, Pfarrerssohn und muss erleben, dass sein frommer Vater ihn immer wieder verhaut. Egal wie er sich verhält, was immer er auch tut. Daraus zieht Thom den Schluss, er glaube sowieso, »dass die Erwachsenen nicht immer so genau wissen, warum sie uns bestrafen. Sie tun es manchmal einfach deshalb, weil ihnen danach zumute ist.«[24] Oder weil sie glauben, mal wieder das Böse aus ihrem Kind herausprügeln zu müssen.

So wie an dem Tag, als Thom mit anderen Kindern eine Steinschleuder bastelte und damit auf ein Schwalbennest zielte. Wieder und immer wieder. Bis dann eine der kleinen Schwalben aus dem Nest fiel, Thom ganz mulmig beim Anblick dessen wurde, was sie da angerichtet hatten. Als dann einer der Jungen loslachte, »vielleicht nur, weil ihm auch übel geworden war«, da nahm der kleine Thom seine Steinschleuder und zielte auf den Kopf seines Kumpels. »Nicht fest, aber er hat getroffen und der andere hat geblutet«. Der schrie los, lief nach Hause, erzählte es seiner Mutter, die ging zu Thoms Vater.

Die Schläge, die Thom daraufhin bekam, empfand er als gar nicht so schlimm, an die hatte er sich längst gewöhnt. »Nein, das Schlimmste war die Predigt, die mein Vater hielt. Ich sei verroht und schlimmer als die Kinder von irgend so einem grausamen Mann in der Bibel. Ich musste früh ins Bett und bekam kein Abendessen. Das war grässlich, denn es gab Dampfnudeln.« Soweit der fiktive Thom.

Stippvisite in einer Idylle

»Ja, gerne«, antwortete mir Tilman Röhrig, als ich ihn anrief und um einen Interviewtermin bat. Er lebt in der Nähe von Köln, in einem gemütlichen Landhaus. Dort schreibt er seine erfolgreichen historischen Romane. Es ist ein sonniger Vormittag, an dem wir beide uns an seinen Esstisch setzen, das kleine Tonbandgerät aufgestellt neben verführerisch aussehenden Honigplätzchen und Dominosteinen.

Dass »Thoms Bericht« nicht reine Fiktion ist, sondern auf seiner Kindheitserfahrung basiert, wird schnell klar. »Thoms Bericht«

war sein zweites Buch, 1973 erschienen, da war Röhrig 28 Jahre alt und hatte längst ein turbulentes Leben hinter sich. »Ich habe es nicht geschrieben, um mit mir ins Reine zu kommen. Ich hab es erst geschrieben, als ich meinen Vater nicht mehr hasste«, stellt Röhrig gleich zu Beginn unseres Gespräches klar. Er wollte damals ein Buch schreiben über diese Zeit, »auch schon mit den Gedanken, dass es eben nicht nur mir so ergangen ist. Sondern vielen anderen auch.« Es sollte aber, das stand für ihn von Anfang an fest, kein Buch des Hasses werden, keine Abrechnung mit dem rohen Vater. Sondern Thom, sein Protagonist, sollte zwar brutal behandelt werden, dennoch, das war Tilman Röhrig ganz wichtig, »dreht er sich immer wieder um und versucht da herauszukommen.«

So wie sein Autor, der auch Zeit seines Lebens nach Wegen gesucht hat, suchen musste, »um eben aus Notsituationen herauszukommen.« Für sein Buch hat er sich erkundigt, wie es Gleichaltrigen zu Hause ergangen war. Um dann aus seiner eigenen Erfahrung das herauszufiltern, was den Erlebnissen der anderen ähnelte. »So ist Thoms Bericht entstanden. Es ist also alles wahr, was in diesem Buch steht. Ich habe nur sehr vieles weggelassen, was sowieso keiner geglaubt hätte.«

Tilman Röhrig kommt »aus einem sehr guten Elternhaus. Mein Vater war ein sehr angesehener Pfarrer«, beginnt er die Beschreibung seiner eigenen Kindheit. Im Zweiten Weltkrieg hat dieser Vater gemeinsam mit Pastor Niemöller im Kirchenkampf gegen die Nazis opponiert. »Der hat also unendliche Geschichten in dieser Zeit erlebt und sie auch gut gemeistert.« Nur nach dem Krieg, da gab es für seinen Vater nichts mehr, dem er widerstehen musste, nichts mehr zu kämpfen. Wohin nun mit all der Kraft, die noch in diesem jungen Pfarrer steckte? Sie wurde, sehr zum Leidwesen des kleinen Tilman und seiner zunächst vier Geschwister, auf die Familie konzentriert. »Er machte dort all das falsch, was er vorher richtig gemacht hatte.«

Tilman war »das Sandwichkind. Das Kind in der Mitte.« Eine

ohnehin an sich schon problematische Position. »Mal gehört man zu den Großen, mal zu den Kleinen. Die Großen räumen auf, die Kleinen gehen ins Bett.« Der Mittlere hängt immer irgendwie dazwischen, gehört nirgendwo richtig dazu. Hinzu kam, dass Tilman Röhrig rote Haare hatte, als einziges der Kinder. »In einer Zeit, wo rote Haare noch offen verlacht wurden. Was heute nur noch versteckt geschieht.«

Die Mutter geht – und lässt fünf Kinder zurück

Tilman wuchs auf in einem Haushalt, dem dieser geradezu alttestamentarische Vater vorstand. Ein Mann, der felsenfest daran glaubte: wen Gott liebt, den züchtigt er. Ein Pfarrer, dessen Leben »einen großen Knacks bekam, als meine Mutter, der er vorher fünf Kinder gezaubert hat, ihn wegen eines anderen Mannes verließ. Ungeheuerlich für ein Pfarrhaus. Noch ungeheuerlicher ist, dass diese Frau ihre fünf Kinder nicht mitgenommen hat. Sie müssen sich vorstellen, das Jüngste war gerade neun Monate alt. Der Älteste zehn Jahre. Ich war damals sechs. Wenn man sie nebeneinander stellte, waren das so kleine Orgelpfeifen. Fünf Kinder, und die Mutter geht weg.«

Damals, Anfang der 50er Jahre, war das Verhalten der Mutter eine von der Gesellschaft und der Gesetzgebung sanktionierte Normabweichung, die entsprechend bestraft wurde. Die Mutter durfte ihre Kinder jahrzehntelang nicht wiedersehen. Und vom Vater, ja von ihrer gesamten Umgebung wurde sie entsprechend verteufelt. Nicht nur dafür, dass sie ihre Kinder, ihre Familie für eine neue Liebe verlassen hatte. Sondern auch dafür, dass des Vaters Karriere damals aufgrund dieser familiären Situation zunächst einen Knick bekam. Einen geschiedenen Pfarrer, wer wollte den schon in seiner Gemeinde haben? Er musste die Landeskirche wechseln und quasi noch einmal ganz von vorn in einer kleinen Pfarrei anfangen. Die fünf Kinder wurden ihm zugesprochen, damals galt im Scheidungsrecht noch das Schuldprinzip.

Und die Mutter, die weggegangen war, sah ihre Kinder erst wieder, als alle längst erwachsen waren.

Erst als Tilman Röhrig seiner Mutter als Erwachsener zum ersten Mal wieder begegnete, sich mit seiner Mutter versöhnte, stellte sich heraus, dass diese angeblich so böse und selbstsüchtige Frau auch ein Opfer des damaligen Scheidungsrechts geworden war. »Meiner richtigen Mutter war es verboten, sich mit uns Kindern in Verbindung zu setzen. Und als ich dann auf der Schauspielschule war, als ich also das Gefühl hatte, es irgendwie geschafft zu haben, habe ich sie suchen lassen. Vom Roten Kreuz. Das war ja sehr einfach. Damals wurden noch die Kriegsvermissten gesucht. Und innerhalb von drei Tagen hatten sie meine Mutter gefunden. Ich wollte sie unbedingt wiedersehen, auch um ihr zu sagen, was sie mit mir und meinem Leben angerichtet hat. Immer noch mit dem Ballast, dass ja nun alles Schlechte in mir eben von dieser Frau gekommen sei.«

Tilman Röhrig schrieb ihr einen Brief und bekam schon vier Tage später ein mit Tränen beflecktes Antwortschreiben zurück. Mutter und Sohn verabredeten sich auf halber Strecke, am Frankfurter Hauptbahnhof. Zum ersten Mal nach Jahren sollten sich beide wiedersehen. Sie reiste aus Süddeutschland an, er aus dem Rheinland. Drei Stunden, bevor der Zug, mit dem die Mutter eintreffen sollte, am Frankfurter Hauptbahnhof einlief, stand Tilman Röhrig schon da, rauchte vor Anspannung eine Zigarette nach der anderen. Dann kam endlich der Zug, in dem die Mutter sitzen sollte. Als erstes stieg eine Frau aus, »ich sagte, lieber Gott lass es bitte nicht diese Frau sein. Weil, ich sah sie an, und zu der fühlte ich mich überhaupt gar nicht hingezogen. Im späteren Fahrgaststrom ging eine andere Frau so in der Mitte, von der ich sofort wusste, dass sie das war. Und die kam auf mich zu, sagte meinen Namen, lehnte sich an mich und weinte. Genau so war es.« Von da an brach der Kontakt zwischen Mutter und Sohn nie mehr ab. Und endlich erfuhr Tilman Röhrig die Geschichte der Mutter nicht aus dem hasserfüllten Mund des Vaters, mit der verächtlichen Stimme der Stiefmutter, sondern von ihr selbst.

Als kleiner Junge hatte er sich immer gefragt, wieso kümmert sich die Mutter so gar nicht um uns Kinder. Erst jetzt erfuhr er, dass der Scheidungsanwalt seines Vaters dies hintertrieben hatte. »Hunderte von Briefen schrieb die Mutter an uns Kinder, die sie alle von der Kanzlei dieses Anwalts wieder zurückgeschickt bekam mit dem Vermerk, sie dürfe sich nicht an ihre Kinder wenden. Das war wirklich so.«

Der Vater, mit der ungeklärten Lebenssituation überfordert, verteilte seine fünf Kinder zunächst nach dem Weggang der Mutter auf diverse Heime, gab einige in die Obhut von Verwandten. Als er drei Jahre später dann doch wieder eine Festanstellung fand und parallel dazu eine neue Frau, sammelte er sie wieder ein. Die Stiefmutter kannte sich mit Kindern aus, war in den letzten Kriegsjahren beim BDM gewesen, dem Bund deutscher Mädel, und hatte ihre sicherlich auch aus dieser Zeit herrührende Art, mit den fünf kleinen Menschen umzugehen. Zu der sich bald schon zwei weitere, nunmehr eigene Kinder gesellten.

»Wir sind dann erzogen worden von dieser zweiten Frau, die sagte, eine Mutter ist nicht die Frau, die einen geboren hat, sondern die Frau, die einen erzieht. Das mussten wir jeden Abend beten. Im Nachtgebet. Wir mussten Gott danken, dass es jetzt eben diese richtige Mutter für uns gab.« Ansonsten gab es zumindest für Tilman Röhrig nicht viel Anlass, dieser neuen Mutter für irgendetwas dankbar zu sein. »Wenn ich in der Schule schlecht war, wenn ich frech wurde, wenn ich aus dem Portemonnaie vielleicht etwas geklaut hatte, oder irgend solche Taten, immer hieß es, ja, ja das ist der schlechte Einfluss dieser Frau.« Mit dieser Frau war Tilmans wirkliche Mutter gemeint, die die Kinder allein gelassen hatte. »Das heißt also, es wurden permanent und jeden Tag neue Pakete auf die Schultern dieser Frau geladen. Und dadurch blieben die Stiefmutter und auch mein Vater sehr sauber.« Die verschwundene Mutter war der Katalysator, um sich selbst reinzuwaschen. Während die Kinder »in kindlicher Verzweiflung« sich ständig fragen: »Ja, wie kann es denn nur sein, dass ich so viel Schlechtes mitbekommen habe? Man saß da und verzweifelte an den eigenen Anlagen, gegen die man sich scheinbar nicht wehren konnte. Aber man selbst musste sie ja trotzdem ertragen.«

Vorsorglich verabreichte Schläge

Um diese Anlagen auszutreiben, aber auch um ihre Allmacht zu demonstrieren, griffen Tilman Röhrigs Eltern zu den brutalsten Mitteln. »Ich kam aus der Schule. Und die Stiefmutter sagte, heute Abend bekommst du Prügel. Ich hatte gar nichts gemacht. Also fragte ich, wieso, warum, um Himmelswillen? Damit du nicht über die Stränge schlägst, wurde mir erklärt. Können sie sich ein Kind vorstellen, was den ganzen Nachmittag zittert? Und dann kommt der Vater nach Hause. Man empfängt ihn draußen an der Garage. Er ist fröhlich, lacht und streichelt einen vielleicht sogar, geht ins Haus und eine halbe Stunde später wird man reingerufen, und man kriegt eine Tracht Prügel. Also, das ist furchtbar.«

Seine Genugtuung war, dass die Uhr des Vaters, wenn der ihn mit der Reitpeitsche schlug, sich regelmäßig vom Handgelenk löste und durch die Gegend flog. Dabei ging jedes Mal das Uhrenglas kaputt. Der kleine Tilman freute sich diebisch hierüber »weil dieser Rückhandschlag für meinen Vater jedes Mal sehr teuer wurde. Die Uhr musste immer anschließend repariert werden.« Im Krieg hatte sein Vater eine Hand verloren, trug eine Prothese. Und auch mit der schlug er zu, Tilman ins Gesicht. »Das war natürlich furchtbar. Man flog da gleich in die Ecke. Einmal unters Kinn mit der Prothese reichte aus.«

Tilman Röhrig erinnert sich an einen Sonntagsspaziergang mit der ganzen Familie. Plötzlich fuhr ein Auto vorbei. Tilman rief aus, »ich glaube, das war ein Mercedes 300. Mein Vater sagte, das gibt es nicht. Ich sagte, hinten auf dem Auto stand 300. Das gibt es nicht! Ich immer wieder. Doch! Bis ich auf offener Straße dermaßen verprügelt wurde, und ich dann nachher weglaufend schrie, und es war doch 300. Ich war natürlich schneller als er, und er konnte nicht hinter mir her laufen.«

Doch wie für viele der geprügelten Kinder jener Jahre waren Schläge nur ein Bruchteil der erlittenen Misshandlungen. Viel schlimmer waren für Tilman Röhrig »diese nachhaltigen Verletzungen, lächerlich gemacht zu werden. Oder wenn man endlich etwas wusste, weil man was gelernt hatte, sofort vorgeführt zu bekommen, wie wenig das doch ist, im Verhältnis zu dem, was meinetwegen die Stiefmutter oder der Vater weiß. Immer, immer wurde man in die Schranken gewiesen.« Eine Demütigung hat er als besonders schmerzhaft in Erinnerung: »Ich bin sehr oft blamiert worden. Es passiert ein Missgeschick. Dann kommt eine Tante zu Besuch, die man an sich sehr nett fand und so als Vorpubertierender vielleicht sogar ein bisschen anhimmelte, und gerade der wurden dann alle Peinlichkeiten lächelnd mitgeteilt, und man stand an der Tür oder noch im Flur und hörte das und traute sich natürlich nicht mehr reinzugehen. Also das sind furchtbare Situationen gewesen.«

Für Tilman Röhrig war dies Blamieren Ausdruck massivster Ablehnung und Entwertung. Traumatherapeut Hofmann weiß, dass derlei erlittene Beschämungen »Dinge sind, die bleiben nicht in den Socken stecken. Wir haben immer gedacht, dass die körperliche Gewalt massivere Auswirkungen hat als die psychische Misshandlung, weil sie so offensichtlich ist.« Inzwischen aber hat sich herausgestellt, dass die seelische Belastung bei den Menschen, die so wie Tilman Röhrig abgelehnt, erniedrigt, beschämt worden sind, »relativ gleich ist.« Derlei seelische Gewalt ist für Hofmann in etwa so, »als wenn diese Eltern ihrem Kind einen Keimling für eine spätere Depression mitgeben würden.«

Die böse Stiefmutter entsprach ganz dem Klischee

Vor allem die Stiefmutter kannte sich mit derlei subtilen Unterdrückungsmethoden vortrefflich aus. Fragte der kleine Tilman sie zum Beispiel, »Mutti, darf ich ins Kino?« Dann antwortete sie ihm: »Ja, wenn du mir sagst, was deine Schwester gestern deinem großen Bruder zugeflüstert hat. Dreimal sagt man, nee, das verrate ich nicht. Dann geh ich eben nicht ins Kino. Wenn die Freunde laut genug sagen, du bist ja blöd, warum gehst du nicht mit ins Kino, irgendwann fängt man dann doch an zu denunzieren, um das Leben an sich führen zu können. Und dadurch unterband sie natürlich auch das Verbandeln der Geschwister, dass die Kinder wirklich eine einheitliche Machtgruppe wurden in der Familie.«

Irgendwann fiel den Kindern auf, dass sie fast alle Hausarbeit zu erledigen hatten. Außer Kochen tat die neue Mutter so gut wie nichts. »Wir mussten bohnern, Schuhe putzen, Tisch decken, Kartoffeln schälen, Betten beziehen, wir mussten waschen. Wenn man aus der Schule kam, war erst mal zwei Stunden Hausarbeit angesagt. Für jeden. Daraufhin haben wir uns überlegt, bestimmte Hausarbeiten könnten auch vormittags mal von ihr gemacht werden, damit wir nachmittags ein bisschen mehr Zeit für die Schularbeiten hätten.« Also nahmen sich die Kinder vor, mit ihr darüber zu reden. Doch bevor es dazu kam, »sie ahnte wohl schon etwas«, erhöhte sie einigen der Kinder das Taschengeld. Tilman Röhrig war nicht unter diesen Glücklichen. »Und als es dann wirklich zur Aussprache kam, stand ich als einziger da und sagte, das geht doch nicht und beschwerte mich.« Woraufhin ihm seine Geschwister in den Rücken fielen und meinten, wieso, was ist denn los, was hast du zu meckern?

Röhrig wird nie vergessen, unter welchem Druck, welchem Zwang sein erster Kontakt mit Literatur stattfand. »Ich war sehr aufmüpfig in den Augen meines Vaters, und deshalb musste ich diesen Riesenschinken *Der Vater* von Jochen Klepper lesen.« Jeden Abend zitierte sein Vater ihn dann zu sich. Stehend vor dessen Schreibtisch musste der kleine Tilman Rapport über die Kapitel geben, die er gelesen hatte. »Diese Lektüre war für mich in diesem Moment wie eine Peitsche – wenn man so will.« Gleichzeitig aber rettete ihn andere Literatur, auch vor diesem Vater. Sobald er ein Buch zu fassen bekam, zog er sich in eine Ecke zurück »und war weg« aus dieser Welt. Tauchte ab in die Welt eines Theodor Storm oder eines Wilhelm Rabe. Und des Nachts, im gemeinsamen Zimmer mit seinen Geschwistern, brauchte er nichts weiter als »die berühmte Taschenlampe mit Dynamo, die man unter der Bettdecke ununterbrochen mit der Hand drücken musste, um sie am Leuchten zu halten. Die war so mein Werkzeug, um weiterlesen zu können.«

Wenn er von seinem Vater die Erlaubnis zu irgendetwas bekommen wollte, überlegte er sich schon nachmittags, was er tun könne, um ihn milde zu stimmen. »Da es im Garten immer etwas zu tun gab, setzte ich mich hin und holte jedes kleinste Unkraut aus unserem blöden Steingarten, und das erste was ich dann abends machte, war meinen Vater zu holen. Schau mal, was ich hier gemacht hab. Und er lobte mich. Daraufhin fragt man dann, ob er mir dies oder jenes erlaube. Woraufhin ich zur Antwort bekam, das muss ich mir überlegen. Also wusste ich, es reicht ihm noch nicht. Ich erkundigte mich, was ich denn sonst noch tun müsse. Und dann kam, ja, wenn du dann auch noch eine zwei in der Mathe-Arbeit hast. Dann, ja, dann wirst du das bekommen. Was natürlich unerreichbar für mich war. Also wusste ich, dies schaffe ich niemals.«

Fluchgebete auf den despotischen Vater

Bei Tilman Röhrig dominierte das Gefühl, nicht geliebt zu werden. Er hat sich in dem streng protestantischen Pfarrershaushalt mit Vater und Stiefmutter und zahlreichen Geschwistern immer nur als geduldet betrachtet. Und musste sich, so empfand er es, dieses Geduldetsein auch noch verdienen. Durch braves Verhalten, durch Angepasstsein, durch verlogenes Einschmeicheln. Zerbrechen, nein, da war er sich schon damals sicher, konnten ihn die Schläge nicht. Aber gezeichnet haben sie ihn.

»Zu Hause gab ich immer mehr Widerworte«, lässt Tilman Röhrig seinen Romanhelden Thom erzählen. »Meine Eltern sagten, ich sei ins Flegelalter gekommen. Mein pickeliger Bruder schimpfte mich ›Halbstarker‹. Dabei war ich wirklich nicht frech geworden. Ich fühlte mich immer noch als Sohn meines Vaters, nur hatte ich in letzter Zeit völlig die Angst verloren. Ich wagte, zu Hause meinen Mund aufzumachen. Wenn meine Mutter mir verbot, ins Kino zu gehen, obwohl der Film ab 12 Jahren war, ging ich trotzdem. Mein Vater merkte, dass Schläge nicht mehr so viel Eindruck auf mich machten, und verlegte sich aufs Reden.« So die Fiktion.

Röhrig vermutet rückblickend, dass er sich so ab dem achten Lebensjahr zu wehren begann. Zunächst, indem er Widerworte gab. Später dann, indem er fluchend einfach wegging. »Ich habe ganze Fluchgebete auf meinen Vater, auf mein Elternhaus erschaffen.« Er hat sich Bestrafungen ausgedacht, immerhin »bin ich ja Pfarrerssohn und kenn mich gut mit den sieben Plagen aus. Was ich da alles herabbeschworen habe. Und mit zehn Jahren lernte ich schon den Prometheus auswendig. *Da ich ein Kind war, / Nicht wusste, wo aus, wo ein / Kehrt' ich mein verirrtes Auge / Zur Sonne, als wenn drüber wär / Ein Ohr zu hören meine Klage, / Ein Herz wie meins, / sich des Bedrängten zu erbarmen.* Das waren so meine Rettungsversuche.«

Wenn es seinen Eltern gelang, ihn solange unter Druck zu setzen, bis er irgendeine Schandtat zugab, die er gar nicht verbrochen hatte, dann »bin ich gleich aufs Klo und hab es mir deutlich vorgesagt, dass das nicht stimmt, was ich gerade gesagt habe. Nur um mich nicht zu verlieren.«

Ein Kirchenaustritt als gezielte Provokation

Seinen Vater hat er sehr früh »zur Seite gestellt«, wie er dies nennt. »Das heißt, ich habe ihn neben mich gestellt und habe ihn nicht mehr in mir getragen. Das ist ganz wichtig.« Diese Haltung seinem Vater gegenüber drückte er deutlich schon als 14-Jähriger aus. Er wurde konfirmiert, wie es sich für einen Pfarrerssohn gehört. Und ist eine Woche später aus der Kirche ausgetreten. Er tat dies, um seinem Vater zu zeigen, dass er nunmehr selber entscheidet, was zu tun ist.

Sein Kirchenaustritt bedeutete für ihn nie, dass er seinen Glauben fallen ließ. »Beileibe nicht«, ohne den könne er nicht leben. Vielmehr bedeutete dieser Schritt, dass er »aus der Institution Vater ausgetreten ist. Aus der Kirche.« Er hat durchgestanden, was auf seine Eigenwilligkeit, seine Provokation an Strafe auf dem Fuße folgte. »Ich habe zwei Wochen lang im dunklen Zimmer sitzen müssen. Wurde krankgeschrieben, brauchte nicht zur Schule zu gehen. Und mein Vater ist jeden Abend gekommen und hat gefragt, ob ich mir das überlegt hätte. Und jeden Abend habe ich geantwortet, dass ich diesen Entschluss oder diese Tat, wie er es nannte, nicht rückgängig machen würde.« Es war die erste wichtige Entscheidung in Tilman Röhrigs Leben, die der Vater nicht mehr beeinflussen konnte. Die ihm regelrecht entglitt. Denn sein Sohn war mit vierzehn Jahren kirchlich mündig.

Irgendwann dann reichte es ihm, musste er raus aus diesem Biotop voller Lieblosigkeit und Niedertracht. »Mit 15 bin ich von zu Hause abgehauen. Schlug mich durchs Leben. Kam bei Freunden unter, habe in Büschen geschlafen. Wurde auch mal wieder eingefangen. Kam kurzfristig in Heime. Entfloh. Wurde Telegrammbote.«

»Bei all dem hatte ich nur einen Wunsch: Ich wollte Schauspieler werden. Ein Wunsch, der aus meiner kurzzeitigen Erfahrung in einem kleinen Zimmertheater in Wiesbaden herrührte. Dort auf der Bühne war ich, der ich als Kind immer nur heruntergeputzt und niedergemacht worden war, richtig gut. Das heißt, die Leute fanden mich toll. Kaum war ich wieder runter von der Bühne, ging ich ihnen auf den Wecker. So dass ich irgendwo innerlich immer dachte, stell dich nur schnell auf die Bühne, dann findest du Anerkennung. Sobald du nur du selbst bist, mögen dich die Leute nicht mehr. Auf der Bühne trug ich meinen Vater nicht mehr als Ballast mit mir herum. Und lernte immer mehr, ihn auch im wirklichen Leben beiseite zu stellen. Denn je mehr es mir gelang zu beweisen, dass alles Schlechte, was mir prophezeit worden war, gar nicht stimmt, desto besser ging es mir.«

Tilman Röhrig ist viel Schlechtes vorhergesagt worden. Die strenge Stiefmutter, der Vater, der sich wie ein Herrgott der Familie aufspielte – sie beide ließen keine Gelegenheit aus, den kleinen Tilman herunterzuputzen. So musste dieses Kind kämpfen, um zu bestehen. Sich Nischen freischaufeln, um zu überleben. Und Tilman Röhrig hat es geschafft.

»Ich habe das Leben als Kampf gesehen und habe versucht, mich da durchzukämpfen. Dabei wollte ich beweisen, dass alles, was mir prophezeit worden war, nicht stimmt. Mein ganzes Leben lang habe ich versucht, aus diesem Sumpf herauszukommen. Das ist mir auch gelungen. Ich hatte Erfolg. Das war für mich ganz wichtig. Also ich, der ich immer als derjenige abgestempelt worden war, der sowieso nichts taugt. Aus dem höchstens ein Verbrecher wird oder jemand, der auf der Straße landet. Ich habe sehr großen Erfolg als Schauspieler gehabt. Und damit blätterte einfach alles ab, was mir geweissagt worden war. Weil alles nicht stimmte. Dadurch wurde plötzlich dieser Moloch Vater ganz klein, so wie ein freundliches kleines Männchen, das einem nichts mehr anhaben kann.«

Ausgerechnet der »missratene« Sohn ist erfolgreich

Sein Erfolg ermöglichte es Tilman Röhrig, diesem übermächtigen Vater ab einem bestimmten Zeitpunkt standzuhalten. Sich ihm zu widersetzen. Ihm die eigene Ohnmacht zu demonstrieren. »Zu der Zeit wurden Jugendliche erst mit 21 volljährig. Doch in dem Alter hatte ich längst die Welt für mich entdeckt. Dennoch benötigte ich immer wieder die Unterschrift meines Vaters für irgendein amtliches Dokument. Um an diese Unterschrift zu kommen, setzte ich meinen Vater unter Druck. Das hatte ich ja von ihm sehr gut gelernt. Ich verlangte von ihm, alles, wozu ich seine Unterschrift brauche, zu unterschreiben. Hatte ihm gedroht, das war so der Tiefpunkt in unserer Beziehung, wenn du dich noch ein einziges Mal in mein Leben einmischst, werde ich mich in deiner Kirche vor dem Altar umbringen. Mit einem Zettel in der Hand, aus dem hervorgehen wird, dass ich es deinetwegen getan habe. Die Antwort meines Vaters war, das kannst du mir und deinen Geschwistern doch nicht antun. Ich antwortete nur: und ob! Da wusste er, dass ich das auch getan hätte. Von da an war Funkstille zwischen uns. Schweigen. Doch wann immer ich eine Unterschrift benötigte, schickte ich das Dokument meinem Vater und bekam es postwendend unterschrieben zurück. Das war der einzige Kontakt, den wir beide über viele Jahre lang miteinander hatten.«

Tilman Röhrig verdankt alles das, was er heute darstellt – seine erfolgreichen Jahre als Schauspieler, seine spätere, anhaltende Karriere als Schriftsteller – nicht nur seinem künstlerischen Talent, sondern vor allem seinem eigenen Durchsetzungsvermögen, der eigenen Kraft. Sein Vater hat hierzu nichts beigesteuert. »Wobei mein Vater es auch gut gehabt hat. Er brauchte keinen Pfennig für meine Schauspielausbildung zu zahlen. Die Schauspielschule, den Lebensunterhalt, alles habe ich selbst finanziert. Von zu Hause kam keine müde Mark.«

Als dann 1968 der große Umbruch kam, die Eltern in ihrer

Selbstherrlichkeit plötzlich infrage gestellt wurden, hatte sich Röhrig schon gänzlich von seinem Zuhause gelöst, hatte schon seit fast sechs Jahren ein Engagement am Schauspielhaus Köln. »Mir ging es wunderbar. Diese 68er-Zeit hab ich als politisch eigenverantwortlicher Mensch ohne Vaterballast, wenn man so will, erlebt und auch mitgemacht.«

Damals bekam er nach einer Aufführung eines Tages eine Karte in die Garderobe gereicht, auf der stand, »mein Vater sei mit Freunden im Theater und habe sich die Vorstellung angesehen. Mein Vater, mit dem ich seit meinem Weggang von zuhause jahrelang nicht mehr gesprochen hatte! Und nun kam diese Karte, auf der stand, ob er mich nachher zu einem Bier einladen dürfe.«

Nun gut, sagte sich Tilman Röhrig in dieser überraschenden Situation. Es war ja viel Zeit vergangen. Also traf er sich mit dem Vater und dessen Freunden. »Die fanden mich sehr gut in dieser Rolle, die ich gespielt hatte, lobten meinen Vater und auch meine Stiefmutter ständig dafür, was sie doch für einen tollen Sohn hätten. Mein Vater lächelte dazu. Irgendwann sagte er, ich bin auch froh, dass ich meinem Sohn diesen Weg ermöglicht habe. Dabei guckte er mich so flehentlich an, dass ich zu ihm sagte, ja Vati. Damit war alles gesagt, und es war alles auch vorbei. So an Ballast. In dem Moment war ich so stark, dass ich dachte, ich brauche sein Haus nicht mehr zu zerstören, um selbst leben zu können. Und nachher, als er in den Wagen stieg und wir einen kurzen Moment allein waren, sagte er nur: Danke. Und ist weggefahren.«

An einer Aufarbeitung war Tilman Röhrig nie interessiert

Dabei blieb es zunächst. Röhrig lebte sein Leben. Nur langsam begannen zaghafte Kontakte zwischen ihm, dem Vater und seiner Stiefmutter. Viel später versuchten seine Geschwister in tränenreichen diskussionsschweren Wochenenden ihre Jugend mit dem alten Vater und der alten Stiefmutter aufzuarbeiten. Tilman Röhrig nahm daran nie teil. Besuchte seine Eltern nur etwa ein- bis zweimal im Jahr. Bei einer dieser Gelegenheiten bot der Vater dem Sohn an, doch mal mit ihm über Tilmans Kindheit zu reden. »Weil ich ja nun der einzige sei, mit dem sie das noch nicht getan hätten. Ich habe ihn angeguckt und gesagt, weißt du, wenn ich jetzt mit dir darüber spreche, werde ich dein gesamtes Seelenhaus zerstören. Du hast also die Wahl: Entweder führen wir solch ein Gespräch oder wir unterhalten uns über die Exegese der Genesis. Die ersten fünf Bücher Moses. Da haben wir mit Vaterproblemen genug zu tun. Wir können gerne darüber ein bisschen philosophieren. Aber wenn du willst, dass ich wirklich über uns, über dich und mich mit dir spreche, dann musst du dich warm anziehen. Daraufhin hat er nachgedacht, hat mich angeguckt und hat so nach einer Viertelstunde gesagt: Exegese der Genesis.«

Seit langem fühlte Tilman Röhrig sich da schon gestärkt, wusste genau, dass die Jahre, in denen er sich nur auf sich gestellt durchgeschlagen hatte, seine Rettung gewesen sind. »Aus ihnen schöpfte ich Kraft und Selbstvertrauen, so schrecklich sie teilweise auch waren. Aber ich bin viel weitergekommen, trotzdem. Dieses ›trotzdem‹ ist etwas, was die gebrochenen Helden in meinen Büchern mit mir gemeinsam haben. Ich bin in jedem dieser Bücher irgendwo drin. Und es kann ja niemand lachen, niemand weinen, ohne dass das nicht durch mein Herz hindurchgegangen ist.«

Zu seinem Vater hat er nie Nähe entwickeln können. Es herrschte zwischen ihnen lediglich eine Art Waffenstillstand. »Ich habe meinen Vater nicht angegriffen, ihn nicht mehr gehasst. Meine große Leistung war es wirklich, ihn existieren zu lassen. Auch einzusehen, dass ich nicht das Recht habe, sein Leben zu zerstören, nur weil er versucht hat, meins zu zerstören. Das war ein schweres Stück Arbeit. Vor allen Dingen, weil es nachher so leicht gewesen wäre, den Vater zu vernichten. Denn alle Welt sprach ihn auf mich, den Schauspieler Tilman Röhrig an, den Sohn, dem er eine so düstere Zukunft prophezeit hatte.« Damals konnte er seinen Vater einfach lassen. Hat ihn nicht mit Vorwürfen konfrontiert, ihn nicht niedergemacht. »Vielleicht, weil ich dann letztlich zu viel Schuld auf mich geladen hätte. Vielleicht aus Angst davor, von einem strafenden Gott hierfür zur Rechenschaft gezogen zu werden. Wer weiß! Ich wollte in meinem Leben so eine Art Sackbahnhof für Hass bauen. Ein Bahnhof, aus dem – egal wie viel Hass dort reingefahren würde – kein Zug mit Hass mehr rausfahren darf.«

Später erst näherte er sich seiner wirklichen Mutter an. Der Frau, die ihm ständig als negatives Beispiel von Stiefmutter und Vater vor Augen geführt worden war. »Meine richtige Mutter, die uns Kinder verlassen hatte, war mit einem Professor der Theologie weggegangen. Mit dem hatte sie einen Sohn. Ich habe sie, nachdem ich sie als Erwachsener wieder getroffen hatte, dann als meine Mutter betrachtet. Je älter sie wurde, desto klarer trat zutage, wie viel Egoismus dahinter gestanden hat, fünf Kinder im Stich zu lassen. Etwas, was ich natürlich nie begriffen habe. Ich musste lernen, das hinzunehmen, einzuordnen. Und so habe ich sie begleitet bis zu ihrem Tod. Meine Geschwister wollten nichts mit ihr zu tun haben. Wie ein Vertreter habe ich bei ihnen für diese Frau geworben. Weil ich ihr das Geschenk machen wollte, dass sie zumindest einmal alle Kinder sehen würde. Was mir dann auch gelungen ist. Einige sind dann häufiger auch zu ihr und haben mit ihr eine Verbindung aufgebaut. Sie hat sicherlich kein leichtes Päckchen auf sich genommen, indem sie einmal ihrem Gefühl nachgegeben hat und diesem Mann gefolgt ist. Eine Zeit lang war sie sicherlich mit ihm glücklich. Aber dann ist dieser Mann, wegen dem sie uns verlassen hatte, sehr krank geworden. Geistig sehr krank. Der war wohl in der Internierung und hat da Schäden abbekommen. Sie hat ihn gepflegt. Danach hatte sie ein Leben voller Aufopferung. Und sie hat ihr späteres Leben lang gebüßt dafür, dass sie fünf Kinder im Stich gelassen hat. Sie hat sich nie gegen dieses neue Schicksal aufgelehnt, weil sie sagte, ich habe so viel Unheil angerichtet, dass ich das jetzt durchstehen will.«

Thoms Bericht und die Folgen

Anfang der 70er Jahre erschien »Thoms Bericht«. Ein Buch, das viele Menschen berührte, die ebenfalls so wie der fiktive Thom als Kind misshandelt worden waren. Er habe dieses Buch deshalb geschrieben, erklärt Röhrig während unseres Gespräches, »weil ich natürlich aus der Psychologie weiß, dass es nicht hilft, wenn man glaubt, man sei ganz alleine mit seinem Kummer, nur mir gehe es schlecht. Dann erscheint so ein Buch, und plötzlich steht man da und erfährt, nein, nein, ich bin nur einer von vielen. Damit erkennt man, dass es höchste Zeit ist, endlich aus seinem Selbstmitleid herauszukommen. Denn das ist ja das Tödliche, dieses Selbstmitleid. Das ist ein Grund, warum Thoms Bericht auch so erfolgreich ist. Weil es hilft, sich hieraus zu befreien. Ich weiß nicht, wie viel Hunderte von Briefen ich in meinem Leben bekommen habe, von Leuten die sagten, ich habe das Buch gelesen, ich bin auch so ein Thom, und dann reden eine Frau oder ein Mann vielleicht zum ersten Mal über das, was war. ›Thoms Bericht‹ ist, wenn man so will, ein Lockbuch. Das heißt, es lockt oder verlockt andere dazu, über diese Sache nicht nur nachzudenken, sondern sie auch weiterzugeben. Und auch zu erzählen. Denn dieses Loswerden durch Sprechen ist sehr hilfreich.«

Tilman Röhrig hätte sich so sehr Eltern gewünscht, auf die er hätte stolz sein können. Das war ihm nicht vergönnt. Die Eltern, die er nun mal hatte, betrachtete er immer nur mit gemischten Gefühlen. War stets damit beschäftigt, das, was sie ihm in der Kindheit angetan hatten, zu vergessen, ihnen zu vergeben, sie später nicht bloßzustellen, anzuprangern. Doch sein Wunsch nach einem Vater, den er einfach nur lieben konnte, führte zu absurden Situationen.

»Sobald jemand meinen Vater von außen angriff, so etwas sagte wie, dein Vater ist doof, prügelte ich mich leidenschaftlich für meinen Vater. Das ist ja das Paradoxe. Dieses Kind, das gestraft wird, verteidigt noch das schlechteste Elternhaus. Einfach weil es diesen Halt der Familie so gerne haben möchte. Und genau so gab es natürlich Momente, in denen bei uns gelacht wurde. In so einem Augenblick liebte man plötzlich und überliebte man letztlich den Vater und auch die Familie. Einfach nur, weil man plötzlich das Gefühl hatte, geborgen zu sein. Etwas, nachdem man sich so sehr sehnte. Später hat das dazu geführt, dass ich, sobald jemand freundlich zu mir war, diesen Menschen mit meiner Zuneigung regelrecht überschüttete und ihm damit gleichzeitig die Luft nahm, ihn tötete. Soviel angehäufte Liebe, die man plötzlich geben wollte, konnte der andere gar nicht aushalten. Daran zerbrach dann alles.«

All das, was ihm als Kind widerfuhr, verursachte bei ihm Bindungsangst und die ließ Bindungsflucht entstehen. Eine Angst davor zurückgestoßen zu werden, weil man zu sehr liebt. »Dieses Gefühl hat mich in den entscheidenden Jahren meines Lebens dazu gebracht, lieber wegzugehen, als die Liebe wirklich zu erkennen und anzunehmen. Heute habe ich das längst eingeordnet, kann Liebe annehmen. Nein, ich habe keine Kinder und habe viele Ausreden gefunden in meinem Leben, warum ich das nicht wollte. Letztlich aber hat mir der Mut zu Kindern gefehlt. Aus dieser Geschichte heraus. Weil ich einfach zu viel wusste vom Schiefgehen. Ich denke schon, es hat mit den Schlägen und eben auch mit diesen seelischen Strafen zu tun.«

7. Kapitel

WARUM, WIESO, WESHALB?

Schläge aus Liebe und Fürsorglichkeit

Die Thesen der US-amerikanischen Psychologin und Bindungsforscherin Patricia Crittenden beunruhigten mich. So ganz konnte ich ihnen nicht folgen. Ihre Erklärungen dafür, warum Kinder damals in so vielen Familien verprügelt wurden, stießen bei mir auf entschiedenen inneren Widerstand. Ich wollte und konnte nicht akzeptieren, dass Eltern dies aus Liebe und Fürsorge, ja aus Angst davor getan haben sollen, ihren Kindern könne sonst etwas noch viel Schrecklicheres geschehen.

Obwohl ich dies aus eigener Erfahrung, aber auch nach den von mir geführten Interviews nur schwer als Erklärungsversuch akzeptieren kann, haben mich ihre Thesen fasziniert. Sie bieten eine so ungewohnte Begründung für familiäre Gewalt, dass ich sie hier wiedergeben möchte. Vielleicht bin ja auch nur ich im Widerstreit mit Crittendens Erklärungsmodell für Gewalt in Familien. Vielleicht hat sie recht mit den Schlüssen, die sie aus ihrer jahrzehntelangen Forschung zum Thema Gewalt zieht. Vielleicht kann nur ich mir einfach nicht vorstellen, dass wir Kinder der 50er und 60er Jahre aus lauter Sorge und Liebe derart geschunden wurden. Dass unsere Eltern es tatsächlich, so wie sie immer behauptet haben, nur gut mit uns meinten. Denn die mit Hilfe von Handfegern, Kochlöffeln, Teppichklopfern, Reitgerten, Peitschen und Rohrstöcken verabreichten Hiebe fühlten sich meiner Erinnerung nach so gar nicht nach Zuwendung und Zuneigung an. Doch die Angst der Eltern, die laut Crittenden dahintersteckte, wurde uns auch nicht vermittelt. Die bekamen wir nicht mit. Nur Wut, Aggressivität, Ungerechtigkeit – das alles spürten wir sehr wohl.

Für Patricia Crittenden war die Generation der damaligen Eltern nicht wütend, sondern ängstlich. Ihrer Erfahrung nach schlagen Eltern ihre Kinder dann am häufigsten, wenn sie selbst große Angst davor verspüren, ihre Kinder könnten etwas falsch machen. »Sie haben die Vorstellung, dass, wenn ihr Kind etwas falsch macht, es sich verletzen könnte. Etwas falsch zu machen könnte schlimme Konsequenzen nach sich ziehen. Deshalb strafen Eltern ihr Kind, damit es lernt, sich richtig und damit sicherer zu verhalten. Je gefährlicher die Situation ist, in der sich die Kinder aus Sicht der Eltern befinden, desto härter und häufiger fallen die körperlichen Züchtigungen aus. Sobald Gefahr aufzieht, werden Eltern immer strenger.« Dies alles schilderte sie mir während eines in Englisch geführten Interviews.

Diese deutsche Nachkriegsgeneration, die in den 50er und 60er Jahren Eltern wurden, hatte unter den Nazis gelernt: Wenn du etwas falsch machst, bezahlst du das möglicherweise mit dem Leben. Wenn du der falschen Person das Falsche sagst, wenn du zum falschen Zeitpunkt am falschen Ort bist, konnte das gefährlich werden. Die Gefahr lauerte überall. »Es war einfach eine sehr gefährliche Zeit, in der diese Eltern aufgewachsen sind. Und vor diesen Gefahren wollten die Eltern ihre Kinder schützen. Mit Strenge und mit Gewalt. Im Zweiten Weltkrieg und im ›Dritten Reich‹ durfte man einfach keinen Fehler begehen, die Folgen konnten verheerend sein«, so Crittenden. Diesen Druck, unbedingt richtig handeln zu müssen, sich keinen auch noch so kleinen Fauxpas leisten zu dürfen, haben die damaligen Eltern nahtlos über den Zweiten Weltkrieg in die neue Bundesrepublik gerettet.

Ende der 90er Jahre hat Crittenden mehr als hundert deutsche Männer und Frauen im Alter zwischen 19 und 81 Jahren über ihre Kindheit befragen lassen. Ihr ging es darum zu erfahren: »Was geschah, wenn du abends ins Bett gegangen bist? Erzähl mal, was passierte, wenn du dich verletzt hattest? Wie lief es ab, wenn du krank warst?« Die Antworten haben die erfahrene Bindungsforscherin regelrecht »geschockt«. In keinem anderen Land, weder in Großbritannien noch in Norwegen, Finnland oder Italien, in denen sie ähnliche Interviews führen ließ, stieß sie auf ein solches

Ausmaß familiärer Gewalt und damit einhergehender Traumatisierung der befragten Personen.

Crittenden musste feststellen, dass die Antworten ihrer Interviewpartner völlig anders ausfielen, als sie es erwartet hatte. Auf die Frage zum Beispiel, wie das Zubettgehen ablief, hatte sie gedacht, nun werde erzählt, man putzte sich die Zähne, dann kam die Mutter und las noch eine Geschichte vor. Stattdessen folgte häufig: Der Vater brüllte herum und wenn nicht alle parierten, zog er den Gürtel aus dem Hosenbund und schlug zu. »Doch die Gewalt, über die meine Interviewpartner sprachen, war keine Gewalt, die von außen in die Familien hereingetragen worden war. Sondern Gewalt zwischen den Eltern, Gewalt der Eltern den Kindern gegenüber. Es war schockierend, in welcher Häufigkeit dies vorkam«, so Crittenden in unserem Gespräch.

Viele der interviewten Personen wirkten auf sie regelrecht traumatisiert. Dabei stellte sie ein eigenartiges ihr bislang unbekanntes Phänomen fest, für das sie extra eine neue Bezeichnung suchen musste. Sie nannte es das »Vicarous-Trauma«, das »Stellvertreter-Trauma« und beschreibt es so: »Die Kinder hatten das Kriegstrauma ihrer Eltern quasi für sich übernommen. Sie wussten zwar nicht, woher und wodurch ihre Eltern traumatisiert worden waren, da hierüber nicht ausdrücklich gesprochen wurde. Aber das bei ihnen festgestellte Trauma rührte nicht aus dem her, was der Interviewte selbst erlebt hatte. Er war nicht im Krieg angeschossen worden, hatte nicht unter Hungersnöten gelitten. Die Eltern hatten dies erlebt, und das Kind durchlebte das Trauma der Eltern, als wäre es sein eigenes.«

Crittenden weiß aus ihrer langjährigen Erfahrung, »dass Eltern ihre Kinder beschützen wollen, egal wie gewalttätig sie sich dabei geben. Da sie aber nicht über die Gefahren sprechen, die sie selbst erlebt haben und vor denen sie ihre Kinder zu schützen versuchen, bleibt bei den Kindern die Frage zurück: Was habe ich falsch gemacht, dass meine Eltern sich so verhalten? Dabei tut die Mutter, tut der Vater dies nur deshalb, weil er selbst etwas erlebt hat, über das er aber nicht sprechen will. Das Kind kann die Verbindung zwischen den Schlägen und dem was die Eltern erlebt haben, einfach nicht herstellen.«

Stubenarrest und Sprachlosigkeit

Kinderseelen können auf vielfältige Art gequält und gebrochen werden. Am offensichtlichsten und meistens gut spürbar sind Schläge und Ohrfeigen, ist die körperliche Gewalt. Eine andere Möglichkeit, Kindern das Vertrauen zu nehmen, sie zu verstören, kommt auf leisen Sohlen angeschlichen. Es ist der Psychoterror, der in Familien ausgeübt werden kann. Der Liebesentzug. Der wegen Nichtigkeiten verhängte Hausarrest. Das bestrafende Schweigen. Viele der damaligen Eltern schlugen ihre Kinder nicht nur, wann immer es ihnen passte. Sie demütigten sie auch, stellten sie vor anderen bloß, beschämten sie. Tilman Röhrig hat dies eindrucksvoll geschildert.

Auch die 52-jährige Theresia ist ein Beispiel dafür, dass nicht nur Schläge, sondern auch seelische Grausamkeiten ein Kind beinahe zerbrechen können. Sie lebt heute in einem wunderschönen Haus, alleinerziehend mit einem pubertierenden Sohn, geht ganz in ihrem Beruf als Bildhauerin auf. Ihre Eltern waren ebenfalls Künstler. Beide waren sehr mit sich beschäftigt, kümmerten sich so gut wie gar nicht um sie, erwarteten, dass ihre Tochter allein für sich in ihrem Zimmer spielte und zwar möglichst leise. Dadurch vermittelten sie ihrer einzigen Tochter immer wieder das Gefühl zu stören, überflüssig zu sein. »Ich kam mir unerwünscht vor. Weil mir eben oft gesagt wurde, ich sei zu laut. Ich mache zu viel Unordnung oder zu viel Remmidemmi. Das vertrage meine Mutter nicht. Oder meine Großmutter hat immer gesagt, ich müsse meine Ferien bei ihr verbringen, weil ich die Ehe meiner Eltern störe. Wenn meine Eltern sich stritten, dann immer nur meinetwegen. Ich sei der Anlass für Unfrieden.«

Theresia verbrachte deshalb viel Zeit draußen auf der Straße. Dort hatte sie Spielkameraden, was ihr als Einzelkind sehr gefiel. »Also in den 60er Jahren konnte man sehr gut in den Ruinengrundstücken spielen. Das war sehr lustig. Man hatte immer die Hoffnung, einen Blindgänger zu finden.«

Zuhause hingegen gab es so recht keinen Platz für sie. Eine Situation hat sie nicht vergessen, in der sie sich traurig fühlte, verletzt und ungeliebt. Sie war etwa fünf Jahre alt, schätzt sie. Und hatte wieder einmal ihre Ferien bei der Oma verbracht, »weil meine Eltern immer gerne allein verreisen wollten.« Als sie wieder nach Hause kam, freute sie sich unbändig. Und obwohl sie ansonsten ein eher stilles, in sich gekehrtes Kind war, brach diese Freude regelrecht aus ihr heraus. Sie kletterte voller Überschwang auf den Kleiderschrank in ihrem Kinderzimmer und sprang von da aus mit einen lauten »Juhu« auf ihr Bett. Mehrmals hintereinander. Woraufhin die Tür aufging, ihr Vater das Zimmer betrat und sagte: »Du musst leise sein, deine Mama ist es nicht mehr gewöhnt, ein Kind zu haben.« Theresia weiß noch genau, wie ihr diese Worte »wahnsinnig in den Magen gefahren sind, weil ich plötzlich dachte, ich werde womöglich wieder weggeschickt, wenn ich zu laut bin.«

Sie wurde in ihrer ganzen Kindheit das Gefühl nicht los, »ich bin irgendwie nicht richtig. Also ich kann nie so sein, dass es richtig ist. Ich wusste nicht genau, wie das sein sollte, aber es kam mir immer so vor, als würde ich es einfach nicht schaffen.« Bei ihrer strengen Großmutter wusste sie eher, wie sie sich zu verhalten hatte. Die ließ nämlich keinen Zweifel daran, was genau sie von ihrer Enkelin erwartete. »Bei der war das leichter zu begreifen. Die warf mir immer vor: Warum bist du denn nicht so wie das Nachbarskind, das ist so lustig. Lach du doch auch mal. Damit konnte ich was anfangen. Wusste, hier ist jetzt Lachen angesagt. Aber bei meinen Eltern wusste ich nicht wirklich, was ich eigentlich machen sollte, damit ich so wäre, wie sie es gerne gehabt hätten.«

Ihre Eltern unternahmen einiges, um die Tochter aus dem gemeinsamen Leben auszuschließen. Beide hatten genug mit sich selbst, mit ihrer schwierigen Beziehung zu tun. Zündstoff gab es reichlich. Vater und Mutter waren Emigranten. Die Mutter kam aus Russland, war 1917 vor den Kommunisten geflohen. Während des Naziregimes schlug ihr Herz eher »auf Hitlerseite. Weil diese russischen Emigranten, die damals in Russland reich oder wenigstens wohlhabend waren, sich erhofften, dass Hitler die Kommunisten verjagt. Dann können wir wieder zurück auf unsere Güter, dachten Leute wie meine Mutter.« Theresias Vater war Jude, 1938 vor den Nazis aus Ungarn geflohen, hatte mit seinen Eltern in der Schweiz überlebt. Dort, wohin er seine Tochter immer zur Großmutter schickte.

Beide hatten sich nach dem Krieg erst kennen gelernt. Über ihre komplizierte, so wenig zueinander passende Vergangenheit, wurde in der Familie eisern geschwiegen. Zumindest als Theresia noch klein war, als sie merkte, dass irgendetwas bei ihr zu Hause anders war als bei den anderen Kindern. »Das war ein unangenehmes Thema. Ein Thema, das tabu war. Mir wurde als Kind nicht gesagt, dass ich Halbjüdin bin. Später wurde das damit begründet, dass es besser gewesen sei, es nicht zu wissen. Natürlich ist das auch eine sehr düstere Familiengeschichte, davon sollte ich wahrscheinlich verschont bleiben. Für meine Eltern war es jedenfalls etwas, über das man nicht sprach.«

Der eiserne Vorhang lüftet sich

Doch irgendwann kamen Risse in den eisernen Vorhang, der sich vor die Vergangenheit der Eltern gezogen hatte. Als Theresia in der Pubertät war, in den 70er Jahren, wurde die Familiengeschichte Thema. Ihren Vater schien die Frage keine Ruhe zu lassen, ob die Mutter nicht doch etwas von der Deportation der Juden mitbekommen hatte. »Da war's dann beim Mittagessen immer wieder Thema. Mein Vater warf meiner Mutter vor, das kann gar nicht sein, dass man nicht gemerkt hat, wie die Juden deportiert wurden. Und meine Mutter hat immer gesagt, doch, ich habe es nicht gemerkt. Ich war mit meiner Kunst beschäftigt, hatte keine Ahnung.«

Theresia glaubt, dass ihr Vater eine sehr unglückliche, belastete Kindheit gehabt hat. Sicherlich auch deshalb, weil er als jüdisches Kind mit seinen Eltern fliehen musste. Mit einer strengen Mutter. Später mit einem äußerst strengen Stiefvater. Zuhause war er seiner etwas älteren Frau, Theresias Mutter, unterlegen. »Er wollte immer beweisen, dass er die Zügel in der Hand hat, wollte Stärke demonstrieren.« Und tat das auf dem Rücken seiner kleinen Tochter. Theresia weiß, dass vieles von dem, was er und ihre Mutter ihr angetan haben, an Sadismus grenzt. Doch durch die Lebensgeschichte ihres Vaters kann sie dies verstehen. Dadurch, so bedauert sie, hat sie es aber auch nie geschafft, richtig zornig ihm gegenüber zu sein. »Ich hab's halt immer irgendwie verstanden. Verstehe es auch jetzt noch.«

Beschämen und Verhöhnen

Theresia wurde von ihren Eltern nicht nur lieb- und achtlos behandelt. Sie wurde auch beschämt und verhöhnt. Als besonders schlimm hat sie ein Ereignis in Erinnerung, dass sie als einen »großen Vertrauensbruch« von Seiten ihres Vaters empfand. Der hatte ein ausgesprochenes Faible für technische Geräte. Er fotografierte gern und machte Tonbandaufnahmen. Eines Tages war die kleine Theresia, wie so häufig, allein mit dem Vater und hatte wieder einmal in die Hose gemacht. Der stellte sie zur Rede, machte ihr klar, wie enttäuscht die Mutter sein werde, wenn er es ihr sage. Woraufhin das kleine Mädchen bettelte und flehte, er solle der Mutter doch nichts davon erzählen. Sie werde so etwas nie wieder tun. Werde für die Mama das Abendessen zubereiten. Ein Gedicht auswendig lernen. »Also, ich habe viele Versprechungen gemacht.« Der Vater schien nachzugeben, versprach, es der Mutter zu verschweigen. Als dann die Mutter nach Hause kam, »wurde unter großem Hallo ein Tonband abgespielt, auf dem er das ganze Gespräch aufgenommen hatte. Auf dem zu hören war, wie ich mich gewunden habe. Wie ich bettelte. Was ich versprach. Das wurde vorgespielt. Und da hab ich wohl, weil ich noch sehr klein war, merkwürdige Redewendungen benutzt, die wirklich lustig waren.« Dieses Tonband hatte für die Erwachsenen einen großen Unterhaltungswert. Wurde auch Freunden und Besuchern vorgespielt. »Immer, immer wieder dieses Band.« Alle fanden es urkomisch, lachten und amüsierten sich. »Das hat mir sehr viel ausgemacht.«

Irgendwann zeigte der Vater ihr Fotos, auf denen die kleine, sechsjährige Theresia zu sehen war. »Und da sieht man, wie ich weine. Man sieht richtig, wie die Tränen kommen. Wie die Augen voll werden. Wie sie dann runterrinnen, die Tränen. Später habe ich meinen Vater gefragt, warum hast du mich denn nicht getröstet? Da antwortete er mir: Das Bild war so schön. Das Licht war so gut. Ich wollte das aufnehmen.« Seitdem mag Theresia nicht mehr fotografiert werden. Und Tonbandaufnahmen kann sie auch nicht leiden.

In das Repertoire seelischer Grausamkeiten, die ihre Eltern an ihr exerzierten, gehörte für sie die Unmöglichkeit, irgendetwas durch eine Entschuldigung wiedergutmachen zu können. Häufig, wenn sie gegen eine der strengen Familienauflagen verstoßen hatte, wurde der Vater sauer und strafte sie zunächst mit Schweigen, verschloss hinter sich die Zimmertür. Fünf Minuten lang fühlte sich Theresia im Recht, länger hielt sie nicht durch. Dann wollte sie, dass ihr Papa wieder lieb mit ihr ist. Sie klopfte an seine Tür, trat in den Raum und sagte: »Papa, bitte, bitte, sei wieder lieb. Es tut mir leid.« Doch der brühte das Geschehene nun ganz genüsslich erneut auf. »Der ganze Sermon ging von vorne los. Er sagte, jetzt siehst du ja ein, was du Schlimmes gemacht hast. Ich wurde noch mal mit der Nase in den Dreck gestupst. Nicht nur gestupst, sondern gedrückt und gewühlt. Und ich hatte einfach das Gefühl, es gibt kein Entrinnen. Wenn ich also schweige und mich nicht entschuldige, bin ich böse. Wenn ich mich entschuldige geb ich zu, dass ich böse bin. Und nie ist es gut.«

Um die Tochter ihren Ansprüchen anzupassen, hatten sich die Eltern etwas ausgedacht, was sie offenbar für gerecht und angemessen hielten. Statt sie wegen einer Ungezogenheit direkt zu bestrafen, gab es eine Art »Gerichtsverhandlung«. Die spielte sich so ab: Theresia, die oft tagsüber, wenn die Mutter arbeitete, mit dem Vater allein zuhause war, hatte etwas getan, was sie nicht durfte. »Also in die Hose gemacht oder ich war zu laut gewesen. Dann hat mein Vater gesagt, wir müssen auf die Rückkehr der Mutter warten.« Kam die Mutter nach Hause, zogen sich ihre Eltern gemeinsam zu einer Art Beratung zurück. Theresia stand vor der geschlossenen Zimmertür, hinter der die sogenannte »Gerichtsverhandlung« stattfand. »Und dann wurde das Urteil verkündet: zum Beispiel zehn Schläge auf den Po, mit einer Decke drauf. Oder zehn Schläge auf den angezogenen Po. Oder zehn Schläge auf den ausgezogenen Po.«

Damals war sie noch sehr klein. Und das Schlimmste für sie war nicht die ausgesprochene Strafe, war nicht das über sie gefällte Urteil. »Sondern diese Erwartungsangst.« Die konnte sich einen ganzen Tag lang hinziehen. Falls ihr Vergehen morgens stattgefunden hatte, die Mutter aber erst abends nach Hause kam, »habe ich natürlich Angst gehabt. Den ganzen Tag lang, bis meine Mutter kam. Bis sich meine Eltern zur Beratung über mich zurückzogen.« Sobald das Urteil feststand, wurde Theresia in das zum Gerichtssaal erklärte Wohnzimmer gerufen, ihr die Entscheidung mitgeteilt. »Und ich musste damit einverstanden sein. Ich fürchte, dass mein Wille irgendwann so gebrochen war, dass ich tatsächlich mit dem Urteilsspruch einverstanden war.«

Theresia fühlt sich immer an allem schuld

Während die Strafe an ihr vollzogen wurde, während ihr Vater sie schlug, schrie sie meist wie am Spieß. Und hatte stets das Gefühl, sie werde nun umgebracht. Obwohl die Schläge selbst gar nicht so wehtaten. Aber dieses ganze Ritual, das Prozedere, die Angst vorher, das alles führte dazu, dass sie – obwohl sie laut brüllte – die Schläge letztlich regelrecht als Erlösung empfand. »Deswegen war ich immer schnell mit der Strafe einverstanden, weil ich wusste, danach ist es dann vorbei.« Heute, wo sie sich fragt, wie ihre Eltern auf die Idee dieser »Gerichtsverhandlung« gekommen sein mögen, erklärt sie es sich damit, dass ihr Vater sie einfach nicht spontan schlagen wollte. »Nicht irgendwie außer sich vor Wut. Er wollte, dass alles in geregelten Bahnen verläuft.« Ihre Mutter hat ihr später auf ihre Frage, warum der Papa sie immer verhaue, erklärt, der tue das, »weil er dich lieb hat. Weil du böse warst. Damit du ein guter Mensch wirst, muss er dich schlagen. Das tut ihm selbst mindestens so weh wie dir. Also ich habe das so verstanden, dass seine Schläge sein Ausdruck von Liebe und Fürsorge waren.«

Als erwachsene Frau ist es Theresia immer wieder passiert, dass sie Schläge mit Liebe verwechselte. Mit diversen gewalttätigen Männern hat sie diese Erfahrung gemacht, und es hat lange gedauert und einer Therapie bedurft, bis sie lernte, dass Schläge nichts mit Zuneigung und Fürsorge zu tun haben. Aber die größte Auswirkung aus der psychischen Misshandlung, die sie durch ihre Eltern erfuhr, ist, »dass ich sehr schlecht gelernt habe, Grenzen zu setzen. Also, es fällt mir unglaublich schwer, Nein zu sagen. Es fällt mir auch sehr schwer zu bemerken, dass mir etwas weh tut. Rein körperlich. Ich neige dazu, mit Männern zusammen zu sein, die mich schlecht behandeln. Ich verwechsle Schläge mit Liebe. Inzwischen habe ich zwar gelernt, dass das nicht zusammenhängt. Aber es hat lange gedauert.«

Einer ihrer Liebhaber hat sie nicht nur beinahe halbtot geschlagen. Wonach sie wochenlang im Krankenhaus lag. Sondern er hat sie auch noch herabgewürdigt, mit Schweigen bestraft, ständig kritisiert. »Ich hab dann gedacht, der wird wohl Recht haben. Es war mir vertraut. Dass jemand mich kritisiert, dass jemand mich runtermacht. Und dass ich, wie bei den Gerichtsverhandlungen, einsehen müsste: der andere hat Recht. Ich kam mir dann immer schuldig vor. Also, es fällt mir sehr schwer mal zu sagen, nein ich bin nicht schuld. Wenn mich jemand kritisiert, dann fress ich erst mal an diesem Knochen. Ganz lange. Ich kann nicht spontan sagen, och du bist ja selber doof oder so. Sondern bin sehr lange damit beschäftigt, mich daran abzuarbeiten. Meine erste Reaktion ist immer, ah ja, ich bin schuld.«

Kürzlich zum Beispiel. Da passierte es ihr wieder. Sie ging auf einem Zebrastreifen über die Straße. Ein Auto fuhr sie an. Es ist nicht viel passiert, nur ihre Kleidung war ramponiert und an einigen Stellen beschädigt. Es war unstrittig, dass der Fahrer Schuld hatte und nicht sie. Dennoch ist sie sofort, nachdem sie sich vom Boden aufgerappelt hatte, zu dem Autofahrer gelaufen und hat sich entschuldigt. »Ich glaube, das hat mit dem zu tun, was ich in meiner Familie erlebt habe. Dass ich mich einfach grundsätzlich schuldig fühle. Und auch die Depressionen, unter denen ich jetzt noch leide, kommen daher. Aus diesem Gefühl, quasi immer schuld zu sein. Dieses ewige Schuldgefühl und dieses mangelnde Selbstwertgefühl rühren sicher aus dieser gewaltsamen oder auch grausamen Erziehungsmethode meiner Eltern her«, sagt sie heute. »Es hat mein Leben schwer gemacht. Oft habe ich so ein Gefühl von Schwere, und ich bin immer froh über die Tage, wo das mal nicht ist.«

Ihr stand niemand zur Seite

Man kann gut nachvollziehen, welche Gefühle das Verhalten der Eltern bei ihrer kleinen Tochter auslöste. Wie oft Theresia sich verraten, wie oft verlassen fühlte. Ohne jemanden an ihrer Seite, der zu ihr hielt, der ihr beistand. Traumatherapeut Hofmann ist in seiner Praxis oftmals mit Menschen konfrontiert, die auf diese Weise seelische Traumatisierungen erlebten und die letztlich davon psychisch aber auch körperlich krank geworden sind. Depressionen sind eine der häufigsten Folgeerkrankungen. Hofmann bezeichnet die bei Theresia angewandte Erziehungsmethode als »emotionalen Missbrauch«, der sehr schwer zu fassen, oft sehr schwer zu beschreiben ist. Für ihn ist dies eine Gewaltform, die Gesundheitsschäden und Gesundheitsfolgen nach sich zieht. Häufig kommen zu ihm Menschen in Therapie, die Ähnliches erlebt haben wie Theresia. Die ihm erzählen, ihre Eltern hätten sie immer abgelehnt. Die Mutter hätte irgendwann mal gestanden, man habe das Kind eigentlich abtreiben wollen. »Also massivste Mitteilungen von Ablehnungen, von Entwertungen bis hin zu Beschämungen. Das sind Menschen, die emotionale Übergriffe, Erniedrigungen, Demütigungen erlitten haben und nicht unbedingt sexuelle oder körperliche Gewalt. Und die trotzdem psychische Krankheitssymptome haben. Sogenannte Trauma-Folgestörungen.«

Noch heute dominiert die Mutter

Theresia hat sich nie getraut, ihre Eltern später mit dem zu konfrontieren, was sie ihr angetan haben und welche Konsequenzen dies für sie hatte. Der Vater ist früh gestorben. Ihre Mutter inzwischen über 90 Jahre alt. Und klagt darüber, dass Theresia sich ihr gegenüber so distanziert verhalte. Theresia hat dann immer ein schlechtes Gewissen. Kann es aber nicht ändern, kann einfach keine Nähe herstellen. Das erstaunt sie besonders, weil sie als Kind immer so gern ihrer Mutter nahe gewesen wäre. Aber jetzt, wo die Mutter dies einfordert, kann sie es nicht. »Es ist mir ganz und gar schwer, sie zu umarmen, ihr körperlich nahe zu sein. Es ist fast so, als ob ich mich ekeln würde.« Dabei hat sie schon mehrmals alte Menschen gepflegt, hat ihr ehemaliges Kindermädchen immer gern angefasst. Eigentlich ekelt sie sich nicht leicht. Aber vor der Mutter empfindet sie dieses Gefühl sehr heftig. Was ihr ein sehr schlechtes Gewissen macht.

Die Mutter bohrt auch ständig darin herum. So wollte sie, dass die Tochter ihr beim Baden helfe. »Mama, das fällt mir schwer, ich möchte das eigentlich nicht machen«, hat Theresia ihr zu verstehen gegeben. Doch die Mutter hat weiter darauf gedrungen. Hat gesagt, »doch, das musst du machen. Das wird dir helfen, wenn du das schaffst. Danach fühlst du dich wohler. Ich hab's dann gemacht und gemerkt, sie gleitet mir fast aus der Hand. Außerdem kann ich das einfach nicht. Trotzdem, ich konnte nicht sagen, ich ekle mich vor dir. Das habe ich nicht über die Lippen gebracht.«

In einer letzten Kraftanstrengung hat Theresia kürzlich versucht, mit der Mutter wieder ins Reine zu kommen. Endlich die Nähe zu ihr herzustellen, nach der sie sich als Kind immer gesehnt hat und die heute von der Mutter eingeklagt wird. Sie hatte die Vision eines im Alter nachgeholten Familienlebens, mit gemeinsamen friedlichen Mahlzeiten. Doch daraus wurde nichts. Als ihre inzwischen hinfällige Mutter aus ihrer 500 Kilometer von Theresias Wohnort entfernt liegenden Stadt auf das Grundstück der Tochter zog, endete dieser Ausflug in Enttäuschung und Vorwürfen. »Wieder war es nie genug was ich machte für meine Mutter«, sagt Theresia. Die hatte erwartet, dass die Tochter ihre gesamte Freizeit mit ihr verbringen werde. War eifersüchtig, auf Freunde, den Enkel, die Arbeit, der Theresia viel Zeit widmet. So hatte ihre Tochter plötzlich wieder das Gefühl, »es nicht schaffen zu können, sie zufrieden zu stellen.«

Wie groß war ihre Enttäuschung, als die Mutter sich nach einer Weile entschloss, wieder zurück in ihren alten Wohnort zu ziehen. »Das fand ich ganz schlimm und auch ganz unvernünftig. Weil ich weiß, dass sie dort allein nicht wirklich zurechtkommt. Aber sie ließ sich das nicht mehr ausreden. Und ich habe den ganzen Umzug für sie gemacht. Ich habe ein bisschen Zorn empfunden, aber nur ein bisschen. Weil ich kapiert habe, dass man einen alten Baum nicht verpflanzen soll.« Außerdem hat Theresia zum ersten Mal verstanden, dass gemeinsame Mahlzeiten, Familienleben, dies alles für ihre Mutter keine Bedeutung hatte, früher nicht und heute auch nicht. »Sie hat mir gesagt, ach diese gemeinsamen Mahlzeiten find ich gar nicht schön. Und da ist mir aufgefallen, dass sie das wahrscheinlich nie schön fand. Und dass das nur mein Wunsch war. Die Sehnsucht nach so einer heilen Welt. Aber die konnte ich auch diesmal nicht verwirklichen. Das hat nicht geklappt.«

Als der Umzug der Mutter endlich erledigt war, lag Theresia ermattet in ihrem Haus. Von schweren Vorwürfen und Depressionen heimgesucht. Enttäuscht, ausgelaugt. Seitdem versucht sie sich zurückzuhalten, nicht mehrmals täglich die Mutter anzurufen, um sich zu erkundigen, wie sie denn nun klar komme. Weil sie merkt, dass ihr das gar nicht gut tut. »Ich bin ihr jetzt nicht böse. Wir sind nicht im Streit auseinander. Aber die viele Telefonierererei, die lasse ich jetzt sein.«

8. Kapitel

PERSIANER, NIERENTISCH UND KALTE ENTE

Ein Tischgespräch über Petticoat und Rock'n Roll

An einem wunderschönen Herbstabend sitzen sieben Erwachsene um einen Holztisch. In der guten Stube eines Bauernhauses mitten im Bregenzer Wald bollert ein Kachelofen, verbreitet wohlige Wärme. Alle sind um die 60 Jahre alt. Sie gehören somit zu der Generation, die Kochlöffel, Rohrstöcke und Teppichklopfer meist noch selbst zu spüren bekam. Vor ihnen stehen Obstler und Kräuterschnaps, von Bauer Greber aus Schwarzenberg selbstgebrannt. Die drei Frauen und vier Männer verbringen hier gemeinsam eine Woche Urlaub. Ellen, Margot, Erich und Wini sind schon seit Jahrzehnten befreundet, kommen jeden Herbst in dieses mit verblichenen braunen Holzschindeln gedeckte Haus. Henning, Jochen und ich sind zum ersten Mal hier. Angereist sind wir aus Trittau, Köln, Karlsruhe. Tagsüber unternehmen wir ausgedehnte Bergwanderungen, kehren ein auf 1 600 bis 2 000 Meter Höhe in Berghütten und Alprestaurants, verdrücken Germknödel mit Vanillesauce und Mohnstreusel, dazu trinken wir frische Buttermilch, Almdudler oder Mohrenbier. Abends wird gekocht, Hauswurst mit Kraut, Nudeln, Käsespätzle. Anschließend gibt's Bergkäse. Die Stimmung ist gut.

Ich hatte darum gebeten, man möge sich doch einmal gemeinsam an die 1950er und 1960er Jahre erinnern, alles erzählen, was einem so einfalle – während ich ein Aufnahmegerät mitlaufen lasse. Es sollte ein Stimmungsbild über die Zeit entstehen, in der sie alle groß geworden sind, von der dieses Buch handelt. Die Sozialarbeiter, der ehemalige, inzwischen in Rente lebende Arzt, die Suchttherapeutin, die Journalistin und der arbeitslose einstige Kleinunternehmer waren spätestens seit der Studentenrevolte in den1968er Jahren fast alle politisch engagiert, haben die Welt mit wachen Augen und kritischem Geist wahrgenommen. Drei Stunden dauerte das Gespräch, bis lange nach Mitternacht. 48 Schreibmaschinenseiten umfasste der abgetippte Text.

Alle halten wir uns an Margots Wunsch, doch bitte nicht über prügelnde Eltern zu sprechen. Das sei zu deprimierend, würde die Laune verderben. Das Thema wird gemieden, ist aber dennoch in der Tischrunde die ganze Zeit präsent. Erst als das Aufnahmegerät ausgestellt ist, kommt plötzlich die Rede wie von selbst auf Senge, Watschen, die sogenannte Tracht Prügel und Ohrfeigen, die allen in der Runde nur zu vertraut sind. Doch da sind wir längst zu müde, hierauf auch noch einzugehen. Herausgekommen ist ein üppiges Erinnerungskaleidoskop, das ein klein wenig dazu beiträgt, die Zeit besser zu verstehen, in der viele unserer Eltern so ungeniert von Rohrstöcken und Schlagriemen Gebrauch gemacht haben. Eine Zeit, die von einigen Eltern als Neuanfang nach der Befreiung von der NS-Diktatur erlebt wurde, von anderen als totaler Zusammenbruch eines vergötterten Regimes.

Es beginnt damit, dass Ellen ein Lied anstimmt: »Dreh Dich nicht um nach fremden Schatten. Dreh Dich nicht um und bleib nicht steh'n …« Caterina Valente, ja klar, wer erinnerte sich nicht. Namen wie der ihres Bruders Silvio Francesco, Peter Alexander, Freddy Quinn schwirren durcheinander. »Oh, für den hab ich geschwärmt«, outet sich Wini und guckt versonnen vor sich hin. Während Henning Chris Howlands Schlagerstunde im Radio einfällt, die er so gern hörte. »Mister Pumpernickel« ruft Ellen dazwischen, so lautete Chris Howlands Spitzname. Dessen Musik war bei Henning zu Hause strengstens verboten. Sobald er sie anstellte, rief sein Vater sofort: »Dreh' die Affenmusik aus.« Winis Vater sprach bei der Gelegenheit abfällig von »Negermusik«.

Henning glaubt, dass es Bill Haley war, der 1956 mit dem Film »Rock around the clock« den verkrusteten Musikgeschmack jener Zeit aufbrach. Die Reaktionen waren entsprechend: In Bremen rissen sich im November 1956 Jugendliche im Kino bei Vorführungen des Bill Haley-Streifens die Kleider vom Leib und lieferten sich Scharmützel mit der Polizei. In anderen Städten kam es im Gefolge dieses Films zu Unruhen und Straßenaktionen. »Bill-Haleys-Rock'n Roll haben wir unerlaubter Weise immer gesungen. Das war der Bruch mit dem deutschen Schlager«, sagt Henning. Boogie-Woogie ruft jemand – und auf einmal reden alle durcheinander. Begriffe wie Petticoat, Röhrenhosen, Pferdeschwanz, Vespa fallen. Dann erwähnt einer die Beatles, die 1962 in Hamburg zum ersten Mal im »Star Club« auftraten.

Erich, der bis dahin geschwiegen hat, wirft den Namen James Dean in die Runde. »Denn sie wissen nicht, was sie tun«, ergänzt Wini. Doch Erich lässt sich nicht unterbrechen. »James Dean war das Idol. Viele Jungs haben seine Frisur nachgemacht und eine Lederjacke, wie die aus dem Film, gekauft. Sie trugen das, was man heute T-Shirts nennen würde, was damals aber einfach nur Unterhemd hieß«. Margot blickt kurz von ihrem Strickzeug auf, um von einer Schulfreundin zu erzählen, die sich jedes Jahr am Todestag von James Dean eine schwarze Schleife ansteckte. »Die war verrückt nach ihm.«

Trümmerkinder und Wohnungsnot

Es war die Zeit, in der Kinder in den Trümmern der durch Bomben zerstörten Städte spielten. Überall herrschte Wohnungsnot, die noch verschärft wurde durch den Zuzug von Millionen Heimatvertriebener und Flüchtlinge. Einer von ihnen war Henning, der als kleiner Junge kurz nach Kriegsende mit seiner Mutter und seinen beiden Schwestern aus der sowjetischen Besatzungszone geflohen war und eines Tages in Hannover ankam. Sein Vater war schon vorher in der britischen Besatzungszone eingetroffen, hatte ein Zimmer gefunden, das allerdings zu klein war für die ganze Familie. So wurden Hennings zwei Schwestern bei fremden Menschen untergebracht, die sich um die Mädchen kümmerten.

Besser wurde die Situation erst, als die ganze Familie 1952 in eine Neubauwohnung umzog. Die Eltern hatten wochentags keine Zeit für die Kinder oder nahmen sie sich nicht. Jedenfalls wurde nach dem Mittagessen eine halbe Stunde für Schularbeiten anberaumt, danach wurden die Kinder auf die Straße geschickt. Mit dem strengen Befehl der Mutter: »Ich will euch erst wieder sehen, wenn die Kirchturmuhr halb sieben läutet«. Bis dahin durften sie sich zu Hause nicht blicken lassen. Soweit er sich erinnern kann, hat Henning nur einmal gegen diese Auflage verstoßen. »Da bin ich auf der Straße verprügelt worden, lief heulend nach Hause, klingelte, meine Mutter kam an die Tür, blaffte mich an: Was willst du denn hier? Dann gab sie mir rechts und links eine Ohrfeige, sagte: Geh wieder runter und wehr dich. Und damit basta.« Die meiste Zeit spielten Henning und seine Schwestern auf Trümmergrundstücken. »Das waren regelrechte Mutproben. Da hing manchmal noch die halbe Küche in der Luft. Dann hieß es: Wer traut sich die Treppe hoch? Und dann sind wir da hoch gekrabbelt. Es war wirklich zum Teil lebensgefährlich.«

Wie in vielen der damaligen Familien musste auch bei Erich zu Hause gespart werden. Sein Vater war KFZ-Mechaniker, reparierte Baumaschinen. In Stuttgart hatten sie es zunächst schwer, entsprechenden Wohnraum zu finden. Die erste Zeit lebte man dicht gedrängt in der Zwei-Zimmer-Wohnung der Großeltern, später dann gab es wenigstens eine eigene Mietwohnung, bestehend aus einer Küche und einem weiteren Zimmer. Deshalb musste auch er, wollte er mit anderen Kindern spielen, raus an die frische Luft. Draußen verschwand die Jungenbande im nahegelegenen Wald. Die Fahrräder wurden mitgenommen, und dann übten sie Steilwandfahren in den Bombenkratern, die sie dort aufspürten. »Diese Bombentrichter hatten so 15 Meter Durchmesser. Das waren für uns regelrechte Rennstrecken. Ein Heidenspaß«.

Halbstarke

Hennings Eltern redeten immer von Halbstarken und meinten damit die in Lederjacken und Nietenhosen auftretenden jungen Leute, die raus wollten aus dem Mief ihres Elternhauses. Häufig kam es zu Randale nach Aufführungen von Filmen wie »Die Halbstarken« mit Horst Buchholz und Karin Baal oder »Die Frühreifen« mit Sabine Sinjen und Heidi Brühl. Auf Mopeds und Motorrädern fegten diese jungen Männer durch die Städte. »Diese Halbstarken!« wetterte Winis Vater immer dann, wenn in Zeitungen von Randale bei Rockkonzerten oder nach Kinobesuchen berichtet wurde und sagte mit verkniffener Stimme: »Die gehören alle abgespritzt, mit dem Wasserschlauch von der Feuerwehr.« Hennings Vater rief, wenn er irgendwo ein knatterndes Motorrad hörte: »'ne Maschinenpistole und babababap.«

Die Sprache damals, da sind sich alle einig, war martialisch und ohne jegliches Geschichtsbewusstsein. Ich wuchs zum Beispiel mit einer ausgesprochen gebräuchlichen Formulierung auf, an der niemand Anstoß nahm. Wenn mich etwas nervte, kein Ende nehmen wollte, sagte ich, um deutlich zu machen, wie weit die Sache ging: »... bis zur Vergasung«. Ich wusste ja noch nichts von Auschwitz oder Majdanek. Niemand erwähnte im Alltag KZs, Judenvernichtung, Nazis. In der Schule stoppte der Geschichtsunterricht wie unabsichtlich nach der Weimarer Republik. Das große Schweigen über die Greuel der soeben erst zu Ende gegangenen Schreckensherrschaft der Nazis hatte eingesetzt.

Der Fernseher als Nachbarschaftstreff

Es war die Zeit, in der Familien gespannt vor dem Fernseher hockten. Nicht vor dem eigenen, soweit hatten es die meisten noch nicht gebracht, damals, als die Trümmer der Städte noch nicht weggeräumt waren. Als Familien provisorisch in Baracken, Behelfsheimen oder Notunterkünften lebten. Nachbarn, die es schon zu einer Flimmerkiste gebracht hatten, luden stolz Kind und Kegel zum Schwarz-Weiß-Fernsehen in ihre gute Stube ein. An manchen Abenden waren die Straßen regelrecht leergefegt, das wissen alle in der Tischrunde noch sehr genau. Dann nämlich, wenn es einen Francis Durbridge gab. Oder eine Stahlnetz-Folge. Peter Frankenfeld, an den erinnert sich Ellen. »Und wie hieß noch diese Sendung mit dem Abknallen?« Wini fällt es ein: »Kimme, Korn, ran! Mit Lou van Burg.«

Jochen wird langsam ungeduldig, hält das Niveau der genannten Beispiele nicht aus. »Es gab doch schon Kabarett. Die Insulaner, die Stachelschweine, die Lach- und Schießgesellschaft.« Ja, bestätigt Erich. »Mit Sammy Drechsel und Dieter Hildebrand. Das war damals der Höhepunkt. Da konnte man über Adenauer herziehen.«

Wenige Jahre später war es vorbei mit der Fernsehgeselligkeit, saß fast jeder längst vor dem eigenen Apparat. Der Wirtschaftsaufschwung hatte es ermöglicht. Und für so manchen sind jene Fernsehabende eng verknüpft mit der 1960 erstmals ausgestrahlten Familienserie »Die Hesselbachs« oder mit »Die Unverbesserlichen«, in der Inge Meysel die Käthe Scholz spielte, Schneiderin und Hausfrau. Eine Rolle, die ihr den Beinamen »Mutter der Nation« einbrachte.

Russische Eier und Toast Hawai

Bei Wini zu Hause war – wie bei allen anderen an diesem Abend Anwesenden auch – zu Beginn der 50er Jahre noch Schmalhans Küchenmeister. Sein Vater, ein kleiner Postbeamter, war Mitglied der NSDAP gewesen und wurde deshalb nach dem Krieg zunächst als sogenannter Mitläufer entlassen. »Er hat dann in Mannheim in einem Handwerksbetrieb als Hutformenschnitzer gearbeitet. Freitags wurde der Lohn ausbezahlt, und dann hat er immer für uns Kinder ’ne große Tüte Bonbons mitgebracht. Oder manchmal, das war der Gipfel, so ’ne Schachtel Mohrenköpfe. Die musste dann einen Monat halten.« Ab und zu gab es zu Hause Obst. »Aber glaubt nicht, dass man sich davon einfach nehmen durfte, ohne zu fragen.«

In dem kleinbürgerlichen Beamtenhaushalt von Winis Familie, mit vier Kindern und zwei Erwachsenen, war das Essen streng reglementiert. Es wurde genau bestimmt, wie viel Wurst zum Beispiel aufs Brot gelegt werden durfte, wann es ein Ei gab. »Der Vater kriegte jeden Sonntag eins. Wir Jungs umschichtig alle zwei Wochen. Da gab es feste Regeln, und ich weiß noch, wie meine Mutter immer sagte, die Cervelatwurst, die legst Du ganz vorne aufs Brot und schiebst sie immer ein bisschen weiter nach hinten. Dann reicht eine Scheibe Wurst für eine ganze Schnitte Brot.« Henning kennt diese Art, Wurst auf einer Scheibe Brot hin und her zu schieben. »Schiebewurst« hieß das bei ihm zuhause.

In Westdeutschland stieg derweil der Wohlstand. Die typisch deutsche Hausmannskost – Eintöpfe, Linsensuppe, Kartoffeln mit Sauce, Stullen mit Wurst – kam seltener auf den Tisch. Aus der bloßen Nahrungsaufnahme wurde langsam eine Art von Freizeitgestaltung. Ab 1953 bat der Urvater der kochenden Fernsehdiven, Clemens Wilmenrod, zu Tisch. Unbefangen hantierte er mit Dosengemüse, Ketchup, Fertigmayonnaisen und pries ein Gericht an, das Furore machte: Toast Hawai, eine mit Dosenananas und Käse überbackene Weißbrotscheibe. Gästen wurden mit Weintrauben gespickte Käsestücke angeboten. Bei Wini gab es »Russische Eier«. Bei Jochen Ananasbowle. Ellens Eltern tranken zu festlichen Anlässen »Kalte Ente«, einen Mix aus Sekt und Weißwein oder von der Mutter selbst aufgesetzten Rumtopf.

Schundhefte und Teppichfransen

Jochen liebte Comics über alles. Damals hießen sie noch »Schundhefte« und wurden von seinen Eltern entschieden abgelehnt. Nur Donald-Duck-Hefte wurden toleriert, weil sein Vater selbst scharf war auf die witzigen Geschichten aus Entenhausen. Fix und Foxi war gerade so geduldet. »Aber diese kleinen Hefte im Scheckformat über Sigurd den Ritter, Nick den Raumfahrer und Akim den Dschungelhelden waren verpönt. Mit denen durfte ich mich nicht erwischen lassen. Ich las sie nur in der Schule, bekam sie von Klassenkameraden, wir tauschten sie untereinander«, erzählt Jochen.

Auch an die Musikanten erinnern sich fast alle. Die Sänger, die in Hinterhöfen standen, lauthals Lieder schmetterten, oftmals begleitet von ihrem Akkordeon. Hausfrauen wickelten ihnen einen Groschen, ein Zehnpfennigstück, in Zeitungspapier ein und warfen das Geld in den Hof. »Und dann hat der Sänger sich verbeugt.« Wini fallen Bettler ein, die häufig an der Wohnungstür klingelten. »Wenn die zufällig kamen, während wir beim Mittagessen saßen, dann wurden die einfach dazugesetzt. Ich habe noch so einen zahnlosen Typen genau vor Augen, der kam, als wir gerade Reisbrei aßen. Der freute sich und erzählte von seiner Kindheit.«

Schrotthändler streiften regelmäßig durch die Viertel der großen Städte, bimmelten, damit ihnen die Bewohner Metall-Abfall hinstellten. Aber auch die Kinder sammelten Schrott. Wini zum Beispiel suchte mit Spielkameraden nach alten Dosen, brachte sie zum Händler, der stellte den Sack auf eine Waage und gab den Kindern 30 Pfennig. »Wir sind in Hannover durch die Hochhäuser«, erzählt Henning, »haben überall geklingelt und nach alten Zeitungen gefragt. Die Ausbeute haben wir gebündelt und auf einen Leiterwagen gestapelt. Damit ging's ab zum Altpapierhändler. Der hat das abgewogen. Für ein Eis haben die Pfennige, die wir dafür bekamen, allemal gereicht.«

Nein, so war das bei Wini nicht, dort wurden Zeitungen recycelt. »Mein Vater saß oft abends da und hat alle Zeitungen mit dem Messer zurechtgeschnitten, für Klopapier.« Jedes Blatt, so auf Postkartengröße zurechtgestutzt, wurde anschließend in ein schönes kleines Sperrholzkästchen gelegt, das hierfür extra im WC angebracht worden war. Für Wini war das insofern ein Problem, als er, sobald er auf der Toilette saß, regelmäßig anfing, in den zerschnittenen Zeitungsstücken zu lesen. Und seine liebe Not hatte, die passende Anschlussseite zu finden. »Ja, Papier war teuer«, wirft Erich ein, dessen Großvater einen regen Briefwechsel mit seiner Schwester in Passau pflegte. »Die Kuverts wurden immer nur mit Bleistift beschriftet. Wenn der Brief ankam, wurde die Adresse ausradiert, die neue Adresse drauf geschrieben. Und so ging das x-mal hin und her.«

Ein »Kaninchenstall« als Statussymbol

Bei Ellen wurde entsprechend dem Aufsteigerstatus des Vaters die Wohnung stilvoll eingerichtet, wurden die Wände mit Fototapete dekoriert. Davor stand repräsentativ auf weißem, flauschigem Schafwollteppich ein schwarz-gelb-genoppter Nierentisch mit passenden schwarz-gelb-genoppten Cocktail-Sesseln. Ein sogenannter »Kaninchenstall« wurde angeschafft. So hießen die riesigen, raumgreifenden Grundig-Musiktruhen mit integriertem Radio, Schallplattenspieler und Tonbandgerät, manche gab es sogar mit Barfach. Ellens Vater war von diesem Möbelstück hellauf begeistert. »Wir haben auf Tonband Musik aufgenommen. Heute würde man sagen, wir haben Karaoke gemacht. Die Musik wurde leiser gedreht, lief nur noch im Hintergrund und dann haben wir selbst dazu gesungen. Peter Kraus zum Beispiel: ›Ich bin ja so allein‹ oder die Rückseite: ›So wie ein Tiger, oh,oh,oh‹. Mein Vater und ich waren dabei immer ganz ausgelassen.«

Ein VW-Käfer durfte nicht fehlen, in den sie sich zu viert, manchmal zu fünft quetschten. Im Kofferraum die Zeltausrüstung. Am Lenkrad natürlich das männliche Familienoberhaupt. Ellen weiß noch, wie ihr Vater sie und ihre Schwester während der Autofahrten zum absoluten Stillschweigen verdonnerte, weil ihn jedes Wort irritierte, so unsicher fühlte er sich am Steuer. »Wenn wir doch gesprochen haben, haute der nach hinten auf uns drauf.«

Wini ist nicht ein einziges Mal mit den Eltern in Urlaub gefahren, bekam auch nie Taschengeld. Sein Vater war Alleinverdiener, mit vier Kindern reichte das Geld nie aus. »Wenn ich irgendwas gebraucht habe, hieß es immer, wir sind arm.« Mit diesem Satz: »Wir sind arm«, ist Wini groß geworden. Als deshalb Schwester Maria, eine Diakonissin, im Kindergarten sagte, wer arm sei, der bekomme ein Milchkännchen aus Porzellan geschenkt, hat Wini brav den Finger gehoben und gesagt: »Ja, wir sind arm. Daraufhin hat sie mir das Milchkännchen geschenkt. Damit ging ich nun ganz stolz nach Hause, erzählte meiner Mutter diese Geschichte. Die ist so was von ausgeflippt. Hat mit mir geschimpft.« Schämte sich offenbar, dass der Sohn die Armut in alle Welt hinausposaunt hatte.

Ellens Tante war Epileptikerin, während des »Dritten Reichs« musste sie versteckt werden, damit die Nazis sie nicht abholten und im Zug der sogenannten Aktion T4 umbrachten. Ein Gespräch über diese Behinderung war bei ihr zu Hause »ein totales Tabu. Immer wenn ich gefragt habe, was hat denn die Tante wirklich, hieß es nur, die konnte halt nicht zur Schule gehen.« Mehr nicht. Zu lange hatte ihre Familie diese Tante wohl versteckt, sich ein generelles Schweigen auferlegt, so dass man auch nach dem Krieg noch nicht wieder hierüber sprechen konnte. Nach und nach bekam sie dann heraus, wie schwierig und belastend es für ihre Mutter gewesen war, mit dieser versteckten Schwester groß zu werden. Gleichzeitig aber auch mit einem verbitterten Vater, der sich als Gewerkschafter gegen Ende der Weimarer Republik sehr exponiert hatte und ab 1933 Berufsverbot bekam. Zuhause bei den Großeltern war alles entsprechend bedrückend und schwer. So dass ihre Mutter, als dann Ellens fröhlicher, ausgelassener Vater des Weges kam, diesem Mann gleich folgte.

Ellens Vater kam aus einer jüdischen Familie, seine Großeltern hatten ein Restaurant in Duisburg, in einem wunderschönen Jugendstilhaus. Ihre Mutter hat offenbar verdrängt, dass ihr späterer Mann um zu überleben, »seinen Arierausweis gefälscht hat.

Das leugnet sie. Er hat es mir aber selbst erzählt«, sagt Ellen. Der Deportation war die jüdische Familie von Ellens Vater nur deshalb entkommen, weil laut Familienstammbuch die jüdische Ur-Ur-Oma und der jüdische Ur-Ur-Opa zu weit zurücklagen in der Generationenfolge. So dass die Eltern ihres Vaters nicht jüdisch genug für eine Deportation waren. Aber immerhin noch jüdisch genug, so dass Ellens Vater und auch sein Bruder nicht in der Hitlerjugend aufgenommen wurden.

Auch in Ellens Familie wurde den beiden Töchtern als wichtigste Botschaft mitgegeben: Nur nicht auffallen im Leben! Sich bedeckt halten! Eine Botschaft, die fast alle am Tisch Sitzenden von zuhause mitbekamen. Auch Margot. Sie war Einzelkind, wuchs auf in einem bayerischen Dorf, geliebt und von den Eltern verwöhnt. Ihre Mutter war berufstätig. »Und sie hat mir immer vermittelt, du musst brav sein, darfst nicht auffallen, mir keine Schande machen. Denn ich gehe arbeiten und wenn du irgendetwas anstellen würdest, hieße es gleich, die Tochter ist so, weil die Mutter nicht zu Hause ist.«

Separate Klos für Flüchtlingskinder

Millionen Menschen sind nach dem Zusammenbruch des Naziregimes und infolge von Hitlers vernichtendem Feldzug im Osten Europas aus ihrer Heimat vertrieben worden. 1960 stammte ein Viertel der bundesrepublikanischen Bevölkerung aus den ehemaligen deutschen Ostgebieten, der Tschechoslowakei, den südeuropäischen Ländern oder der sowjetisch besetzten Zone, der späteren DDR. Die Schrecken der Flucht saßen ihnen noch in den Knochen. Solange sie nicht in ihre Heimat zurückkonnten, war ihr größter Wunsch: sich irgendwo niederlassen, wieder ein Dach über dem Kopf finden, ein neues Zuhause schaffen. Damit allerdings kollidierten sie oftmals mit den Interessen der einheimischen Bevölkerung.

Erich weiß das noch sehr genau. Als damals in Stuttgart drei große Wohnsiedlungen gebaut wurden und es hieß, die sind für die Ostzonenflüchtlinge, »kam ein wahnsinniger Neid auf. Wie gut die es doch hatten, hat mein Vater bis zu seinem späteren Tod immer wieder gesagt.« Denn seinem Antrag auf eine Sozialwohnung war nicht stattgegeben worden. Während die Neuankömmlinge mit ihrem Flüchtlings- oder Vertriebenenausweis bei der Wohnungsvergabe bevorzugt wurden. »Das war eine Katastrophe für die Leute, die selber schon seit Jahren auf angemessenen Wohnraum warteten.« Es war aber auch eine Katastrophe für das Zusammenleben zwischen Einheimischen und Flüchtlingen. »Damals gab es in Stuttgart riesige Spannungen.«

Erichs Familie blieb somit noch einige Jahre auf zwei Zimmern ohne Bad hocken. Seine Mutter packte deshalb einmal pro Woche Seife und Handtücher ein, nahm ihren Sohn an die Hand und ab ging es mit der Straßenbahn von Weilimdorf nach Feuerbach. Dort gab es ein öffentliches Bad mit Wannenbädern. »Man löste vorn eine Marke und musste dann solange warten, bis eine Wanne frei war. Die wurde geschwind durchgewischt und dann gingen wir zusammen da rein. Meine Mutter hat mich in der Wanne gebadet und dann war sie dran. Ich musste solange draußen warten, bis sie fertig war.« Für Erich war dieser Besuch des Stadtbades ein Ereignis, auf das er sich schon Tage vorher freute. Während bei Henning zuhause Anfang der 50er Jahre einmal in der Woche unten im Keller der Badeofen angeheizt wurde. Dort stieg er, um Wassergeld zu sparen, gemeinsam mit seinen beiden Schwestern in die Wanne. Seine älteste Schwester verdonnerte ihn dazu, das nur ja nicht auf der Straße weiterzuerzählen.

Flüchtlingskind Henning gehörte zu diesen Schmuddelkindern, mit denen einigermaßen gut situierte Kinder wie Ellen nicht spielen durften. Die erinnert sich: »Neben uns wohnte im Untergeschoss eines zerbombten Hauses eine Flüchtlingsfamilie mit dreizehn Kindern. Ich weiß noch, dass eines dieser Kinder irgendwoher ein Fahrrad bekommen hatte, ein ganz neues Fahrrad. Genauso eins, wie ich es mir immer gewünscht hatte. Woraufhin meine Mutter spitz meinte: Mit denen haben wir nichts zu tun! Die können ihr Geld nicht einteilen! Das ist wieder typisch, dass die sich ein neues Fahrrad anschaffen!«

Überall wo Flüchtlinge hinkamen, wehrte sich die Bevölkerung zunächst. Dabei war es für die Betroffenen schon schlimm genug, beispielsweise als evangelische Christen in einer katholischen Gegend angesiedelt zu werden. In manchen Schulen wurden Extralehrer nur für diese Flüchtlingskinder eingestellt oder Extraklassen eingerichtet. »Und zu guter Letzt«, schilderte mir vor Jahren eines der damaligen Flüchtlingskinder für eine Reportage, »gab es sogar ein rein evangelisches Klo. Das katholische Klo durften wir nicht benutzen. Man hatte uns solange angefeindet, uns dies so miesgemacht, bis dann eine Extratoilette für uns Flüchtlingskinder gebaut wurde.« Warum das so sei, erkundigte sie sich. Woraufhin ihr forsch ins Gesicht gesagt wurde, Flüchtlingskinder hätten nun mal Läuse, würden klauen und Krankheiten übertragen. »Zu der Zeit wurden wir von Mitschülern regelrecht gejagt. Flüchtlingskinder verdreschen galt als angesehene Sportart.«

Krokodillederne Handtaschen und Persianermäntel

Das beginnende Wirtschaftswunder kündigte sich an. Krokodilleder-Handtaschen wurden demonstrativ als Zeichen des Wohlstands herumgetragen. Und wer es wirklich zu etwas gebracht hatte, der kaufte seiner Gattin einen Nerz. Frauen bettelten ihre Männer an, ihnen doch das weibliche Standard-Statussymbol par excellence, einen Persianer-Mantel oder wenigstens ein Persianer-Jäckchen, zu schenken. Hennings Vater hatte offenbar sehr gut verstanden, welche Bedeutung ein Persianer für die Frauen damals hatte. 1951 war Hennings Familie so abgebrannt, dass sie sich keinen Weihnachtsbaum leisten konnten. »Es war überhaupt kein Geld da. Schon damals neigte mein Vater dazu, in solchen Situationen zu sagen, na dann muss ich dem Glück mal etwas nachhelfen. Er spielte Toto und Lotto.« Wenige Tage vor Weihnachten war ihm das Glück dann wirklich hold: Er gewann 2.000 Mark, für die damalige Zeit ein kleines Vermögen. »Und was hat er damit gemacht? Er hat meiner Mutter einen Persianer-Mantel gekauft. Wir hatten nichts, noch nicht einmal einen Tannenbaum. Es gab kein Weihnachtsessen und der kauft seiner Frau einen Persianer!« Ja, ja, nicken alle, genauso war das damals.

Wenn Väterchen vom Krieg erzählt

Als in Erichs Familie 1963 der erste Fernseher angeschafft wurde, zwang sein Vater ihn geradezu, gemeinsam eine Serie über das sogenannte »Dritte Reich« anzuschauen. Die Botschaft, die er dem Sohn dabei vermitteln wollte, lautete: «Hab acht. Ich bin als 17-Jähriger Kriegsfreiwilliger geworden. Und möchte nun, dass mein Sohn hieraus lernt und niemals eine Waffe in die Hand nimmt.« Eine Botschaft, die bei Erich ankam: Er wurde Wehrdienstverweigerer, sehr zur Freude seines Vaters. «Das war selbstverständlich.«

Bei Henning lief die Auseinandersetzung mit der Vergangenheit seiner Eltern ganz anders ab. »Es war das völlige Gegenteil von dem, was Erich erlebt hat.« Hennings Vater war überzeugter Nationalsozialist gewesen, Mitglied der Waffen-SS, und hatte es unter den Nazis immerhin zu einem hohen Beamtenposten in der Kommunalverwaltung gebracht. »Was ich ihm nicht verzeihen kann ist, dass er es später, als sich gezeigt hat, wie verbrecherisch das ganze Regime war, nie in seinem Leben geschafft hat, sich davon zu lösen.« So wuchs Henning in »einem Wust von nationalsozialistischem Gedankengut auf. Mit unglaublichen Sprüchen«.

Sein Vater verkündete zum Beispiel schamlos am Mittagstisch, er verstehe überhaupt nicht, warum sich alle so über »das Vergasen der Juden« aufregten. Immerhin werde die in den USA verhängte Todesstrafe doch auch mithilfe von Gas vollstreckt, und zwar vor allem deshalb, weil dies so menschlich sei. »Solche Sprüche, mit denen bin ich aufgewachsen. Tagtäglich. Und dieses Gebet, das wir jeden Mittag vor dem Essen sprechen mussten, zehn, fünfzehn Jahre lang: Wer nicht schafft, soll auch nicht essen. / Lass uns Herr das nie vergessen. / Lass uns alle groß und klein, / immer treu am Werke sein.« Dieses Gebet hatte sein Vater auf einer Junkerschule der Waffen-SS im Elsass gelernt. Nicht nur Henning stieß es sauer auf. Auch eine seiner Schwestern fragte irgendwann entnervt, ob sie nicht auch einmal beten könnten: »Komm Herr Jesus, sei unser Gast.« Ein frommer Wunsch, der halbherzig eine Weile erfüllt wurde, aber dann dazu führte, dass das Gebet ganz vom Mittagstisch verschwand.

Das tut man nicht! Das gehört sich nicht!

Wini fühlte sich in seiner Jugend »unheimlich eingepresst in so ständig auftauchende Überlegungen: Wie muss ich mich verhalten, um brav zu sein? Um nicht aufzufallen? Wie kann ich mich bloß überall zuvorkommend benehmen, einen guten Eindruck hinterlassen?« Die Zeit damals war bieder, intolerant und einengend. Am meisten freute sich Margots Mutter, wenn wieder jemand aus der Nachbarschaft lobend erwähnte, wie nett ihre Tochter gegrüßt habe.

Vor allem aber die Vorgabe, das macht »man« nicht, das tut »man« nicht, begleitete diese Kindergeneration. Dieser unbekannte Maßstab »man« führte zu so Ermahnungen wie: »Was sollen denn die Nachbarn sagen?« »Man bohrt nicht in der Nase.« »Man macht in der Straßenbahn Platz für Ältere«. Man, man, man! Sauber und ordentlich, gesittet und brav sollte es zumindest nach außen hin zugehen. Kinder machten gut erzogen Fremden gegenüber einen Knicks oder einen Diener, reichten brav und devot dem Besucher das ›gute‹, also das rechte Händchen.

Wini erinnert sich an ein Verhalten seiner Eltern, das er als regelrechten Psychoterror empfand und das immer dann zum Einsatz kam, wenn die Kinder nicht parierten. »Es konnte schon sein, dass man ein paar kräftige Ohrfeigen eingefangen hat, wegen nix und wieder nix oder wegen ein paar Widerworten. Weil es sich einfach nicht gehörte, den Eltern zu widersprechen. Es konnte auch passieren, wenn man angefangen hat zu heulen, dass man dann noch ein paar gekriegt hat, weil's als eine Unverschämtheit galt, dass man jetzt noch heulte über die doch so verdient empfangene Strafe.«

Das alles empfand Wini als normal, wenn auch als ungerecht. Was ihn aber wirklich getroffen hat, das war, wenn er und seine Brüder mittags bei Tisch zu arg herumalberten, zu laut redeten, und die Mutter androhte, sie werde nun den Nikolaus zu Hilfe rufen. Eine Drohung, die sie nicht nur vor Weihnachten, sondern das ganze Jahr über aussprach. Falls diese Drohung allein nicht wirkte, stand sie auf, »wir hatten 'ne große Wohnküche, dann hat sie die Schiebetür aufgemacht und gerufen: Nikolaus komm mal, die sind so bös'. Und wenn's dann immer noch nicht gewirkt hat, ist meine Mutter rausgegangen und hat gesagt, jetzt holt sie den Nikolaus, und dann ist plötzlich im Spalt der Schiebetür die Nikolausmaske erschienen, mit einer Rute. Für mich als Jüngsten war das der totale Horror. Ich habe richtig Schiss gehabt.« Wenn dann am 6. Dezember bei Wini zuhause die eigentliche Nikolausfeier stattfand, wenn alles adventlich geschmückt war, Lieder gesungen wurden und ein als Nikolaus verkleideter Verwandter auftrat, wunderten sich alle, dass Wini sofort unter den Tisch kroch und sich versteckte. Noch heute muss er sich Autoritäten gegenüber regelrecht zusammenreißen, hat zu mächtig wirkenden Menschen ein gespaltenes Verhältnis. Manchmal lassen sie ihn fast schon zusammenzucken. Er führt dies darauf zurück, dass er »diesen blöden Nikolaus internalisierte«. Dass er ihn noch immer im Geist vor sich sieht, sobald sich eine Autoritätsperson drohend vor ihm aufbaut.

Als regelrechten »Psychoterror« empfand Erich Hausarrest. Ein Bestrafungsmittel, das seine Mutter häufig anwandte. Bei für ihn banalen Anlässen wie zum Beispiel, wenn er schlechte Schulnoten nach Hause brachte oder sonst irgendwie nicht pariert hatte. Wie damals, als er acht Jahre alt war und neue Schuhe bekommen hatte. Damit war er zu Besuch bei den Großeltern. Dort langweilte er sich, wollte raus, mit anderen Kindern spielen. Die Großeltern erlaubten das. »Und so habe ich mit den nagelneuen Schuhen Fußball gespielt.« Ziemlich bald schon stieß er sich vorn an einem der Schuhe eine Ecke ab. Als er zurück nach Hause kam, sah die Mutter das gleich und verhängte ihre altbewährte Strafe: Hausarrest. »Ich konnte diesen Hausarrest einfach nicht aushalten, wollte raus, wollte zu den anderen Kindern. Aber das wurde ja verhindert. Also bin ich zu meiner Mutter hin und habe gebettelt, sie möge mich doch bitte schlagen, damit ich danach wieder raus darf. Ich habe um die Schläge gebeten. Aber die war stur. Hat meine Bitte einfach ignoriert.«

Bei Henning gab es »eine Männlichkeitserziehung, die dann letzten Endes auch Psychoterror war.« Ihm wurde immer wieder eingebläut: Jungen weinen nicht! Benimm dich! Wehre dich! Du musst deinen Mann stehen! »Ich habe eine Männlichkeitserziehung hinter mir, die mir heute noch manchmal kalt den Rücken runterläuft. Ich glaube, das bleibt dann auch nicht ohne Folgen für einen selbst. Aber das war keine bewusste Terrorisierung. Sondern das waren die Prinzipien. Und ich denke schon, dass die Eltern glaubten, damit würden sie ihren Jungen am besten auf das Leben vorbereiten.«

Es gibt auch eine andere Betrachtungsweise

Henning zögert, dann meldet er sich noch einmal zu Wort. »Wenn meine beiden Schwestern hier mit am Tisch säßen, würdet ihr über meinen Vater allerdings ganz andere Dinge zu hören bekommen. Da wäre zum Beispiel die Rede von Fürsorge für die Familie, Stolz auf die Kinder, vor allem natürlich auf den Sohn, wunderschöne Ausflüge am Wochenende in die Heide und in den Deister, Spielnachmittage an regnerischen Sonntagen und manches andere. Und wenn ich dann auf seine faschistische Überzeugung und seine unsäglichen Sprüche hinweisen würde, käme etwa Folgendes: ›Na ja, das wussten wir doch bald, dass der Alte spinnt. Das ging uns doch zu einem Ohr rein und zum anderen wieder raus, da haben wir doch nicht drunter gelitten‹«. Ja, nickt Henning noch einmal, um das zu bekräftigen, »auch das ist eine Wahrheit über meinen Vater, aber nicht meine.«

Alkoholexzesse wären für Erichs Vater undenkbar gewesen. »Der gehörte als einfacher Arbeiter damals zum Proletariat. Und das Proletariat hatte nur ein Ziel: den sozialen Aufstieg.« Diesem Ziel sei alles untergeordnet worden, und zwar mit höchster Disziplin. Abends traf man sich zwar schon mal in der Nachbarschaft beim Skat, trank auch einen, »aber es war ganz wichtig, am nächsten Tag zur Arbeit gehen zu können. Und Schulden machen war für meinen Vater undenkbar. Man sparte. Und zwar diszipliniert und vor allem für ein Eigenheim mit jährlichem Bausparvertrag. Das Leben war fixiert auf diesen sozialen Aufstieg.« Und sozialer Aufstieg hieß auch, dem Sohn sollte es später besser gehen. Dafür taten Erichs Eltern alles. Kratzten Geld zusammen, damit ihr Erich mit auf Klassenfahrt gehen konnte. Keinen Schul-Theaterbesuch versäumte. Es wurde alles getan, um das Fortkommen des einzigen Kindes zu sichern, auch wenn man selber Verzicht üben musste. »Das habe ich so mitbekommen. Natürlich bindet das auch.«

Kinder hatten sich nicht zu mucksen

Wini hatte als Kind keine Wünsche zu äußern. Auch nicht, wenn es nur um Kleinigkeiten ging. Um sogenannte süße Stückchen, Kuchen und Plätzchen, die es sowieso nur bei besonderen Gelegenheiten gab. Dann zum Beispiel, wenn Besuch kam. »Da hast du vorher gesagt gekriegt, ein Stück darfst du nehmen. Dann hast du die Gelegenheit genutzt, wenn der Besuch da war und du dich ganz mutig fühltest und gefragt, Mutti darf ich noch ein Stückle haben? Dann hast du unter dem Tisch 'nen Tritt gekriegt, über dem Tisch kam dann ein säuerliches: ›Ja, nimm dir‹, und hinterher bist du ordentlich zusammengeschissen worden, aber das süße Stückchen hast du dann wenigstens gehabt.« Heute weiß Wini sehr wohl, dass damals das Geld vorne und hinten nicht reichte. »Heute ist mir klar, dass die Mutter irgendwie gucken musste, wie sie über die Runden kam«.

Winis Eltern waren zwar keine aktiven Nazis gewesen. Haben sich aber, wie viele in der Nachkriegszeit, später auch nicht eindeutig vom Faschismus distanziert. Stattdessen herrschte bei Wini zuhause so ein verdeckter aber alltäglich präsenter Antisemitismus. Man erzählte sich Geschichten von jüdischen Kaufleuten, die irgendwelchen Leuten mal wieder ihre Möbel weggenommen hätten. Und in all den Jahren seiner Kindheit hat kein einziger seiner Verwandten jemals das Wort »Jude« ausgesprochen. »Wenn, dann wurde immer geflüstert, dann hieß es ›Jud‹. Des war ein Jud.« Als Wini in die Pubertät kam, Anfang bis Mitte der 60er Jahre, und anfing sich zu erkundigen, »was war da eigentlich los im Dritten Reich?« erhielt er immer die patzige Antwort: »Warst Du dabei?« Wenn er wissen wollte, ob tatsächlich sechs Millionen Juden umgebracht worden seien, kam prompt wieder der Standardsatz: »Warst Du dabei?« Er hatte das Gefühl, ihm werde das Recht abgesprochen, als junger Mensch der Nachkriegsgeneration hierüber irgendwie zu befinden.

Dabei verstand er durchaus, »dass diese Menschen, die sich

verführt und um ihre Jugend betrogen fühlten, nicht so einfach loslassen konnten. Aber auf der anderen Seite müssen sie doch irgendwann gemerkt haben, wozu sie auch missbraucht worden waren.« Als dann in den 1968er Jahren die Studentenproteste aufkamen und Wini sich politisch engagierte, empörte sich sein Vater vor allem darüber, dass sein Sohn und all die anderen Protestierenden ausgerechnet gegen den Staat rebellierten, der sein Arbeitgeber war. Das ginge gar nicht, wetterte der kleine Postbeamte. Der Staat war für ihn sakrosankt. Der habe immer Recht. Mit dieser Haltung waren Väter wie der von Wini unter Hitler aufgestiegen, nach dem Zerfall dieses Terrorregimes abgestürzt. Und hatten doch nichts daraus gelernt.

9. Kapitel

GEPULLERT WIRD IM KOLLEKTIV

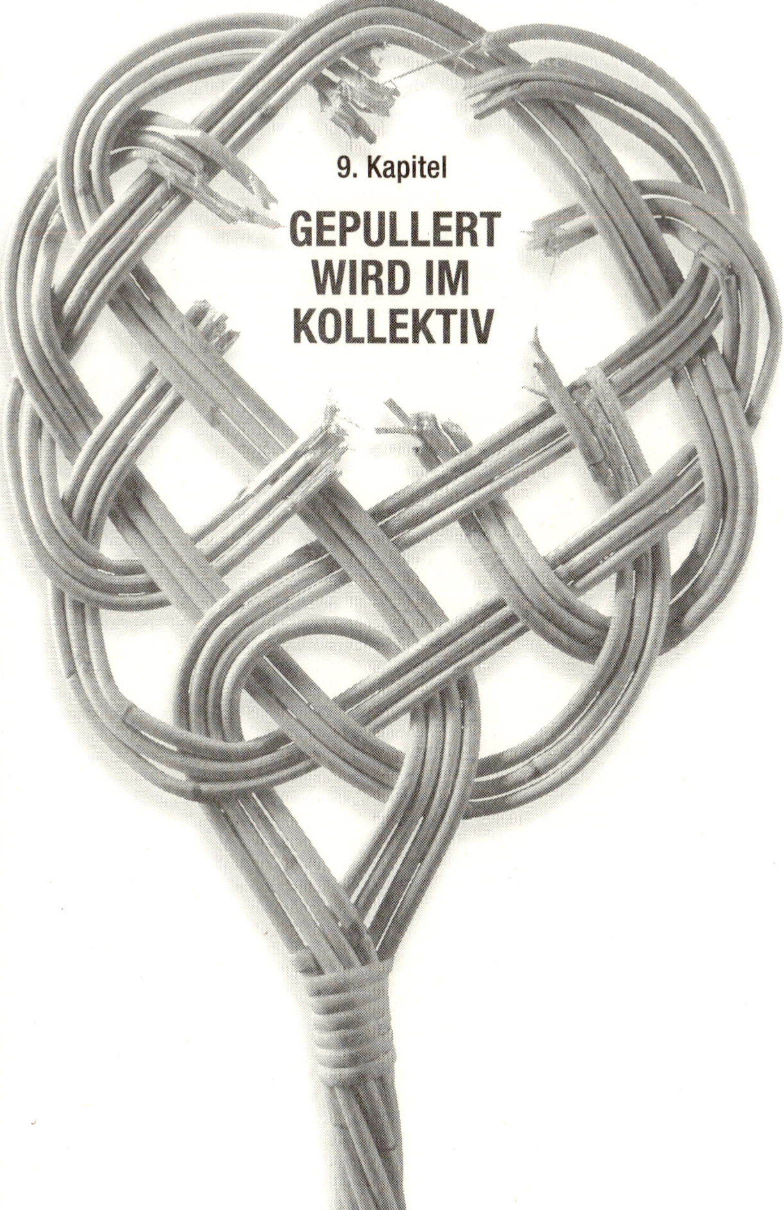

Wenig Revolutionäres aus dem sozialistischen Nachbarland

Als der dreijährige Sven sich einen Popel aus der Nase puhlte und ihn unbemerkt, aber genüsslich verspeiste, atmete ich auf. Auch als die Liebesperlen über den Boden kullerten, der Eimer Putzwasser aus Versehen umgestoßen wurde, ein kleines Mädchen sich den Pullover vollschlabberte, fiel mir ein Stein vom Herzen. Denn eigentlich hatte ich derart kindgerechtes Verhalten nicht mehr erwartet. Nach einem Tag als Journalistin und Beobachterin für eine Buch- und Zeitungsreportage[25] in der »Kinderkombination Süd-Ost-Allee« im Ostberliner Stadtteil Johannisthal war ich – Anfang 1990, nur wenige Monate nach dem Fall der Mauer – auf Disziplin und unbedingten Gehorsam eingestellt. Hatte erfahren, dass hier nicht aus der Reihe getanzt wurde. Und stieß nun ausgerechnet im benachbarten Betriebskindergarten der Vopo, der Volkspolizei, auf derlei kindliche Ausrutscher.

Eigentlich wurde hier alles kollektiv erledigt. Hier wurde kollektiv gepinkelt und kollektiv gespielt. Und wehe dem, der auszuscheren versuchte! Wobei mir die Leiterinnen beider Einrichtungen versicherten, dass der Tag für die Kinder früher, in der DDR, noch viel strenger durchstrukturiert war. Dass ihnen ein »Lebensregime« (der Begriff fiel tatsächlich) vorschrieb, wann sie auf der Stelle die Bauklötzchen fallen zu lassen hatten und wann genau und auch wie lange sie ausgelassen sein durften. Doch auch so reichte es mir schon: Noch immer wurden vor dem Essen, vor dem Mittagsschlaf, nach der Obst-Zwischenmahlzeit, nach dem Spiel im Freien, wann auch immer, die Hände gewaschen – bis zu achtmal zählte ich in der »Gruppe 4« der Kinderkombination. »Gepullert«, wie es die Erzieherinnen nannten, wurde nur gemeinsam. Das waren die Kleinen gewöhnt. Schon mit anderthalb wurden sie in der Krippe regelmäßig aufs Töpfchen gesetzt. Alle zusammen. Wer dennoch zwischendurch mal musste, hatte um Erlaubnis zu fragen.

Erziehung auf revolutionärem Einheitskurs

Stand »Spielen« auf der Tagesordnung, dann hatten die Kinder gefälligst auch zu spielen. Das war schon immer so. Das hatte das von Margot Honecker seit Anfang der 60er Jahre geleitete Ministerium für Volksbildung in seinem »Programm für die Bildungs- und Erziehungsarbeit im Kindergarten« auf die Minute vordiktiert. Prinzipien von Sauberkeit, Disziplin, Ordnung und Pflichten, von denen die Erzieherinnen auch nach November 1989 sich nicht so schnell verabschieden konnten, waren offenbar all die Jahre lang weitaus wichtiger als so eine Nebensächlichkeit wie das kindliche Wohlbefinden. Kindergärten, wie die beiden, die ich bald nach dem Zusammenbruch der sozialistischen Planwirtschaft besuchte, waren maßgeblich an der Erziehung der Kinder in der ehemaligen DDR beteiligt. Allein 1965 wurden rund 19 Prozent aller Kinder bis zum vollendeten dritten Lebensjahr in Kinderkrippen und rund 53 Prozent aller Kinder vom vollendeten dritten Lebensjahr bis zum Schuleintritt in Kindergärten betreut. Eine Zahl, die später noch anstieg.

Sabine Andresen, Erziehungswissenschaftlerin an der Bielefelder Universität, hat 2006 ein Buch veröffentlicht über »Sozialistische Kindheitskonzepte – Politische Einflüsse auf die Erziehung«. Wer darin liest, erfährt bald, wie schnell sich die anfängliche Begeisterung in der sowjetisch besetzten Zone und später in der DDR, und der Enthusiasmus, etwas umwerfend Neues mit Kindern zu machen, an der Realität aber auch an ideologischen Erziehungsvorstellungen abrieb.

Zunächst beschreibt Sabine Andresen das Leben von Kindern gleich nach dem Zweiten Weltkrieg im Westen wie im Osten Deutschlands: » Apathie und Desorientierung waren dominante psychosoziale Merkmale junger Menschen. Für Kinder und Jugendliche hatte eine elementare zeitliche Strukturierung des Tages im Krieg, aber nicht minder in der unmittelbaren Nachkriegszeit, an Gültigkeit verloren und auch auf ihr vertrautes Raumwissen konnten beispielsweise die Berliner Kinder nach den Zerstörungen nicht mehr vertrauen. Die soziale Not in den Besatzungszonen traf 1945 die Kinder und Jugendlichen besonders hart und führte dazu, dass Kinder- und Jugendarbeit unterhalb der politischen Rhetorik vielfach als jugendpflegerische und fürsorgeorientierte Tätigkeit verstanden wurde. Zu den akuten alltäglichen Mängeln gehörten die Wohnraumnot, die auch durch die Situation der Flüchtlinge verschärft wurde, die schlechte Ernährungssituation und die zunächst chaotisch organisierte Lebensmittelversorgung. Das Leben wurde erschwert durch die Situation in den meist unvollständigen Familien und durch die aufgrund der Zerstörung fehlenden Räume für ein physisch und psychisch sicheres Aufwachsen. Schließlich war erst ab dem 1. Oktober 1945 überall in der sowjetisch besetzten Zone, der SBZ, der Schulunterricht möglich.«[26]

Jugendhelfer sollten in dieser Anfangsphase gegenüber Kindern eine »vorbildliche, gleichmütige und verantwortungsvolle Haltung zeigen« und ferner stets »liebevoll, höflich und anständig bleiben«. In diesen Richtlinien, so schreibt Sabine Andresen, könne man ein durchaus kinderorientiertes Bild des Erziehers lesen, so wie es auch in der Reformpädagogik zu Beginn des zwanzigsten Jahrhunderts formuliert wurde. Aber eine kindorientierte Reformpädagogik ließ sich weder in der anfänglichen sogenannten Ostzone noch in der späteren DDR durchsetzen, stattdessen ging es bald nur noch um die Frage der Politisierung von Kindern.

»Kinder galten in der SBZ primär als Opfer des Nationalsozialismus und des Krieges, durch die sie ihre Kindheit verloren hatten«, so Andresen. In mehreren Städten wurden sogenannte »Kinderparlamente« gegründet, von denen einige schon nach kurzer Zeit erste Erfolge vermeldeten. So beschäftigte sich das

Kinderparlament in Gera unter Teilnahme des Schulrates damit, »dass mehrere Lehrer während des Unterrichts Schimpfwörter benutzten, Kinder schlugen oder andere unkorrekte Handlungen begingen«. Das Kinderparlament in Pössneck hatte sogar die Suspendierung einer Heimleiterin erwirkt, die in ihrer Erziehung undemokratisch vorgegangen war.

Anlässlich einer Tagung, die vom Zentralrat der FDJ für die verantwortlichen Mitarbeiterinnen und Mitarbeiter der Kindergruppen veranstaltet wurde, schloss eine der Referentinnen ihren Vortrag mit der Vision: »Wir wollen ein frohes Kinderland schaffen, mit glücklichen Augen sollen unsere Kinder in die Welt sehen und eine Kindheit haben, die ihnen Kraft gibt im weiteren Leben.« Eltern sollten durch Schulungen zu den »besten Freunden ihrer Kinder« werden.

Doch schon bald bahnten sich Ordnung und Sauberkeit wieder ihren Weg. Plötzlich hieß es in allzu vertrautem Tonfall: Kinder sollten eine »erzieherische Schulung« erhalten, und diese sollte sie an die üblichen deutschen Sekundärtugenden gewöhnen. Ebenso fehle den Kindern Pünktlichkeit und Disziplin, wurde damals angemerkt. Eine Kritik, die sich nahtlos eingliederte in das, was späterhin Standard in der DDR-Erziehung wurde.

Die Historiker Wolfgang und Ute Benz beschreiben in ihrem Buch »Deutschland, deine Kinder« die in den 50er und 60er Jahren dennoch fortgesetzten Versuche, in der DDR sozialistische Erziehungsstandards zu setzen. So wurden Eltern in Erziehungs- und Frauenratgebern angehalten, »keine körperliche Gewalt gegenüber ihren Kindern anzuwenden, sondern Autorität und Zuneigung zu vermitteln. Kinder sollten von ihren Eltern lernen, Autoritäten anzuerkennen und sich ihnen unterzuordnen, die Erfüllung von Pflichten wurde dazu als notwendig angesehen. Doch sollten die Kinder so erzogen werden, dass sie nicht aus Angst vor Strafe gehorchen, sondern aus dem Wunsch heraus, von den Eltern geliebt zu werden, und aus dem Wissen, sich bei ihnen geborgen und sicher fühlen zu können.«[27]

Demütigende Erziehungsmethoden, die die Eltern möglicherweise selbst in ihrer Kindheit erfahren hatten, sollten nicht an ihre Kinder weitergegeben werden. Schon 1949, also lange vor der BRD, wurden in der späteren DDR Prügel an Schulen offiziell verboten. Ansonsten blieb alles jedoch beim Alten. Denn was die Sauberkeitserziehung, die Ernährung, Hygiene und Ordnung im Tagesablauf anbetraf, stützte man sich auf althergebrachte klare Richtlinien, die in Deutschland seit langem schon Tradition hatten. So wurden die Eltern angewiesen, unter allen Umständen »Säuglinge nur im Vier-Stunden-Rhythmus zu stillen und dem Säugling den entsprechenden Schlaf-Wach-Rhythmus anzuerziehen.« Man baute also nahtlos auf den restriktiven und kinderfeindlichen Ratschlägen der NS-Pädagogin Johanna Haarer auf.

Überhaupt gab es in den 50er und 60er Jahren offenbar wenig Revolutionäres aus dem sozialistischen Nachbarland zu berichten.1967 wurde von der Regierung der DDR, dem dortigen Ministerium für Volksbildung, ein einheitlicher »Bildungs- und Erziehungsplan für den Kindergarten« veröffentlicht. Mit nur geringfügigen Veränderungen wurde dieses Standardwerk bis zum Ende der DDR aufgelegt. Jeder staatliche Kindergarten hatte die Pflicht, nach diesem Plan zu arbeiten, da »sozialistische Erziehung ohne Planmäßigkeit, ohne konkrete Zielstellung und der Bestimmung des Inhalts der pädagogischen Arbeit nicht möglich ist« (aus dem Vorwort von 1967). Als globales Ziel der Erziehung wurde die weitere allseitige sozialistische Persönlichkeitsentwicklung formuliert.

Erst als ich diese Erziehungsrichtlinien von 1967 las, verstand ich, dass sich offenbar seitdem nicht viel verändert hatte. So schrieben die darin enthaltenen Anweisungen genauestens vor, wann die Kinder was zu machen hatten. So, wie ich es dann 1990 in den beiden ehemaligen DDR-Kindergärten erlebte. So heißt es beispielsweise in diesen Erziehungsrichtlinien: »Werden die Kinder immer genau zur gleichen Zeit schlafen gelegt, so schlafen sie rasch ein. Die Kinder sollten in einem gut gelüfteten, ständig mit

Frischluft versorgten Raum schlafen. Alle Kinder werden angehalten, sich auf die rechte oder linke Seite zu legen. Während des Schlafs wird beobachtet, dass sie keine Lage einnehmen, die die Blutzirkulation und Atmung erschwert und Haltungsschäden begünstigt. Die Erzieherin achtet darauf, dass die Arme der Kinder auf der Decke liegen.«[28]

Zu diesen, bis ins kleinste Detail ausgefeilten Vorgaben kam nun noch die sozialistische Indoktrinierung hinzu. In einer Rede, die Walter Ulbricht zur Begründung des Jugendgesetzes am 8. Februar 1950 hielt, forderte der damalige Generalsekretär der SED: »Jeder Jugendliche soll ein bewusster Demokrat werden, der weiß, wer die Freunde und wer die Feinde des Volkes sind. Jeder Jugendliche muss die Quellen der Kriegsprovokation kennen, von tiefem Hass erfüllt sein gegen den Imperialismus, gegen jene Deutschen, die zu Werkzeugen der imperialistischen Unterdrückung und Kriegspolitik in Westdeutschland geworden sind. Unsere Jugend soll lernen, in der Nationalen Front des demokratischen Deutschlands für die Einheit Deutschlands zu kämpfen und den Frieden mit allen Mitteln zu verteidigen.«

Nach Ute und Wolfgang Benz sahen die angepeilten konkreten Lernziele in der Erziehung der DDR-Kinder folgendermaßen aus: »In der jüngeren Gruppe zum Beispiel sollten die Kinder lernen, die Arbeit der Reinigungsfrau und Köchin im Kindergarten zu achten, den Wunsch zu haben, im Kindergarten und Elternhaus bei hauswirtschaftlichen Arbeiten zu helfen, das Besondere des Geburtstages der DDR am 7. Oktober zu empfinden und am 1. Mai die Arbeiterfahne erkennen zu können. Sie sollten lernen, nichts mutwillig zu zerstören und sich die Erzieherin zum Vorbild zu nehmen.«

Während in Westdeutschland die Studenten auf die Barrikaden gingen, in Kinderläden antiautoritäre Erziehung für Aufruhr sorgte, der patriarchalischen Familienstruktur der Kampf angesagt wurde und eine rebellierende Jugend erstmals körperliche Züchtigung in Frage stellte, während sich also im Westen die Erziehungsmethoden radikal veränderten, blieb in der DDR offenbar alles wie gehabt. So jedenfalls war mein Eindruck, als ich einige Tage nach dem Fall der Mauer die beiden Ostberliner Kindergärten besuchte, in denen noch kein neuer Zeitgeist eingezogen war. In denen es noch so zuging wie zuvor.

Nur ja nicht aus dem Rahmen fallen!

Die drei dahinten, die nur herumtobten, sollten mal herkommen, rief eine Erzieherin. »Hallo, hallo, ihr da!« Und sie kamen, im Blick das schlechte Gewissen. »Überlegt euch mal, was ihr spielen wollt«, forderte sie die Kinder auf. Gott sei Dank fiel ihnen auf Anhieb etwas ein: Puppen, Plast-Bausteine, Bilderbuch! Bald schon war nämlich die Zeit hierfür wieder abgelaufen. Ging es weiter im Galopp durch den vorgegebenen Tagesablauf.

Die Mittel und Wege, mit denen hier die Kinder auf Einheitsnorm getrimmt wurden, waren auch in der Bundesrepublik sattsam bekannt, hatten eine unselige Tradition. Von Reformpädagogen wurden sie längst unter der Rubrik »schwarze Pädagogik« verächtlich ad acta gelegt. Wirksam waren sie hier allerdings, der Soforterfolg kolossal. Denn die Kinder parierten, gehorchten meist aufs Wort. Was das mit ihnen machte, wie sie sich dabei fühlten, spielte keine Rolle. Hauptsache, der Laden lief. Hierzu hatten die Erzieherinnen beider Einrichtungen, die ich in Ostberlin besuchte, ein schillerndes Repertoire an Liebesentzug und Denunziation auf Lager.

Jennifer zum Beispiel, die deshalb aus dem Rahmen fiel, weil sie sich bei meinem Besuch immer wieder wie eine Ente laut platschend durch den Gruppenraum bewegte, musste blamiert vor den schon aufgereiht stehenden und wartenden Kindern den Weg zur Wand hin und zurück normalen Schrittes gehen. Alle starrten sie an. Als Sven sich nicht auf den für ihn laut Plan an der Wand bestimmten Stuhl setzen wollte, sondern einfach woanders Platz nahm, zischte ihm seine Nachbarin ins Ohr: »Hör, was die Erzieherin sagt, rück auf.« Doch als das nichts brachte, meinte die Erzieherin: »Dann bin ich aber ganz traurig, wenn du da sitzen bleibst.« Alles wartete nun in dem mucksmäuschenstillen Raum, verharrte, bis Sven sich erhob, das Gesicht schamgerötet.

Hier wurde kräftig mit Lob und Tadel, Drohungen und Bloßstellungen operiert. Mit diesem repressiven Handwerkszeug klappte alles wie am Schnürchen. Und weil man dies hier so erfolgreich durchzusetzen verstand, galt die Süd-Ost-Allee noch bis vor kurzem als sozialistische Vorzeigeeinrichtung, wurde mit Preisen und Prämien überhäuft. Auf Schulungen wurden die Erzieherinnen darauf eingestimmt, »tiefer ins Programm einzudringen«. Bis ins kleinste Detail war alles von oben geregelt, durch die Bibel der DDR-Kindergärten, Margot Honeckers blaues Erziehungsbuch, durch das die Kinderseelen auf Einheitlichkeit zurechtgebogen werden sollten.

Vor dem Waschen – so war da minutiös vorgeschrieben – hatten die Kleinen sich die Ärmel hochzustreifen. Die Hände mussten beidseitig gesäubert, die Seife gut abgespült und die Wassertropfen abgeschüttelt werden. Sie durften auf gar keinen Fall barfuß den Boden berühren. Sangen sie ein Lied, so war vorgegeben, wie es zu klingen hatte: »Hör ich die Soldaten singen«, marschmäßig energisch. »Auf die Schule freu ich mich«, freudig lustig. »Soldaten der Volksarmee« bewegt.

Einige der Vorschriften klingen im Nachhinein wie Hohn. So die Vorgabe, den Kindern nahezubringen, wie gut alle Menschen in der DDR leben und »dass die Soldaten der Nationalen Volksarmee stark, mutig, klug, geschickt und immer einsatzbereit« sind. Dass sie bei ihren Übungen »ständig darum ringen, beim Schießen genau zu treffen …« Panzer und Soldatenpuppen, Relikte aus dieser Zeit, standen auch 1990 noch immer in den Regalen der beiden Kindergärten, die ich damals aufsuchte.

Das Programm des Ministeriums für Volksbildung war zwar inzwischen von oben in aller Eile auf ein Skelett zusammengestrichen worden. Doch da es allen Erzieherinnen über die Jahre in Fleisch und Blut übergegangen war, hatte sich in der Praxis noch nicht viel geändert. Früher, da flatterten ihnen alle 14 Tage neue Durchführungsbestimmungen auf den Tisch. Das Ergebnis zeigte sich dann in »Gruppe 4« der Süd-Ost-Allee. Die sollte kurz nach 11 Uhr morgens in den Garten gehen. »Da nehmen wir doch mal die Bälle mit«, hatte eine der Erzieherinnen entschieden, nicht ohne vorher alle zum Pullern und zum Waschen zu schicken. Draußen hüpfte Michael mit einem Kumpel als erstes in den Sandkasten und lieh sich von Kindern einer anderen Gruppe Schäufelchen. Sofort griff seine Erzieherin ein, nahm die Schippen weg und schimpfte: »Wir hatten uns doch vorgenommen, mit den Bällen zu spielen.« Ohne überhaupt nur wahrzunehmen, dass nicht »wir« dies entschieden hatten, sondern sie ganz allein.

Später dann wurde Sandras Geburtstag gefeiert. Die Kleine thronte inmitten der Gruppe und bekam von jedem Kind einen Wunsch vorgetragen. Christoph wünschte ihr zum Beispiel, statt wie von mir erwartet bergeweise Süßigkeiten oder Spielzeug, »dass sie immer schön Zähne putzt«. Franziska schloss sich an, »dass sie immer schön mittags schläft« und Kathleen, »dass sie immer schön der Mutti hilft, den Tisch zu decken«. In dem Stil ging es weiter, achtzehnmal. Und mich gruselte es immer mehr. Was wurde hier alles unterdrückt, welche Wut musste jedes dieser Kinder über soviel Lügerei in sich spüren? Was war diese Verlogenheit für eine ungünstige Vorbereitung aufs Leben? Wichtig war hier jedem Kind, nur ja nicht aufzufallen, sich anzupassen. Um jeden Preis. Wem dies nicht gelang, der fand seinen Namen an der Wand wieder. Dort hing für jeden sichtbar ein Zettel mit der Überschrift: »Auffälligkeiten«. Gefolgt von den Namen der Kinder, um die sich entweder der Sprechtherapeut oder der Psychologe zu kümmern hatte. Es waren all jene, »die nicht in der Lage sind, sich der Gruppennorm anzupassen«, erklärte eine Erzieherin. Als auffällig galt zum Beispiel Roman, der immer dann verstummte, wenn er vor versammelter Kinderschar etwas gefragt wurde oder den Tischreim sprechen sollte. Das galt als »Auffälligkeit« und da half es auch nichts, dass Roman aufs schönste und intensivste und fantasievollste spielte, wenn man ihn in Ruhe ließ.

Petra Vogelgesang, die als Psychologin in der DDR mit Kindern und Jugendlichen, Eltern, Lehrern und Erzieherinnen in Jugendhilfe-Einrichtungen gearbeitet hatte, schrieb zur Frage nach dem Ziel der DDR-Erziehung in einem Essay: »dass gute Kinder angepasste Kinder waren, dass es also um Anpassung ging.«[29] Was sie allerdings aus gutem Grund nicht unbedingt für eine DDR-spezifische Zielsetzung hält. Vor allem eins schien ihr erwähnenswert, dass nämlich die Erfahrung mit Menschen anderer Kulturen in der DDR beschränkt war. »Es gab Solidaritätsbekundungen und Spendensammlungen, aber man begegnete sich nicht. Wenn es zu Spannungen kam, und die gab es zum Beispiel im Verhältnis zu polnischen Bürgern, wurden sie nicht thematisiert und schon gar nicht auf historische Wurzeln bezogen. Offiziell waren wir Brüder, fraglos. Inoffiziell kursierte ein Begriff wie ›polnische Wirtschaft‹ als Synonym für Unordnung, ohne dass sich jemand daran stieß.«

Andersartigkeit wurde abgelehnt

Nur ein Jahr nach meinem Besuch der beiden ehemaligen DDR-Kindergärten rottete sich im September 1991 in der Lausitzer Braunkohlearbeiterstadt Hoyerswerda ein fremdenfeindlicher Mob zusammen. Bedrohlich mit Kampfhunden und Springerstiefeln ausgerüstete Skinheads lungerten vor Plattenhausbauten herum, hinter deren zerbrochenen Fensterscheiben ab und zu das verängstigte Gesicht eines Vietnamesen oder Afrikaners auftauchte. Nach tagelangen Ausschreitungen übertrug das Fernsehen Bilder von Bussen, in denen die Ausländer von Hoyerswerda unter dem Gejohle schaulustig umherstehender Bürger evakuiert wurden. Als ich diese Bilder sah, musste ich an die beiden Ostberliner Kindergärten denken. Und daran, mit wie viel Fleiß und wie viel Druck dort versucht worden war, die kindlichen Seelen auf Einheitlichkeit zu trimmen. Wie sehr es offenbar in der DDR-Erziehung verpönt gewesen war, anders zu sein, aufzufallen, nicht der Norm zu entsprechen. Waren die Ausschreitungen von Hoyerswerda, der Rauswurf der Fremden, der Andersfarbigen, der Andersartigen womöglich eine direkte Folge dieser engstirnigen Erziehung? Haben die Menschen in Hoyerswerda nichts anderes getan als das fortzusetzen, was ihnen im Kindergarten so fleißig eingebläut worden war: Auffälligkeiten zu sanktionieren, auszumerzen, auszusondern? Denn nichts anderes lief da im September 1991 in Hoyerswerda ab. Und wiederholte sich später in ähnlich ausgrenzender Form gegenüber Ausländern in zahlreichen ostdeutschen Ortschaften.

Als Christian Pfeiffer, Direktor des Kriminologischen Forschungsinstituts Niedersachsen in Hannover, im Südwestrundfunk bei der Suche nach Ursachen von Jugendgewalt und Fremdenfeindschaft in den neuen Bundesländern die DDR-Erziehung, die Kleinkinddressur, die Sauberkeitserziehung, den kollektiven Gruppendruck als Ursache für die randalierende Jugend nannte, brach ein Sturm der Entrüstung los. Man sei es leid, von Besserwessis wie eine Horde ungebildeter Schwererziehbarer behandelt zu werden, wurde in den neuen Bundesländern protestiert.

Doch bedurfte es gar nicht der Kritik eines Wessis. In einem Aufsatz, erschienen in dem Buch von Wolfgang und Ute Benz, schreibt die ehemalige DDR-Psychotherapeutin Annette Simon: »Mir kann niemand erzählen, dass es in einem Ort wie Mahlow bei Berlin (es könnte auch Ahrenshoop oder Magdeburg sein) nicht möglich wäre, die versammelten Jugendlichen am Bahnhof, die Nazilieder grölen, Reisende anpöbeln und bei jedem Menschen mit anderer Hautfarbe ausrasten, binnen kurzem zu zivilisiertem Verhalten zu bringen, wenn Väter und Großväter des Ortes, die Mütter und die Lehrerinnen, der Taxifahrer und die Verkäuferin ihnen eindeutig vermitteln würden, dass sie dieses

Verhalten nicht dulden, dass sie es gemeinsam ächten und dass sie die Polizei rufen, wenn es nötig ist. Inmitten gut funktionierender Familien und Gemeinden wachsen nicht plötzlich jugendliche Monster heran.«[30]

10. Kapitel

VOM LEHRER GIBT ES TATZEN

Lineale, langgezogene Ohren und ausgestreckte Kinderhände

»Das schreibende Kind soll in der Schulbank folgendermaßen sitzen. Die Füße sollen fest auf dem Boden oder dem Fußbrett ruhen. Vordere Thoraxwand, Sitzknorrenlinie, Hüftachse und innerer Tischrand sollen parallel sein, die untere Kante des Schreibheftes darf von der Richtung dieser Parallelen ebenfalls nicht abweichen. Der Rücken ist gerade aufgerichtet, an die Kreuzlehne gelehnt, und die vordere Thoraxwand von der inneren Tischkante so weit abstehend, dass man bequem die flache Hand zwischen beide hindurch legen kann. Der Kopf sei ganz leicht abwärts geneigt, weder nach rechts noch nach links von der Vertikalen abweichend. Beide Ellbogen ruhen mit ihren vorderen zwei Dritteln auf dem Tisch.«

So lauteten die Richtlinien für die Schule, im Jahre 1883 von einem Pädagogen entworfen.[31] Was geschah damals, wenn ein Schulkind diesen Vorgaben nicht entsprach? Kaum vorstellbar heute, dass Schüler dermaßen eingeengt und reglementiert wurden. Doch dies war Alltag, die Richtlinien wurden angeblich zum Wohle des Kindes erstellt. Und zum Besten des Lehrers, versteht sich, der nur so Zucht und Ordnung in seine Rasselbande bekam.

Die Zeiten haben sich geändert, heute wird nicht mehr nur frontal unterrichtet, die Schüler sitzen oft in Gruppen an Tischen, flegeln sich auch schon mal in ihren Stuhl, und von einem gerade aufgerichteten Rücken und einer exakt zur Tischkante ausgerichteten Thoraxwand kann längst keine Rede mehr sein. Doch noch immer herrschen subtile Unterdrückungsmethoden im Klassenzimmer. Die Prügelstrafe ist nicht mehr erlaubt, wurde allerdings mancherorts ersetzt durch Schikanen und Einschüchterungen. Hierzu veröffentlichte die Frankfurter Rundschau einen Artikel von Katja Irle unter der Überschrift: »Die tägliche Beschämung« (07.04.2010). Darin heißt es wörtlich: »Die Prügelstrafe ist längst abgeschafft, geblieben ist der tägliche Machtmissbrauch, der viele Nuancen hat. Er reicht von der verbalen Herabsetzung einzelner Schüler über willkürliche Bewertungen von Leistungen bis zum Klaps auf den Po im Sportunterricht.« Die Rede, so betont Autorin Katja Irle, ist hier von schwarzen Schafen. »Von der Grundschullehrerin, die Ruhe in der Klasse nur durch Anbrüllen oder Bloßstellen einzelner Schüler erreicht, vom Sportlehrer, der Kinder zu riskanten Übungen zwingt [...].«

Maßregelungen, zu denen die Lehrer früherer Generationen sicherlich auch griffen. Doch früher kam noch hinzu, dass sie bedenkenlos drauflos prügeln durften. Lehrer fühlten sich offenbar in einer gottgleichen Position. Das geht aus einem Erziehungshandbuch von 1828 hervor, in dem es heißt: »Ein Erzieher von wahrer Bildung kann sich mit Recht seiner hohen Bestimmung erfreuen, ein unmittelbares Organ der Gottheit, als der höchsten erziehenden Kraft zu sein.«[32] Und genauso verhielten sich die Lehrer: autoritär und unanfechtbar. In einer im Jahr 1887 von K.A. Schmid herausgegebenen Enzyklopädie des gesamten Erziehungs- und Unterrichtswesens steht: »Wie die Rute als Symbol der väterlichen Zucht im Haus gilt, so der Stock als das Hauptwahrzeichen der Schulzucht [...] Dieselbe ist für manche Verfehlung gerade die angemessene Strafe. Sie demütigt und erschüttert.«

§22 der königlich-preußischen Schulordnung aus dem 18. Jahrhundert verfügte, den Kindern solle der Eigensinn oder Eigenwille mit Fleiß gebrochen werden. Lügen, Schimpfen, Ungehorsam, Zorn und Zank sollten durch Züchtigung bestraft werden. Zu Anfang des 19. Jahrhunderts herrschte strenge Ordnung an den Schulen, Drill gehörte zum Alltag. Karzer, Tatzen, Rohrstock waren die pädagogischen Hilfsmittel.

Der Lehrer droht mit dem Stock in der Hand

Viele, die in den 1950er und 1960er oder auch noch späteren Jahren zur Schule gingen, können sich gut an ähnlichen Drill, ähnliche Paukermethoden erinnern. Auch zu ihrer Zeit ging es vor allem diszipliniert, ordentlich, züchtig in der Schule zu. Nicht selten herrschte auf Schulhöfen und in Klassenzimmern ein wahrer Kasernenton. Kinder wurden oft von denselben Lehrern unterrichtet, geschlagen und malträtiert, die wenige Jahre zuvor noch mit erhobenem Zeigefinger Rassenkunde gelehrt hatten. Nach Angaben des US-Psychologen Lloyd deMause bekommt man eine Vorstellung von der Häufigkeit des Schlagens damals, wenn man hört, dass ein deutscher Schullehrer ausrechnete, er habe während seiner Unterrichtszeit 911 527 Stockschläge, 124 000 Peitschenhiebe, 136 715 Schläge mit der Hand und 1 115 800 Ohrfeigen verteilt.

Abweichler unter der Schülerschar wurden bitterlich bestraft, in die Ecke gestellt, vor der Klasse heruntergeputzt und – was heutzutage eigentlich zur sofortigen Entlassung der Lehrperson führen könnte – körperlich gezüchtigt. Ulla Hahn hat dies in ihrem Roman »Das verborgene Wort« aufs Vortrefflichste geschildert. Am Beispiel eines besonders sadistischen Lehrers namens Mohren erzählt sie, wie sich dieser Pädagoge an dem Schüler Rainer regelrecht verging. Mohren schleppte Rainer, weil er glaubte, der Junge habe gelogen, »am Ohr durch den Klassenraum, stieß ihn auf die Bank, den Kopf nach unten, so dass seine Beine hinten in der Luft hingen.« Schon allein bei dieser Vorstellung stockt dem Leser heutzutage der Atem. Doch dann nahm der Lehrer den Zeigestock, »knöpfte dem Jungen die Hosenträger ab und zerrte die Hose an beiden Beinen bis zu den Knien herunter, wobei sich Rainers Unterleib unwillkürlich von der Bank hob, wie um die Prozedur zu erleichtern. Wir alle konnten den kleinen Hintern in der verwaschenen, graublauen Baumwollunterhose sehen, der sich vor Angst und Scham zusammenkrampfte.« Ein

Mädchen schluckte laut, als der Lehrer den Stock wie zur Probe erst ein- bis zweimal durch die Luft sausen ließ, bevor er zuschlug, während er den Satz »Du sollst nicht stehlen« mehrmals wiederholte und dabei allem Anschein nach auch noch schmunzelte. Kirschrot glühten dabei die Wangen dieses Lehrers, »die Lippen sprühten Speichel. Rainer aber nahm seine Strafe nicht, wie es sich gehörte, schweigend entgegen. Vielmehr ließ er nicht ab, seine Unschuld zu beteuern, ja, er rief sogar Gott und den heiligen Antonius um Hilfe an, dass sie seine Unschuld bezeugen mochten.«

Die 55-jährige Kindertherapeutin Claudia, die sich erst nach einigem Zögern daran erinnern konnte, dass ihr Vater über den Tisch greifend sie und ihre Schwester ohrfeigte, weiß noch sehr genau, dass es zu ihrer Schulzeit durchaus üblich war, die Kinder zu schlagen. »Mit der bloßen Hand ins Gesicht oder auf den Po. Mit dem Stock vor allem auf die auf der Bank ausgestreckten Finger.« Zwischen 1961 und 1965 besuchte sie in Süddeutschland eine Volksschule. Nicht alle Lehrer prügelten damals die Kinder. Aber zwei fallen ihr sofort ein, weil diese Schläge immer völlig willkürlich und überraschend verteilten. Und die in der Klasse herumstolzierten und sich hin und wieder mit dem Rohrstock, den sie ständig schlagbereit in der Hand hielten, den Rücken kratzten.

Claudia war ein braves, ein sehr bemühtes Kind, das immer versuchte, alles richtig zu machen. Das Lernen fiel ihr leicht. Die Lehrer hatten wenig an ihr auszusetzen. »Das hat meine Klassenlehrerin aber nicht daran gehindert, auch ohne Anlass zu schlagen. Sie war jähzornig und hat dann zu diesem Zeigestock gegriffen. Das war kein Rohrstock, sondern ein Stock aus solidem Holz. Oben dünner als unten.« Mit dem schlug sie auf alles, was sie erreichen konnte.

Albert, einer ihrer Mitschüler, wurde von Claudia »unglaublich bewundert, weil er dieser Lehrerin davongerannt war und dabei wirklich über die Tische sprang, im seitlichen Stütz, was die

Lehrerin, sie war schon etwas älter, natürlich nicht mehr konnte.« Auch alle anderen in der Klasse waren fasziniert von Alberts Mut, davon, dass er der Lehrerin widerstand, schon mal aus dem Klassenzimmer flüchtete. »Und sie lief hinterher. Nur als er dann auf die Straße rannte, ist sie umgekehrt, ihm nicht mehr nachgerannt.«

Die Konsequenz aus Alberts aufmüpfigem Verhalten, aber wohl auch die Folge seiner schlechten Noten war, dass er von der Schule flog und auf eine sogenannte Hilfsschule kam. »Er galt natürlich als frech und aufsässig. Aber ich hab ihn dafür sehr, sehr bewundert.«

Im dritten Schuljahr wechselte die Klassenlehrerin, die Neue war jung und lieb und hat niemals geschlagen. Das war ein Segen für Claudia. So sehr hatte die handgreifliche Lehrerin ihr die Schule vergällt, »dass es – wenn das so weiter gegangen wäre – mich in meinem Lernen beeinträchtigt hätte. Ich bin die ersten zwei Jahre furchtbar ungern zur Schule gegangen. Ich hab diese Schule gehasst. Hab Alpträume gehabt, oft versucht, Sonntagabends krank zu werden, um nicht in die Schule zu müssen. Obwohl mir das Lernen eigentlich leicht gefallen ist. Und deshalb war es auch ein Segen, dass es nach zwei Jahren vorbei war. Diese Lehrerin wurde damals tatsächlich früh pensioniert. Es hieß auf Grund einer Krankheit. Aber ich meine mich zu erinnern, dass letztendlich doch Eltern dafür gesorgt haben, dass die von der Schule ging.« Von da an waren die Kinder zwar nicht gänzlich vor Schlägen gefeit. Es gab noch eine weitere Lehrerin, die Tatzen austeilte. »Die hatten wir noch länger. Es war eine Religionslehrerin. Aber die haben wir nicht so ernst genommen.«

Eltern kümmerte es nicht, wenn Lehrer Tatzen verteilten

Im Nachhinein wundert es Claudia schon, dass es Eltern gab, die gegen die prügelnde Klassenlehrerin opponierten. Weil sich ihrer Erfahrung nach Eltern eigentlich nicht darüber aufregten und Kinder es zu Hause oft gar nicht erzählten. Aber offenbar gab es doch Familien, in denen Prügeln nicht zum Alltag gehörte und um sich schlagende Lehrer nicht einfach toleriert wurden. »Diese Eltern haben durch ihren Protest dafür gesorgt, dass die Lehrerin gehen musste,« vermutet sie.

Ob ihre Eltern von der schlagenden Lehrerin wussten? Ob sie eingeschritten sind, dem Rektor Bescheid gesagt haben? Claudia überlegt, weiß nur noch, dass ihr Vater später behauptete, davon habe er nichts gewusst. Was gut möglich sein kann. Denn auch ihr kam das Verhalten der Lehrerin völlig normal vor, als kaum erwähnenswert. Warum sollte sie ausgerechnet hiervon zu Hause erzählen? Außerdem waren sie mehrere Kinder daheim, da wollte »nicht jedes Kind so einen Aufwand machen«. Vielleicht, das schließt sie nicht aus, habe sie auch gar nicht damit gerechnet, dass sich ihre Eltern besonders für dieses Thema interessierten, genau wissen wollten, was da in der Schule los sei.

Sie glaubt, dass ihre Eltern heute, was dieses Kapitel angeht, ein schlechtes Gewissen haben und die Schulzeit ihrer Kinder und die damit einhergehenden Züchtigungen einfach verdrängen. »Mein Vater hat, als zufällig mal der Name dieser gewalttätigen Lehrerin fiel, spontan gesagt, ja das war eine sehr gute Lehrerin. Streng aber gut. Ich war ganz erschüttert und habe gedacht, wie kommt der da drauf? Erstens hat der sie praktisch nicht gekannt. Der hat sich für meine Schule überhaupt nicht interessiert. Und das einzige, was er von der wusste, war, dass sie geschlagen hat. Und zweitens, wie kommt er zu diesem Schluss? Das muss irgendeine Erinnerung gewesen sein, nach dem Motto: Was streng war, muss auch gut gewesen sein.« Inzwischen kann sie mit ihren Eltern über das Verhalten der Lehrerin sprechen, »dafür sind die heute erreichbar und sogar ein bisschen erschüttert darüber. Ein paar Mal sagten sie schon, ja wenn wir das gewusst hätten.«

Später auf dem Gymnasium wurden Kinder, die etwas ausgefressen hatten, zur Strafe in die Ecke gestellt. Was auf Claudia eher wie eine hilflose Reaktion der Lehrer wirkte. »Einmal hat eine Lehrerin in der Wut ein Lineal zerbrochen. Hat aber sofort gesagt, ich ersetze es dir. Und es war so, dass wir im Gymnasium schon ganz genau wussten, das geht eigentlich nicht. Schlagen ist nicht in Ordnung. Es war trotzdem so, dass nicht jede Ohrfeige an Eltern oder Schulleitung oder an wen auch immer weitergegeben wurde.«

Auf dem klassischen Gymnasium, dass der heute 65-jährige Rechtsanwalt Dieter in Göttingen besuchte, unterrichtete ein sehr autoritärer, sehr gewalttätiger Lehrer. Da Dieter von zu Hause keinerlei Schläge gewohnt war, fiel ihm dieser Lehrer besonders unangenehm auf. Der verteilte großzügig schmerzhafte Kopfnüsse an die Kinder, was Dieter bis heute nicht vergessen hat. So zog dieser Lehrer Schüler zum Beispiel liebend gern an einem Ohr oder an den Haaren aus der Bank hoch. Immer dann, wenn man seiner Auffassung nach etwas falsch gemacht hatte. »Was natürlich erheblich weh tat.« Trotzdem hat Dieter niemals zu Hause davon erzählt, obwohl er das Verhalten dieses Lehrers als außerordentlich bedrohlich empfand.

Als Erwachsener dann, Dieter hatte den Lehrer längst aus dem Gedächtnis verloren, las er eines Tages in der Zeitung, dass dieser Mann von einem Schüler erschossen worden war. »Und da fiel er mir wieder ein. Ob dessen Gewalttätigkeit wirklich der Grund für die Tat des Schülers war, weiß ich nicht. Aber zumindest kam dadurch die Erinnerung an diesen sehr autoritären, gewalttätigen Lehrer wieder hoch.«

Prügelnde Lehrer gibt es auf der ganzen Welt

Noch heute sind in 88 Ländern dieser Welt Schläge an Schulen ausdrücklich erlaubt. Diese Zahl stellte die UN-Sonderbeauftragte für Gewalt gegen Kinder, Marta Santos Pais, im September 2010 in einer Bilanz[33] ihres ersten Jahres als UN-Kinderrechtsexpertin vor. Unicef ergänzt dies durch einen Bericht, aus dem hervorgeht, dass lediglich 102 Staaten körperliche Disziplinierungsmaßnahmen an Schulen verboten haben.[34] In fast der Hälfte der US-Staaten dürfen Lehrer ihre Schüler schlagen. Und sie tun es auch, laut Spiegel-online von August 2008, am liebsten mit »Holzpaddlen« aufs Gesäß. Eine neue Studie verzeichnet 200 000 Fälle jährlich, meist in den Südstaaten. Geprügelt werden vor allem schwarze Kinder, so die Menschenrechtsorganisationen Human Rights Watch und American Civil Liberties Union (ACLU).

Das texanische Städtchen Temple scheint sich hier ganz besonders hervorzutun. Diese neben dem Militärstützpunkt Fort Hood gelegene Ortschaft hat einem Bericht der Frankfurter Rundschau zufolge jüngst in Schulen sogar wieder die Züchtigung mit dem »Paddle« eingeführt, einem flachen Holzflegel. »Drei Schläge auf den Allerwertesten setzt es bei Disziplinarverstößen jetzt in Temple«, so Autor Dieter Ostermann in der FR (19.04. 2010). Die Schulbehörde hat das Paddle auf ausdrücklichen Wunsch der Eltern reaktiviert und ist überzeugt: »Seither haben wir viel weniger Probleme.« Dagegen steht eine Studie der Tulane University in New Orleans, wonach jedes zweite Kind, das im Alter von drei Jahren mehrmals pro Monat geschlagen wird, mit fünf Jahren aggressiver ist als Altersgenossen, denen dies erspart bleibt. Im Kongress in Washington befasste sich deshalb schon ein Ausschuss mit den Züchtigungen an Schulen. Die Vorsitzende will derlei Handgreiflichkeiten per Gesetz landesweit verbieten. Schließlich habe man, heißt es von dort, sogar in den Gefängnissen die Prügelstrafe abgeschafft.

11. Kapitel

HEIMKINDER WAREN »EIN NICHTS UND EIN NIEMAND«

Eine überraschende Entschuldigung

Um Paul Brune hat sein Lebtag lang kein Hahn gekräht. Dieses Gefühl von Verlassensein haben ihm die Nonnen des Waisenhauses im westfälischen Lippstadt ebenso wie die braunen Nazischwestern der »Anstalt für geisteskranke und geistesschwache Kinder« im sauerländischen Niedermarsberg immer wieder eingebläut. Damit wurde er klein gehalten, ebenso wie mit der fast rituell wiederholten Beschimpfung, bei ihm und seinesgleichen handle es sich um unnütze Brotfresser, Schmarotzer, Minderwertige. Ja, man verstieg sich sogar soweit, das Leben des Paul Brune als »lebensunwert« zu brandmarken. Eine Beurteilung amtlicherseits, die ihn beinahe um sein von ihm durchaus geliebtes, von anderen aber so gering geschätztes Leben gebracht hätte.

Bei diesem Paul Brune, einem Nichts und einem Niemand, entschuldigte sich im Januar 2003 der Direktor des Landschaftsverbandes Westfalen-Lippe, Wolfgang Schäfer, offiziell in den Räumen des Düsseldorfer Landtags. Und zwar für das dem »sehr geehrten Herrn Brune« während der Nazizeit und auch danach »widerfahrene schlimme Unrecht«. Das, was Paul Brune im Jahr 2003 an Anerkennung und Wiedergutmachung zugebilligt wurde, wäre heute kaum vorstellbar. Mittlerweile würde sich jede Landesregierung mit eigenmächtig beschlossenen Entschuldigungen und Entschädigungen zurückhalten. Aus Angst davor, einen Präzedenzfall zu schaffen. Damals jedoch konnte man Brune noch gut und gerne für einen Einzelfall halten. Jetzt ist das nicht mehr möglich. Denn seitdem haben sich unzählige ehemalige Heimkinder zu Wort gemeldet und erreicht, dass ein Runder Tisch in Berlin einberufen wurde, der sich mit ihrem Leiden befasste.

Über 800 000 Kinder waren zwischen 1949 und 1975 ähnlich wie Paul Brune in Heimen untergebracht. 30 000 bis 50 000 dieser

Kinder haben bleibende Schäden davongetragen.[35] Viele von ihnen sind ähnlich misshandelt und gedemütigt worden wie Brune in Niedermarsberg. Die Schauspielerin Hannelore Elsner zum Beispiel berichtete in einem Interview in der Süddeutschen Zeitung (21.05.2011) über ihre Zeit in einem Kloster-Internat: »Natürlich ist man geschlagen worden, na klar«, sagte sie. »Mit dem Stock. Ohrfeigen und so kleine Rüffler, die waren völlig normal. Beim Klavierspielen im kalten Saal hat die Nonne manchmal mit dem Stock auf meine Finger gehauen. Das hat sehr wehgetan. Nachts hat man sich oft nicht auf die Toilette getraut, aus Angst vor der Aufpasserin im Schlafsaal.«

Dies alles kam am Runden Tisch Heimerziehung endlich zur Sprache. Die dort versammelten Sprecher der ehemaligen Heimkinder forderten für die Opfer einer unmenschlichen Heimerziehung eine Zusatzrente. Ein Betrag, für den die früheren Träger dieser Heime – Kirchen, Landesregierungen und Kommunen, aber auch Privatunternehmen, die von der Arbeitskraft der Kinder damals profitierten – etwa 1,5 bis 1,8 Milliarden Euro aufbringen müssten.

Die einstigen Heimkinder aus Nordrhein-Westfalen, Schleswig-Holstein, Westfalen-Lippe, Bayern und dem Rheinland waren am Runden Tisch in diverse Interessengruppen gespalten. Trotz immer wieder aufflammender Zwistigkeiten untereinander darüber, wie die Entschädigungspraxis aussehen sollte, waren sich allerdings alle darin einig, dass die öffentliche Anerkennung ihrer leidvollen Kindheit zwar wichtig sei. Dass dies allein jedoch nicht ausreiche. Dieses eine Mal wollten sie nicht billig abgespeist werden – wie schon ihr Leben lang. Auf Gesten, die nichts weiter sein würden als ein warmer Händedruck, könnten sie verzichten, hieß es.

Die Überlebenden aus den Heimen der DDR fühlten sich allerdings nicht repräsentiert bei der Wiedergutmachungsdiskussion. »Jene Tausende Heimkinder der DDR, die jahrzehntelang der Willkür eines unmenschlichen Erziehungssystems ausgeliefert waren, wurden in Berlin gar nicht erwähnt. 21 Jahre nach dem Mauerfall zog die Kommission erneut eine Grenze«, kritisierte der Spiegel. Und das, obwohl es dort ebenso brutal wie in Westdeutschland zuging. So waren in Ostberlin und in Westberlin zum Beispiel »Heimkinder im beschriebenen Zeitraum den Erziehern total ausgeliefert, der Alltag extrem reglementiert, die eingesetzten Erzieher gingen in der Regel lieblos mit den Kindern um. Drakonische Bestrafungsaktionen, Schläge und auch sexuelle Übergriffe waren an der Tagesordnung«, so die Kernbotschaft eines unabhängig vom Runden Tisch erstellten Abschlussberichtes zur Heimerziehung in Berlin West 1945–1975 und Berlin Ost 1945–1989[36].

Im Dezember 2010, nach zweijähriger harter Verhandlung, einigte man sich am Berliner Runden Tisch Heimerziehung darauf, dass ein Fonds von 120 Millionen Euro eingerichtet werden solle. Zu je einem Drittel soll er vom Bund, den Ländern und den Kirchen finanziert werden. Dieser Fonds, so steht es im Abschlussbericht, könne aufgestockt werden, wenn mehr Entschädigungsanträge gestellt würden, als aus dieser Summe finanziert werden können. Bis zu diesem Einigungstermin hatten die ersten etwa 2 500 ehemaligen Heimkinder Anträge gestellt. Sie müssen allerdings – und das wird nicht leicht werden –, um in den Genuss einer Entschädigung zu kommen, die an ihnen verübte Gewalt »glaubhaft« machen. Was immer das heißen soll. Es steht zu befürchten, dass derartige Formalitäten viele Geschädigte davon abhalten werden, Anträge zu stellen. Erste Entschädigungsprozeduren bestätigen dies. So hieß es am 20. Juli 2011 in der Süddeutschen Zeitung: »Katholiken entschädigen 560 Missbrauchsopfer. Fast alle Betroffenen, die einen Antrag gestellt haben, erhalten bis zu 5 000 Euro«. Doch gleichzeitig war zu hören, dass viele Opfer auf eine Wiedergutmachung verzichteten, vor allem aus Scham, wie ein Opfervertreter der SZ erklärte. Anderen wiederum sei der Antragsweg zu kompliziert. »Und dann gibt es welche, die wollen nur noch ihre Ruhe«.

Paul Brune, der eine Ausnahme ist, weil man sich bei ihm schon 2003 entschuldigte und ihm eine Rente gewährte, fuhr seinerzeit aus diesem Anlass extra in das Landtagsgebäude nach Düsseldorf. Ein kleiner Mann mit schon leicht krummem Rücken, einem noch immer üppigen Lockenkopf und einer schleppenden Stimme, die daher rührt, dass Paul Brune so viele Jahre seines Lebens keinen Mucks von sich geben durfte. Sonst setzte es was auf den »Schwätzermund«. Sonst wurden Kinder wie er voll bekleidet in einer mit kaltem Wasser gefüllten Badewanne untergetaucht. Solange, bis sie kaum noch Luft bekamen.

Genau hierfür entschuldigte man sich an diesem Tag im Düsseldorfer Landtag. Es war eine längst überfällige Geste, mit der Brune nicht mehr gerechnet hatte. Nach all den lebenslangen Kämpfen, die er ausgefochten hatte, trotz der vielen Steine, die man ihm allerorts in den Weg legte. Dabei hatte man ihm das Widersetzen doch eigentlich ausgetrieben, mit Hilfe von Zwangsjacken, in die man ihn steckte und die vom verkrusteten Blut der geschlagenen, verletzten Heimkinder schon ganz steif waren.

Die verbliebene Zähigkeit im Körper und in der Seele des Paul Brune ist das Erstaunlichste an der Lebensgeschichte dieses Menschen. Er, der wegen seiner Lebhaftigkeit und seines so wenig in die Grabesstille der Anstalten vor und nach dem Zweiten Weltkrieg passenden Redebedürfnisses nach acht Jahren aus der »Idiotenschule« geflogen war, hat Germanistik und Philosophie studiert. Sein Staatsexamen gemacht. Doch wie es hierzu kam, dass Paul Brune heute wie selbstverständlich Brecht zitiert oder auf berühmte Philosophen verweist, ist eine lange, eine traurige Geschichte. Und wer sie hört, der wird sie zuerst kaum glauben.

So ging es auch Brigitte Hermann vom Petitionsausschuss des nordrhein-westfälischen Landtags. Die Landtagsabgeordnete der Grünen las die 69 Seiten der Eingabe Brunes, mit der er schon viermal zuvor vergebens um eine Entschädigung gebeten hatte. Doch diesmal nahm man ihn ernst, recherchierte und konnte irgendwann nicht umhin, seinen Schilderungen zu glauben. Was ihm die Entschuldigung und die höchstmögliche von der Härtekommission des Landes NRW zu bewilligende Entschädigung als überlebendes Opfer der Nazi-Euthanasie einbrachte. Doch Brune ist nicht nur das. Er ist auch ein Opfer des übergangslosen Weiterexistierens von Heimen in alter Nazi-Tradition nach dem Krieg.

260 Euro monatlich für ein zerstörtes Leben

Er bekam an diesem Tag 260 Euro monatlich zugebilligt, zusätzlich zur Sozialhilfe, für ein zerstörtes Leben. Ein Leben, das eigentlich an dem Tag aufhörte normal zu sein, als sich seine Mutter, Paula Brune, mit ihren drei jüngsten Kindern, darunter der noch nicht einmal einjährige Paul, im Dorfteich ertränken wollte. Ihr Mann hatte sie, nachdem sie von einem benachbarten Bauern schwanger geworden war und Paul geboren hatte, mit Fäusten und einem Hammer zur Räson bringen wollen. Bei ihrem anschließenden Selbstmordversuch ertrank Pauls vierjähriger Halbbruder. Eine Schwester, Paul und die Mutter wurden gerettet. Paul kam, wie er später herausfand, »so nass und verdreckt, wie man mich aus dem Wasser gefischt hatte«, sofort ins St.-Josef-Waisenhaus nach Lippstadt. Dort begann sein Leidensweg.

Von nun an hieß es stillsitzen, stillschweigen. Der kleine Paul hielt das nicht aus. Wenn keiner guckte, tanzte er herum, neckte die anderen Kinder, die stumm stundenlang auf ihren Stühlchen hockten. In seiner »Irrenhausakte« – wie er hartnäckig das Dokument bezeichnet, das die vielen ärztlichen Hauruck-Einschätzungen seiner Person enthält – schlug sich sein Verhalten als »gemeingefährliche Umtriebe schon im frühkindlichen Alter« nieder. Später, im heimeigenen Horst-Wessel-Kindergarten, beschimpfte der Rektor, ein alter Nazi, den Jungen, der sich schon vor der Einschulung das Lesen selbst beigebracht hatte, vor der ganzen Klasse als »erblich minderwertig«.

1943 lieferten ihn die Nonnen ins Irrenhaus nach Dortmund-

Applerbeck ein, von wo aus er kurz darauf ins St. Johannesstift nach Niedermarsberg verlegt wurde, einer »Anstalt für Geisteskranke, Schwachsinnige und Epileptiker«. Er mache den Eindruck eines normal begabten Kindes, hieß es geradezu verwundert bei seiner Aufnahme. Trotzdem lautete die Diagnose »gemeingefährliche Schizophrenie«. Damals war so etwas ein Todesurteil, denn die in den Psychiatrien und Heimen Applerbeck und Niedermarsberg von den Nazis eingerichteten »Kinderfachabteilungen« sollten sogenannte »erbkranke« oder behinderte Kinder zur Euthanasie, also zur amtlicherseits angeordneten und exekutierten Ermordung auswählen. Auch der kleine Paul war hierfür vorgesehen. Anstaltspsychiater Heinrich Stolze hatte ihn als »lebensunwertes Leben« eingestuft. Paul rettete – so glaubt er heute – ein Test, ein fehlerfreies Diktat, bestehend aus kurzen Sätzen wie: »Wir rufen Heil Hitler« sowie ein Aufsatz, in dem er schrieb: »Ich wohne in Deutschland. Der Führer wohnt in Deutschland. Die Soldaten helfen ihm. Wir haben jetzt Krieg mit den Russen und Engländern. Die schießen die Soldaten, weil die unsere Häuser kaputt machen.«

Paul blieb, während viele Kinder einfach so verschwanden. »In meiner Zeit«, sagt Brune, »von Anfang September 1943 bis Anfang der 50er Jahre sind hier 500 Kinder gestorben. Ganz zu schweigen von den Kindern, die 43/44 in die Vernichtungsanstalten geschickt wurden.« Später fragte er sich unentwegt, wie er diese Kinderhölle hat überleben können. Denn der kleine, gerade mal achtjährige Paul sah die etwa Gleichaltrigen seiner Station, die zu den »braunen« Schwestern mit ihren Peitschen in die »Kinderfachabteilung« des Erdgeschosses verlegt wurden, nie wieder. Er durfte bleiben, musste aber immer häufiger im Gewand des Messdieners hinter dem Anstaltspfarrer Kindersärge zum heimatlichen Friedhof begleiten.

Jahre später, als er all dem längst entronnen war, suchte er die Nonnen seines Waisenhauses auf, die ihn zur Euthanasie nach Dortmund-Applerbeck abgeliefert hatten. Dort stieß er auf eine Mauer des Schweigens und der Ablehnung. Der Anstaltspfarrer hat ihn, als er bei ihm anklingelte, »schlicht aus seiner Wohnung geworfen«. Irgendwann erfuhr er, dass der Psychiater, dem er die Einstufung als »lebensunwertes Leben« verdankte, 1953 wegen seiner Mitwirkung am Euthanasie-Programm vom Landgericht Münster »wegen erwiesener Unschuld« freigesprochen worden war. Das Schwurgericht war, wie damals durchaus üblich, einem psychologischen Gutachten gefolgt, wonach dieser Psychiater für die Zeit seiner Taten einem »Irrtum über das Erlaubtsein seines Handelns« erlegen sei.

Für Paul Brune war mit der Rettung seines Lebens die stumpfsinnige Heimzeit allerdings längst nicht zu Ende. Weitere zehn Jahre verbrachte der Junge, bei dem später bei psychologischen Tests eine überdurchschnittliche Intelligenz nachgewiesen wurde, hinter den dicken Mauern der Niedermarsberger »Anstalt für geisteskranke und geistesschwache Kinder«. Dort blieb auch nach 1945 alles beim Alten. Manch ein Kind, daran erinnert sich Brune genau, starb an den ihm durch Pfleger und Aufseherinnen zugefügten Verletzungen, an Tritten, Schlägen, Knebeln, durch Eintauchen in kochendes Wasser. Die Bilder der zerlumpten Gestalten, die all dies überlebten, bringen Paul Brune noch heute manche Nacht um den Schlaf. Dann sieht er sie wieder, diese Kinder mit ihren »hängenden Schultern, gekrümmten Rücken, apathischen Gesichtern, stumpfsinnigen Augen. Wir waren deprimierende Gestalten, denen das Interesse an der Welt ausgetrieben wurde.«

Rau und demütigend ging es zu

Bis in die 70er Jahre hinein waren die Erziehungsmethoden in deutschen Kinderheimen »rau und demütigend«, so der Erziehungswissenschaftler Wolfram Schäfer, der im August 2009 in einem Interview mit der ZEIT (Die ZEIT Online) forderte, dass diese Praktiken »als Menschenrechtsverletzungen, als Ausdruck einer ›schwarzen‹, menschenverachtenden Pädagogik deutlich werden.« Seiner Meinung nach haben Jugendämter und Vormünder hier versagt. »Naheliegend ist, dass auch in den Jugendämtern Menschenbild vorherrschte, das diese Kinder und Jugendlichen als ›minderwertig‹ ansah. Bis in die 60er Jahre waren wissenschaftliche Positionen und Meinungen vertreten und einflussreich, die Heimkinder als ›sozialbiologisch unterwertiges Menschenmaterial‹ bezeichneten.«

Wolfram Schäfer ist aufgrund seiner Recherchen zu dem Schluss gekommen, dass die sogenannte »Fürsorgeerziehung« nach dem Zusammenbruch des Naziregimes beinahe genauso weiterging wie zuvor. »Erb- und rassenbiologische Untersuchungen an Fürsorgezöglingen aus der NS-Zeit dienten nach 1945 für führende Jugendpsychiater dazu, weiterhin eine ›Sonderbehandlung‹ in ›Bewahrungsanstalten‹ zu fordern«.[37] Die erbbiologisch begründete Forderung nach der ›Aussonderung Unerziehbarer‹ aus der Fürsorgeerziehung war von den führenden Vertretern der deutschen Jugendpsychiatrie bruchlos aus der Weimarer Republik über die NS-Diktatur in die Bundesrepublik tradiert worden. Die Auswirkungen auf die Gestaltung der Heimerziehung in der jungen Demokratie waren«, so Schäfer in dem ZEIT-Interview, »bekanntermaßen fatal.«

Dass sich hieran etwas geändert hat, liegt nach Schäfers Ansicht ganz wesentlich an der Studentenbewegung. Sie initiierte Aktionen wie die sogenannte »Staffelberg-Kampagne«, die die Freilassung von Fürsorgezöglingen aus geschlossenen Heimen forderte, »woraufhin 30 Zöglinge aus dem Heim Staffelberg in

Hessen nach Frankfurt flohen. Oder ›Bambule‹, eine Sendung von Ulrike Meinhof über ein Berliner Kinderheim. Sie machte öffentlich, welche Zustände in den Heimen herrschten.«

Doch für Paul Brune änderte sich zunächst nichts. Obwohl es nicht gelungen war, ihm das Interesse an der Welt auszutreiben. Nach mehreren Fluchtversuchen, zeitweiliger Arbeit als Knecht bei einem Bauern, einem Selbstmordversuch mit dem Pflanzenschutzmittel E 605 kam er zunächst in die geschlossene Abteilung der Psychiatrie in Münster, in den sogenannten »Schutthaufen«. Diesmal hatte man ihm »ruck zuck«, so seine Worte, einen Wasserkopf attestiert. Auch dort wehrte er sich. Dagegen, dass ihm ein Mitpatient seine Rotze ins Gesicht pustete, ein anderer ihn mit Kot beschmierte. Prompt bekam er die Quittung: Er störe den Frieden der Abteilung, zeige keine »Krankheitseinsicht«, sei einfach paranoid. Inzwischen war er 18 Jahre alt. Konnte Gedichte wie Goethes Erlkönig auswendig. Rezitierte in seiner verlangsamten Sprache Goethes Zauberlehrling oder die Kraniche des Ibikus. All dies hatte er aufgeschnappt, geklaubt aus verstohlen gelesenen Büchern.

In Münster traf er zum ersten Mal auf Menschen, die sich nicht nur im Kasernenhofton miteinander verständigten, die miteinander redeten, diskutierten. Ein Priester, wegen Unzucht mit Minderjährigen dorthin eingewiesen, feilte mit ihm an seiner Aussprache, übte mit ihm die deutsche Grammatik, setzte sich in Briefen an das Vormundschaftsgericht für Paul Brune ein. Eines Tages war es dann wirklich so weit: Brune wurde freigelassen, war von nun an auf sich selbst gestellt.

Zunächst schlug er sich bei Bauern als Hilfsarbeiter durch. Nutzte jede Minute für seine Bildung. »Von den Stunden der Verzweiflung bei diesem Bemühen will ich erst gar nicht reden.« Es gelang ihm, sein Abitur nachzumachen. Germanistik und Philosophie zu studieren. Er lernte Psychiater kennen, die entsetzt über das waren, was in seiner Krankenakte steht. Die ihn ermutigten, für das erlittene Unrecht auf Entschädigung zu drängen. 1966 reichte er seine erste von insgesamt fünf Eingaben beim Petitionsausschuss ein. Erst die letzte, bei der ihn die Grünen-Politikerin Brigitte Hermann unterstützte, war erfolgreich.

Die Diagnose der Nazi-Ärzte blieb an ihm hängen

Doch die unhaltbaren Diagnosen der Naziärzte haben ihn nicht nur um seine Kindheit, sondern später auch um seinen Beruf gebracht. Als er 1978 sein Referendariat an einem Gymnasium beginnen wollte, schaltete sich das Bochumer Gesundheitsamt ein. »Ein ewiger Student? Eine soziale Drohne?«, sinnierte ein Amtsarzt schriftlich über Paul Brune und verwies in seinem Eifer, Brunes Referendariat zu verhindern, auf einen Eintrag, 1943 vom Nazidirektor der Horst-Wessel-Schule vorgenommen. Danach sei Brune »das Schulbeispiel für asoziales Verhalten infolge Erbanlage«. Und als reiche dies nicht aus, um Brune zu diskreditieren, fügte dieser Amtsarzt im Jahr 1978 noch hinzu: »Paul Brune stammt aus einer ehebrecherischen Beziehung der Mutter«. Brune nahm dies nicht hin, wusste sich inzwischen zu wehren. Über das Verwaltungsgericht bekam er die Erlaubnis, sein Referendariat abzuschließen. Doch Lehrer werden durfte er nie. Irgendwie kann er das auch verstehen. »Man hat ja nicht wissen können, ob nicht doch an all dem, was da in meiner Irrenhausakte stand, etwas dran gewesen ist.«

Noch heute lebt Brune in der kleinen Bochumer Wohnung, in der ich ihn im Jahr 2003 aufsuchte und lange mit ihm sprach. Er ist inzwischen über 70 Jahre alt, bekommt nach wie vor seine Zusatzrente, von der er sich ein kleines Auto gekauft hat. Damit unternimmt er Ausflüge an die Ruhr, ins Sauerland, meist alleine. Liebt nach wie vor die Natur. Er hat bis heute weder Fernseher noch Radio, hält sich allerdings für einen politisch ausgesprochen gut informierten Menschen, da er regelmäßig in der Bibliothek der nahegelegenen Universität ausführlich Tageszeitungen liest. »Natürlich bin ich noch geistig rege«, versichert er mir munter am Telefon. Und zufrieden sei er auch, räumt er ein. »Relativ«, schickt er hinterher. »Wenn ich an meine Kindheit zurückdenke, kann ich nur sagen, ich lebe wie ein Fürst. Muss die Toilette nicht mit 50 anderen teilen. Habe eine eigene Dusche, eine eigene Wohnung.« Die ist bescheiden, sehr klein, vollgestellt mit Büchern, »aber die habe ich ganz für mich alleine«, so Brune.

12. Kapitel

ILKA BLEIBT DIE LUFT WEG

Hier ist Krach

Ilka war ein wüstes, ein aufmüpfiges Kind, das auch die Eltern nicht kleinbekamen, ein Mädchen, das viel Platz zum Leben benötigte. Den Freiraum hierfür bekam sie zu Hause nicht. Dort wurde ihr die Luft eher abgeschnürt. Deshalb brauchte sie ein Ventil, mit dessen Hilfe sie atmen konnte. Dieses Ventil waren ihre Tagebücher, denen sie zeitweilig fast täglich ihren Zorn und ihre Schmerzen anvertraute. Die sie bis heute aufbewahrt hat und auf meine Bitte hin hervorkramte. Kleine, abgegriffene, vollgekritzelte Hefte.

»Hier ist Krach« heißt es darin. Ihr Bruder hatte sie in der Eifel, wo ihre Familie ein Wochenend-Haus besaß, an dem Tag wohl dreimal so heftig verprügelt, »da ist mir die Oberlippe aufgeplatzt und es hat doll weh getan, da hab ich die Wut gekriegt und ihn voll in den Magen mit dem Ellenbogen gehauen. Ich lass mir nichts mehr gefallen, die Zeiten sind vorbei!« Den Ehekrach ihrer Eltern notierte sie an dem Tag, als die Mutter ankündigte, sie wolle sich scheiden lassen. Ein anderes Mal kritzelte sie: »Heute ist bei uns dicke Luft. Meine Eltern streiten sich wahrscheinlich über mich. Nach dem Reiten ging es los. Väterchen meinte, ich hätte alles falsch gemacht. Ich musste mein Radio abgeben …«

Zum Teil unter erschwerten Bedingungen, während des Stubenarrests und zeitweilig ohne Licht, notierte sie in ihre Tagebücher alles, was ihr widerfuhr. Sie schrieb und schrieb. Wenn sie dies oder das nicht machen würde, heißt es an einer Stelle, »säß ich schon längst unten mit sechs Wochen Reitsperre und einer Tracht Prügel, die sich gewaschen hätte. Aber so ist es bei uns halt immer, meistens bin ich die Dumme und wenn ich mich wehren will, krieg ich eins um die Löffel und Stubenarrest. Ich weiß auch nicht, woher das kommt. Wenn meine Eltern mich ordentlich und normal behandeln würden, wäre ich auch umgänglicher, aber die steigen einfach nicht dahinter.«

Ilkas Traum von Armut und Harmonie

Ihre Eltern waren wohlhabende Kaufleute. Der Vater hatte eine eigene Firma in Bochum, wo Ilka 1963 zur Welt kam. Später gehörten dem Vater Häuser, »es war immer viel Geld da.« Die Familie lebte in einer 200 Quadratmeter großen Wohnung, von der aus auch die Geschäfte geführt wurden. Die Mutter fuhr als Zweitwagen Porsche oder später einen Morris Mini, kleidete sich teuer. Die Kinder spürten deutlich, dass sie in diesem von Arbeitern geprägten Ruhrgebiet anders waren als ihre Altersgenossen. Schon allein deshalb, weil sie als einzige von einem Fahrer zur Schule gebracht wurden und weil jedes Kind ein eigenes Zimmer mit Bad hatte. Aber auch, weil in der Wohnung echte Perserteppiche lagen.

»Es gab halt die Armeleute-Schulbrote, auf denen war wenig Butter drauf oder überhaupt gar keine und nur draufgekratzte Nutella«, erinnert sich Ilka. Wie gerne hätte sie auch ein solches Nutellabrot gehabt, doch stattdessen gab es für sie nur gesunde Kost. »Schwarzbrote, oft mit Wurst und Käse und Gurkenscheiben und all dem ganzen Krempel, den man als Kind nicht ab kann. Ich hab die getauscht. Gegen die Armekinder Butterbrote. Und ich hab mir als Kind nichts sehnlicher gewünscht als arm zu sein. Ich hab ganz oft überlegt, wie das ist arm zu sein, so dass ich die Nutella aufs Brot kratzen müsste. Oder wenn ich 'nen Apfel mit meinem Bruder teilen müsste. Ich fand die Gesamtidee von arm sein total spannend.«

Denn reich sein, das erlebte Ilka ständig, machte nicht glücklich. Jedenfalls nicht ein Kind wie Ilka in einer Familie, in der sie sich ständig wehren musste. Reich sein war immer auch mit Bedingungen verknüpft. »Dieses Reichsein entschuldigte ganz viele Missstände.« Nicht solche materieller Art. Daran mangelte es nicht. Aber alles sonst, was mit reich sein verbunden war, »alles hatte 'ne Verpflichtung. Und hatte 'nen Haken. Es wurde, sobald ich angefangen habe zu nörgeln, aufgezählt: Was willst du. Wir haben doch dies und das, ein Wochenendhaus, wir haben Pferde. Du hast ein eigenes Zimmer. Du hast ein eigenes Badezimmer. Also Kind, was ist mit dir verkehrt? Wir geben dir doch alles. Und damit waren die aus dem Schneider.«

Das ständige Gefühl, überflüssig zu sein

Ilka war ein anstrengendes, überkluges Kind. Mit vier schon konnte sie lesen und schreiben, während der Bruder als Legastheniker in der Schule mit Lernschwierigkeiten aufgefallen war. Dafür bezog er immer wieder Prügel. Doch Ilka hatte häufig das Gefühl, »ich bin zu viel. Ich bin zwar zeitweise o.k., wenn es halt gerade passt, aber ansonsten bin ich einfach zu anstrengend.«

Sie war nicht nur anstrengend, sondern auch dickköpfig. Und vor allem: Sie ließ sich weder manipulieren noch unterdrücken, noch zu irgendetwas zwingen. Als sie etwa fünf Jahre alt war, sollte sie das gemähte Gras im Garten zusammenharken. »Ich habe Nein gesagt. Mache ich nicht. Das war mein erstes Nein. Und das Nein, was ich auch durchgehalten habe. Ich erinnere mich bis heute daran, dass ich das erste Mal das Gefühl hatte, wenn ich Nein sage, dann ist es Nein. Dann können sie mich prügeln und sonst was machen, aber ich mache es halt nicht.« Sie spürte damals schon, welche Kraft sie durch dieses Nein bekam. »Also ich hab das erste Mal gemerkt, ich hab Power, ich sag Nein und die rasten aus. Ich hatte Angst vor meiner eigenen Courage. Also das gleiche Gefühl, was ich auch noch heute habe, wenn ich so eine Linie überschreite.«

Die Eltern griffen zu allen Mitteln, um dieses Kind klein zu kriegen, seinen Willen zu brechen. Nur selten schlug der Vater sie mit der bloßen Hand. Meist mit Kleiderbügeln, mit Stöcken, mit Reitgerten, »weil wir ja schließlich eine Reiterfamilie waren. Mein

Bruder hat irgendwann mal 'ne Zuckerdose an den Kopf gepfeffert gekriegt. Ich war dauernd Gewalt ausgesetzt. Ich bin eingesperrt worden.« Sie hat sich dagegen vehement gewehrt, mit all ihrer Kraft. »Ich habe Türen aus dem Rahmen rausgetreten. Mich haben sie mal an der Autobahn rausgeschmissen aus dem Auto. Also ich hab wirklich alles erlebt, nur weil ich immer Widerstand leistete, aber ich bereue nichts davon.«

Clever, wie sie schon als kleines Kind war, hatte sie sich ein System ausgedacht und gebaut, das sie warnte, sobald die Eltern aus dem Geschäftsbereich in den privaten Teil der Wohnung kamen. Denn wegen der Teppiche hörte man deren Schritte schlecht. Und da Ilka ein Ass in Physik und Chemie war, verdrahtete sie »praktisch die ganze Wohnung mit einem Alarmsystem, so dass ich genau wusste, ab wann die von hinten in unseren Flur rein kamen. Scheiße! O.k.! Jetzt kommen sie. Petroleumlampe aus! Schokolade absenken! So tun als wenn man schläft. Ich hatte halt diese kleinen Drähte überall. Trittkontakte habe ich unter die Teppiche verlegt. Die haben sie nie gefunden. Die Putzfrau hat sie mal gesehen und hat dann geschmunzelt. Wusste aber auch nicht genau, was es ist. Und hat's halt gelassen.«

Sie weigerte sich, die gleiche Luft wie ihr Vater zu atmen

Irgendwann konnte sie ihren Vater rein körperlich nicht mehr ertragen. In der Küche rührte sie nichts mehr an, das auch nur irgendwie mit ihm in Berührung gekommen war. Im Auto wollte sie die Luft nicht einatmen, die der Vater ausatmete. Was zu absurden Situationen führte. Wann immer die Familie in die Eifel fahren wollte, musste sie dies mit zwei Autos tun: Eines für Vater und Sohn, eines für Mutter und Ilka. Denn sobald alle zusammen fuhren, saß Ilka auf dem Rücksitz und hielt die Luft an. »Solange, bis ich blaue Lippen bekam und man anhalten musste.«

Ein besonderes Beispiel für die Verrohung innerhalb ihrer Familie fällt ihr ein, und noch immer spürt man ihr an, wie sehr es sie damals verletzte. »Ich habe mit meinem Bruder Tischtennis gespielt, in der Garage, und der Tischtennisball ist irgendwie weggerollt. Daraufhin sagte mein Bruder sehr aggressiv zu mir, ich solle diesen Ball suchen. Und ich fand den nicht. Ab da ging das halt volle Möhre ab. Er hat mich gezwungen den Ball zu suchen, hat mich über den Boden gezogen, bis ich diesen Ball gefunden habe. Mit nackten Beinen und halt in Shorts, im Sommer, einfach über den Teer geschleift. Mein Vater hat alles beobachtet, aber nicht eingegriffen, erst, als es so laut wurde, dass die Nachbarn sich an die Fenster gestellt und dann später die Rollladen runtergelassen haben. Ja, so war das«, sagt Ilka. Und dann fügt sie noch hinzu: »Die haben mich zum Teil so zusammengeschlagen, dass ich das Bewusstsein verloren habe. Also Schlagen war für mich so normal wie Mahlzeiten einnehmen.«

Irgendwann bekam ihr Bruder vom Vater offiziell die Erlaubnis, Ilka zu züchtigen. »Weil das meinem Vater alles zu viel wurde, mich ständig zu verprügeln.« Und davon machte der zwei Jahre Ältere reichlich Gebrauch. Doch auch der Vater ließ weiterhin seinen Frust, seine Wut an ihr aus. »Mein Vater hat einmal versucht, mich zu überfahren. Der hat mich abgesetzt bei einer Freundin. Ich bin mit Schallplatten auf dem Arm losgegangen. Und der setzt zurück und fährt mich an und mir fallen die ganzen Platten aus der Hand. Weil er wieder sauer war. Weil irgendwas nicht so war, wie es sein sollte.«

Ilkas ausgetüfteltes Überlebenstraining

Als Ilka 14 Jahre alt war, erkrankte die Mutter an Krebs, kam ins Krankenhaus. Danach ging es zu Hause »immer drastischer zu.« Zunächst wurden die Kinder in die Obhut von Verwandten gegeben. Nach dem Tod der Mutter kamen sie zurück nach Hause, zum Vater, der mit Sohn und Tochter überfordert war. Wenn er nicht mehr weiter wusste, schloss er Ilka in ihr Zimmer ein, ließ die Rollladen runter, »und wenn es ganz hart auf hart kam, wurden die Rollladengurte durchtrennt, so dass ich sie nicht mehr aufmachen konnte. Also ich saß echt da drin fest, wie im Gefängnis. Dann wurde die Sicherung rausgedreht, so dass ich auch nicht schreiben konnte.«

Ilka hatte für den Fall eines verschärften Stubenarrestes vorgesorgt, überall Dinge versteckt, die ihr in dieser Lage das Leben erleichterten. Ihr Zimmer war ein regelrechtes »survival-camp«. Für den oberflächlichen Betrachter sah es ganz normal aus. Aber hinter ihrem Bett hatte sie Lebensmittelreserven gestapelt, ein ganzes Chemielabor gebunkert, vor allem Spiritus und Petroleum. Damit konnte sie sich Lichtquellen basteln.

»Sobald die Sicherungen herausgedreht waren, ich alleine mit mir war, habe ich angefangen, Licht zu bauen und in mein Tagebuch zu schreiben. Weil ja sonst keiner da war, der sich das ganze Zeugs angehört hätte. Ich hatte auch zwischendurch immer das Gefühl, kann man das irgendjemandem überhaupt erzählen? Es war bei uns ja immer alles super. Wir sahen immer alle ganz klasse aus. Immer nett gekleidet. Immer neue Autos. Und Pferde und alles so in Ordnung.«

Kein Mensch nahm sie ernst, niemand reagierte auf ihre Klagen

Als sie vierzehn Jahre alt war, ging sie in ihrer Verzweiflung zur Polizei, zum Jugendamt. Sie schilderte dort, wie es ihr zu Hause erging. Doch nichts geschah. Nur einmal, da ließ sich tatsächlich jemand vom Jugendamt blicken. Machte vorher ordnungsgemäß einen Termin und hat dann die Wohnung besichtigt. »Als die sahen, dass ich ein eigenes Zimmer habe, meinten die, ist doch alles paletti. Das Kind spinnt. Und die Polizei hat mir klipp und klar gesagt, solange du den Kopp nicht unter dem Arm hast, kannst du hier lange stehen. Mein Vater war ja bekannt. Ein anständiger, angesehener Bürger. Da hatte ich nichts zu melden.«

Dabei sah man ihrem Körper die Misshandlungen deutlich

an. Hin und wieder ging sie allein zu ihrem Kinderarzt, zeigte ihm die Wunden, sagte, sie sei von ihrem Vater geprügelt worden. Der Arzt hat sich das alles notiert. »Jedes blaue Auge, alles. Es ist nichts passiert.« Ilka hat ihrer Umgebung immer erzählt, wie es ihr zu Hause erging. So dass sie, wenn die Gewalt eskalierte, sich zu den Eltern von Freundinnen flüchten konnte. »Die zwar auch nichts gemacht haben. Die haben aber wenigstens nicht die Tür zugemacht, wenn ich da auftauchte.«

Sie fühlte sich geliebt – trotz alledem

Trotz des brutal ausgefeilten Sadismus, der in ihrer Familie herrschte, hat sich Ilka, so behauptet sie jedenfalls steif und fest, nie ungeliebt gefühlt. »Das ist ganz eigenartig.« Was ihr fehlte, war »menschliche Wärme. Zuneigung.« Sie hätte sich gewünscht, dass ihre Eltern ein bisschen versöhnlicher gewesen wären, ihr mehr verziehen hätten. Doch niemals hatte sie das Gefühl, »hey, die lieben mich nicht. Hab ich nie gehabt. Meine Kombination war eigentlich immer eher, je mehr es kracht, umso besser. Wenn's nicht kracht, dann stimmt irgendwas nicht. Und das ist eher ein Problem. Weil, das habe ich halt mitgenommen in mein späteres Leben, in meine Beziehungen. Da musste es auch dauernd krachen. Was verdammt anstrengend ist. Du kommst aus so einer Familie raus, und danach müssen dauernd woanders die Fetzen fliegen. Weil, wenn die Fetzen nicht fliegen, spüre ich mich nicht.«

Auch heute noch ist Ilka eine Kämpferin. In ihrem Beruf als Filmemacherin. Dann, wenn sie auf Reportage ist und durch die Welt reist. So wie sie früher schon war. »Ich war als Kind immer so kriegerisch unterwegs. Die ganze Zeit.« Dabei hatte sie nie das Gefühl, irgendwie böse zu sein. Aufmüpfig ja. Aber böse, nein. »Ich hatte einfach total viel Kawumm. Das hatte ich wirklich. Und als Kind konnte ich das nicht steuern«. Vor diesem Kawumm, vor dieser überschüssigen Energie bekam sie manchmal selbst regelrecht Angst. »Doch das ist vorbei. Davor hab ich keinen Schiss mehr.«

An einem 14. Mai – da war sie gerade vierzehn Jahre alt – endete für Ilka die Zeit, in der sie sich zu Hause widerspruchslos malträtieren ließ. Zum ersten Mal wehrte sie sich. Später ist sie regelrecht auf ihren Vater losgegangen. »Weil ich hab's einfach nicht mehr eingesehen. Verdammte Hacke! Also wirklich!« So an dem Tag, als ihr Vater von ihr verlangte, sie solle die Wohnung putzen. »Ich hatte mein Lebtag lang nicht putzen gelernt. Wir hatten doch immer eine Putzfrau. Und auf einmal sollte ich putzen. Ich hab es dann gemacht. Als ich damit fertig war, strich mein Vater mit den Fingern über die Fußleisten, um zu testen, ob da noch Staub drauf war. Und dann schmierte er mir den Dreck ins Gesicht. Da bin ich ausgerastet. Habe ihm dabei seine goldene Uhr zertrümmert. Der war total geschockt. Das wird mir heute noch vorgeworfen. Ich dachte aber in dem Moment, warum hast du das nicht schon eher gemacht? Ich hätte längst zurückschlagen sollen.«

Nach der Beerdigung ihrer an Krebs gestorbenen Mutter hat sie den Kontakt zu Vater und Bruder abgebrochen. Da war sie gerade mal fünfzehn Jahre alt und sah beide sechzehn Jahre lang nicht wieder. Sie hatte von der Mutter genügend Geld geerbt, um finanziell unabhängig zu sein und konnte sich davon eine Wohnung mieten, ihre Ausbildung bezahlen. »ich war endlich aus den Klauen dieses Vaters weg.«

So einfach geht das nicht mit dem Verabschieden

Doch der Vater ließ nicht so einfach los. Er hat weiter den Kontakt gesucht, hat ihr zum Abitur einen nagelneuen Wagen vor die Tür gestellt. Damals ging sie zur Schule und hatte gleichzeitig schon eine eigene Kneipe. »So eine Jugendkneipe mit Theater. Ich habe wahnsinnig viel ausprobiert und abgebrochen. Also ich war auf der Sportschule in Düsseldorf. Ich wäre fast Medizinerin geworden. Biologin, Zoologin, ich weiß gar nicht mehr was sonst noch, freie Kunst. Ich hab gemalt. Ich hab fotografiert. Ich habe

Autos verkauft. Ich habe Zeug importiert aus fernen Landen und das verkloppt. Ich habe studiert, Theater, Film und Fernsehen.« Zu guter Letzt wurde sie Filmemacherin. Und glaubt, durch ihre Familiengeschichte ganz besondere Antennen zu anderen Menschen entwickelt zu haben. »Wobei ich nicht sagen will, dass Leute, die nicht geprügelt worden sind, keine haben. Aber ich habe wirklich andere Antennen, sobald es um Gewalt geht. Ich hab andere Antennen um zu merken, dass Leute irgendwie nicht so sind wie sie sich geben.«

Die Angst vor Enge und eingeschlossen Sein ist ihr geblieben. »Ich weiß noch genau, wie es sich anfühlt, wenn das loszugehen drohte. Wie der Ton klingt, wenn ich weggesperrt werden sollte. Diese Töne sind heute noch da. Auf sie reagiere ich super empfindlich.« Irgendwann hatte sie das Gefühl, sie könne das starke Hassgefühl ihrem Vater gegenüber nicht ewig aufrechterhalten. Neugierde kam hinzu. » Mal gucken, was passiert. Immer schön mutig. Und bin dann einfach bei ihm vorbeigefahren. Ich hab halt geklingelt. Und er hat die Tür aufgemacht. Ich fühlte mich sicher, lebte damals schon jahrelang in den USA. Als er die Tür aufmachte, hat er mich erst mal nur angestarrt, als stünde da ein Marsmännchen vor ihm. Hat mich aber sofort erkannt. Unsere erste Begegnung jedenfalls war relativ kurz und auch heftig. Mein Vater hat sehr, sehr geweint.«

Noch immer triezt ihr Vater sie

Heute übt ihr Vater eine andere Art von Gewalt auf sie aus, so empfindet sie es jedenfalls. »Er weiß, dass ich mit ihm nicht über Ausländer diskutiere. Dass ich seine Ausländerfeindlichkeit und Judenhasserei nicht teile. Aber er lässt mich damit nicht in Ruhe, drangsaliert mich durch Aussprüche wie »Scheiß-Ausländer«. Deshalb sehen wir uns nur ab und zu. Und nur dann, wenn ich es will. Er ruft nie an. Außer er will, dass ich einen Begriff für ihn google. Manchmal melde ich mich drei oder vier Monate nicht bei ihm. Manchmal ein ganzes Jahr nicht. Es vergehen auch schon mal zwei Jahre, wenn er mich richtig geärgert hat. Mit meinem Bruder ist das anders. Es gibt Zeiten, da telefonieren wir viermal täglich. Wir sind halt sehr, sehr eng. Ich mache in diesen Beziehungen sehr viele Zugeständnisse. Sehr viele Kompromisse. Mein Vater kommt jetzt gerade in eine Phase, wo er über all das Vergangene reflektiert. Mein Bruder kann das nicht, weil er alles vergessen hat. Das ist für ihn ganz schlimm. Deshalb braucht er mich, weil ich damals ja alles in mein Tagebuch geschrieben habe. Ich weiß halt was war. Und der hängt an meinen Lippen, wenn ich ihm erzähle, was früher mit ihm passiert ist. Was man mit ihm gemacht hat. Weil er sich nicht mehr erinnern kann.«

»Ich habe mit meinem Vater in den vergangenen Jahren manchmal schon sechs Stunden am Stück telefoniert. Zum Beispiel über diese Tennisballaktion in der Garage. Dann schreit mein Vater immer, was, da kannst Du dich noch dran erinnern? Du wirst dich wundern, sag ich ihm dann. Ich habe alles in meinem Tagebuch aufgeschrieben. Ich kann dir ja gerne mal ein paar Seiten nach Haus kopieren. Solche Gespräche sind heftig. Er rechtfertigt sich. Ja. Man habe ihn allein gelassen. Es seien keine Therapeuten da gewesen, die sich um so eine Familie eigentlich hätten kümmern müssen. Wo doch die Mutter krebskrank war und beide Kinder in der Pubertät. Er hätte halt nicht gewusst, wie man damit umgeht. Hilflosigkeit. Dem fällt nix dazu ein.

Außerdem hätten seine Eltern doch das Gleiche mit ihm gemacht. Die haben ihn erschreckt, in den Keller gesperrt. Meine Mutter hat erzählt, was meine Großeltern mit meinem Vater veranstaltet haben. Gruselig. Unter aller Kanone! Und mein Vater erzählt mir immer über seinen Vater. Sagt aber gleichzeitig, das willst du gar nicht wissen. Dann geht es los. Dein Opa war in der SA. Papa, das haste mir jetzt schon 100 Mal gesagt. So fucking what? Willste mich damit ärgern? Jetzt geht die ganze Judengeschichte wieder los. Ich will diese Geschichten nicht mehr hören. Sonst knall' ich den Hörer auf. Ich hab ihm schon mal gesagt, wenn das jetzt weitergeht, ich lege den Hörer auf, dann war's das. Ich will, dass er meine Grenzen respektiert.

Obwohl mich meine Mutter genauso geprügelt hat wie mein Vater, hat sie lange wirklich auf so einem Thron gesessen. Man redet ja ungern schlecht über Tote, aber auch das musste irgendwann sein. Sie hat gehetzt. Sie hat mir immer klar gemacht, wie scheiße mein Vater ist. Ich habe natürlich alles geglaubt, bin nur auf ihn los. Sogar an ihrer Krebserkrankung hat sie ihm die Schuld gegeben. Sie hat meinen Vater gehasst. Aber ich war es, die zu ihm gesagt hat, ich hasse dich. Du bist schuld, dass die Mama weint. Sie hat ihm nie gesagt, ich weine deinetwegen. Ich habe es ihm gesagt. Ich bin dazwischen gegangen bei Streitereien.«

Aus Ilka ist eine Frau geworden, die gut mit sich und ihrem Gefährten, einem Gecko namens »Sowieso«, leben kann. Der zwingt sie zu nichts, lässt sie los, wenn sie für ihre Auslandsreportagen durch die Welt streift. Sie ist ständig voll sprühender Ideen, strömt eine Kraft und Energie aus, bei der ihre Umgebung ab und zu nach Luft schnappen muss. Gleichzeitig reist sie manchmal monatelang allein nach Asien, nach Südamerika, spricht dann oft tagelang mit niemandem. Hält das gut aus. Ist sich selbst genug. Hat dann alles dabei, was sie zum Überleben braucht. So wie damals, als sie aus ihrem Kinderzimmer ein survival-camp machen musste.

13. Kapitel

TISCHRUNDE IM BREGENZER WALD/ ENDRUNDE NACH MITTERNACHT

Es ist spät geworden, Mitternacht lange vorbei. Die Gesprächsrunde um den Holztisch in der guten Stube des Bregenzer Bauernhauses wirkt erschöpft. Die zweite Flasche Obstler ist längst zur Neige gegangen. Margot hat ihr Strickzeug zur Seite gelegt. Nüsse und Chips sind aufgefuttert. Ich achte längst nicht mehr auf mein Tonbandgerät, das in der Mitte des großen Holztisches weiterhin unser Gespräch aufnimmt. Die Wärme des Bollerofens lässt langsam nach. Wini, Ellen, Erich, Margot, Henning, Jochen und ich sind rechtschaffend müde. Stundenlang hatten wir uns an die 50er und 60er Jahre erinnert. In der guten Stube des alten Bauernhauses sind Melodien von Caterina Valente und Bill Ramsey angestimmt worden. Für einen kurzen Moment hatten wir den etwas labberigen Geschmack von Toast-Hawai oder Russischen Eiern auf der Zunge gespürt. Hatten uns mit Halbstarken, Schlüsselkindern und unseren verkorksten Eltern herumgeschlagen. Doch eines ist allen wichtig: die Frage, was eigentlich aus unserem Verhältnis zu den Eltern geworden ist im Verlauf der Jahre.

Henning zum Beispiel hat sich nie mit seinem Vater versöhnen können. Dem Vater, der bei Tisch rassistische Sprüche losließ und mit seiner Nazi-Vergangenheit nicht hinter dem Berg hielt. Sein Vater war für ihn eine abschreckende Figur, was bei ihm zu dem festen Vorsatz geführt hatte: »So will ich auf gar keinen Fall werden, und so bin ich zum Glück auch nicht geworden. Auf der anderen Seite«, sagt Henning nachdenklich, gehe es ihm heute Abend so, dass er schon ein paar Mal dachte, »du erzählst immer nur Schlechtes über deinen Vater. Er hatte natürlich auch liebenswerte Seiten.«

Die Seiten, die seinen beiden Schwestern eher in Erinnerung geblieben sind. Nur, um sich diesen Seiten seines Vaters zuwenden zu können, muss Henning erst einmal innerlich rationalisieren. Sich vor Augen führen, welchen Lebensweg dieser Vater hinter sich hatte. Mit einer früh verstorbenen Mutter, einer Stiefmutter, die ihn und seine Brüder nie mochte. Er selbst wurde mit sechzehn in ein Internat gesteckt. Ja, er könne schon nachvollziehen, dass der Vater so geworden ist: ein harter alter Nazi, uneinsichtig und unbelehrbar. In seiner Verzweiflung, wahrscheinlich über seine gescheiterten Träume, dem Alkohol und den Zigaretten verfallen. »Ich kann ihn verstehen und würde sagen, wenn du an seiner Stelle gewesen wärst, vielleicht wärst Du ja auch nicht anders geworden.«

Jedes Wochenende fuhr Henning mit Vater, Mutter und Schwestern raus aufs Land. »Wir gingen wandern und Pilze suchen. Als wir älter wurden, spielten wir jeden Sonntag gemeinsam. Von nachmittags drei Uhr bis abends um sechs zum Abendbrot. Erst Kinderspiele, später haben wir fast jedes Wochenende Doppelkopf gespielt. Es gibt«, fügte Henning hinzu, »Brüche im Bild meines Vaters.«

Erich, dessen Vater sich so sehr bemüht hatte, seinem Sohn verständlich zu machen, wie es ihm als junger Mann im sogenannten »Dritten Reich« ergangen war – Erich hat sich mit diesem Vater erst versöhnen können, als er selbst Vater einer Tochter wurde. Bis dahin hatten beide ein sehr angespanntes Verhältnis. Vor allem während der Zeit von Erichs politischem Engagement nach 1968. Anfangs schleppte er noch alle Broschüren, die seine linke Kadergruppe herausgab, mit nach Hause. Versuchte, seine Eltern von seiner Sicht des Weltgeschehens zu überzeugen. Ihnen klar zu machen, wie wichtig sein politisches Engagement sei, und dass man doch unbedingt den Kapitalismus mit all seinen negativen Auswirkungen bekämpfen müsse. Doch es gelang ihm nicht. Auf Seiten seiner Eltern herrschten Ratlosigkeit und Unverständnis.

In dieser Zeit kam es zu heftigen Auseinandersetzungen mit seinem Vater darüber, dass dieser sich als 17-Jähriger freiwillig in den Krieg gemeldet hatte. »Ich hab das meinem Vater permanent um die Ohren gehauen. Da sind die Fetzen geflogen, wir haben die Türen geknallt, da ging's also richtig rund.« Erichs Vater reagierte entnervt. »Der war völlig fertig. Der hat mir vorgeworfen, du hast ja keine Ahnung.« Doch Erich wollte sich auf diese Argumentation nicht einlassen. »Das hat man in dem Alter nicht akzeptiert. Vieles begreift man ja erst jetzt. Unter welchen Bedingungen diese Generation gelebt hat. Aber '68, das war die absolute Rebellion. Und wahrscheinlich auch der Versuch der Befreiung. Weil ich ja viele Hypotheken mitbekommen habe.« So zum Beispiel die ständige Erinnerung an die im Zweiten Weltkrieg gefallenen Onkel. »Ich trage den Namen von Vaters Lieblingsbruder. Ich bin am gleichen Tag geboren wie dieser Bruder. Das war schon eine Hypothek.«

Erst als sie dann Großeltern wurden, nachdem Erichs Tochter geboren war, »änderte sich das Verhältnis, da hat man sie ja teilweise auch gebraucht. Außerdem war klar, sie haben ein Anrecht auf das Kind. Und das Kind hat ein Anrecht auf Großeltern.« Diese Entwicklung ging eher stillschweigend vor sich. Es wurde nie darüber gesprochen, wieso es das lange Schweigen gegeben hatte. Offenbar dachte sich jeder seinen Teil, wollte nicht an Wunden rühren, war froh, dass sich dann doch noch etwas tat.

Wini hat sich sehr früh schon von seinen Eltern emanzipiert. Gleich zu Beginn seiner Gymnasialzeit. Als er damals in Baden-Württemberg in die fünfte Klasse ging, kam er nach der ersten Lateinstunde stolz nach Hause. Zehn Vokabeln sollte er lernen. Seinen Vater bat er, ihn abzuhören. Doch der hatte keine Ahnung von Latein, »lachte sich fast krank«, so Wini, als er hörte, was sein Sohn da lernen sollte. »Damit war für mich klar, von meinen Eltern kann ich keinerlei Unterstützung im Bereich dieser schulischen Bildung kriegen. Diesen Weg muss ich allein gehen. Von da an war meine Haltung so: Die sollen schwätzen, was sie wollen. Die sollen mir grad' mal den Buckel runterrutschen. Die durchblickten überhaupt nicht, was das für eine Arbeit war. Das war für mich ein ganz entscheidender Knackpunkt, mich von den Eltern zu emanzipieren.«

Sobald Wini ein Schulbuch benötigte, »ging jedes Mal die Litanei los, die mir meine Mutter vorgehalten hat: was ich alles koste und wie wenig ich es danke«. Das führte dazu, dass Wini ab dem vierzehnten Lebensjahr in den Ferien jobbte, damit er sich seine Hefte selber kaufen konnte, sich die Vorwürfe nicht mehr anhören musste. Eng wurde es, als er auch während des Studiums von seinen Eltern kein Geld bekam. Als er dann Bafög beantragte, stellte er fest, dass seine Eltern schon seit einigen Jahren für ihn Unterstützung nach dem Bundesversorgungsgesetz bezogen. »Ein paar Hundert Mark im Monat. Das bekam man ab dem 16. Lebensjahr, wenn man noch aufs Gymnasium ging. Davon habe ich nie auch nur einen Pfennig gesehen. Das war dann ein sehr tiefer Bruch.«

Auch ich erzähle an dem Abend von der Versöhnung mit meiner Mutter. Die war irgendwann deshalb möglich, weil sie so ausgesprochen liebevoll zu meinem einzigen Sohn war. »Den hat sie richtig geliebt und dies auch zeigen können.« Stundenlang hat diese Frau, die nie mit uns Töchtern gespielt hatte, sich im Kinderzimmer meines Sohnes auf den Teppichboden gekniet und sich aufs Playmobil spielen eingelassen. Immer ist sie vorbeigekommen, wenn es eine der häufigen Versorgungslücken gab, die bei zwei freiberuflich tätigen Elternteilen zwangsläufig entstehen. »Das hat mich sehr mit ihr versöhnt. Auf eine begrenzte Weise. Die mir aber auch reicht. Ich bin meinem Sohn sehr dankbar dafür, dass ich mit ihm nochmal eine glückliche Kindheit erleben konnte. Das war für mich ein richtiges Geschenk. Mein Sohn war ein glückliches Kind. Auf Fotos strahlt er meist. Es gibt so ein Strahlefoto von ihm, aus einer Situation, in der wir zwei, wie so häufig, einen unserer heißgeliebten Schnuller-spuck-Wettbewerbe in seinem Kinderzimmer veranstalteten. Er saß dabei in seinem Kinderbettchen, um sich herum ganz viele Schnuller. Die spuckte er in meine Richtung, ich stand an der Tür und spuckte zurück. Wir waren beide ausgelassen, hatten Spaß. So etwas habe ich mit meinen Eltern früher nie erlebt.«

Ellen bekam von ihrer Mutter irgendwann mal beschrieben, »sie komme aus einer Familie, in der nicht gesprochen wurde. Da gab es überhaupt keine Sprache. Für nix. Die Behinderung der Schwester meiner Mutter wurde nie thematisiert. Es fehlten für alles die Worte.« Das zu wissen, brachte ihr die Mutter näher. »Vorher hatte ich eine totale Distanz. War enttäuscht. Gekränkt. Und fühlte mich nicht gesehen. Und in dem Moment habe ich zum ersten Mal ihre Bedingungen wahrgenommen. Und wie schwierig das Leben für sie gewesen ist. Da habe ich die Kurve gekriegt. Das hat mir mein Verhältnis zu meinen Eltern erleichtert.«

14. Kapitel

EINE GENERATION BEGEHRT AUF GEGEN MUFF UND MIEF

> Das geformte, abgerichtete, disziplinierte, gehemmte Kind findet man überall auf der Welt. Man braucht bloß über die Straße zu gehen. Es sitzt in einer ungemütlichen Bank in einer ungemütlichen Schule. Später wird es dann noch ungemütlicher am Schreibtisch in seinem Büro sitzen oder an einer Werkbank in einer Fabrik. Ein solches Kind ist fügsam, gehorcht der Autorität aufs Wort, fürchtet sich vor Kritik und wünscht fast fanatisch, normal, konventionell und korrekt zu sein. Es nimmt alles, was ihm beigebracht wird, beinahe ohne Frage hin und wird all seine Komplexe, seine Ängste und seine Frustrationen an die eigenen Kinder weitergeben.
>
> A. S. Neill, Summerhill.

Nun reicht es

Die geprügelten Kinder jener Zeit spürten mit dem Älterwerden plötzlich die eigene Kraft. Eines Tages reichte es ihnen und sie merkten, dass sie stärker geworden waren als Vater und Mutter. Der Zeitpunkt, an dem sie sich Kochlöffeln und Rohrstöcken widersetzten, ging oft mit der beginnenden Pubertät einher. So wie bei Sonja, die ab dem 14. Lebensjahr nicht mehr bereit war, so ohne weiteres den Rohrstock vom Esszimmerschrank herunterzuholen und der Mutter in die Waschküche zu folgen. Auch Detlev erinnert sich an den Tag, an dem seine Mutter ihn, den Vierzehnjährigen, mal wieder ohrfeigen wollte. Und er ihr den Arm festhielt, denn dazu war er inzwischen stark genug.

Für die Juristin und engagierte Kinderschützerin Lore Peschel-Gutzeit ist dies eine höchst interessante und vielsagende Zäsur, wie sie mir erläuterte. »In dem Augenblick, in dem die Kinder groß sind und sich wehren können, sprich: zurückschlagen können, hört die Prügelei auf. Dies war für mich immer ein Argument, um die Feigheit der Eltern darzustellen, die ihre Kinder schlagen. Sie schlagen nämlich nur kleine und wehrlose Kinder, müssen also keinerlei eigene Beeinträchtigung fürchten. Niemand käme auf den Gedanken, einen großen, kräftigen Halbstarken noch zu schlagen, weil jeder Elternteil wüsste, dass er ebenfalls entsprechende Prügel einfangen würde. Ich meine, dass diese Tatsache besonders gut zeigt, was hinter dem Schlagen von Kindern wirklich steckt: Eine schlichte Machtausübung«. Und die hat ihrer Einschätzung nach mit Erziehung nicht das Geringste zu tun.

Nicht immer bedeutet die Tatsache, dass sich geprügelte Kinder ab einem gewissen Zeitpunkt nichts mehr gefallen lassen, gleichzeitig für sie auch Befreiung und Aufatmen. Tilman Röhrig, der schon mit fünfzehn von zu Hause abhaute, erlebte zunächst eine schwere Zeit voller Unsicherheiten, Entbehrungen. Musste sich durchschlagen, bis es besser wurde und er endlich das machen konnte, was er immer schon wollte: Schauspielern. Und auch Ilka vollzog einen radikalen Schnitt, zog mit fünfzehn weg von Vater und Bruder und sah beide sechzehn Jahre lang nicht wieder.

»Als ich vierzehn war, bekam ich die letzten Schläge (von der Mutter). Wir wurden die besten Freundinnen, ich erzählte ihr nichts, sie mir alles. Ich war gut dressiert, meine Antworten waren spontan und entsprachen ihrer Erwartung. Ich brauche kein Fahrrad, es wäre zu gefährlich für mich. Alle in der Klasse gehen auf den Ball, das wäre mir zu kindisch. Meine Freundin Eva hat einen Freund, der sie geküsst hat, wie widerlich«, schreibt Anna Mitgutsch in ihrem Buch »Die Züchtigung« über ihre Protagonistin, deren Unterwerfung weiterging, obwohl es keine Prügel mehr gab.

Manchmal waren es aber auch äußere Umstände, die der Quälerei im Elternhaus ein Ende bereiteten. So erinnerte sich kürzlich eine meiner Freundinnen an einen Tag, den sie nie vergessen wird und der für sie die Welt veränderte. Es war der Tag, an dem ihr Vater wieder einmal einen ihrer sechs Brüder ganz fürchterlich verhaute. Doch diesmal beobachtete eine Nachbarin die Misshandlung. Daraufhin schellte die Frau und drohte zornig dem prügelnden Mann, sie werde ihn anzeigen, wenn er das noch einmal tue. »Nun hätte sie damit nicht viel erreicht«, meinte meine Freundin. Denn ihr Vater war Bürgermeister der Kleinstadt im Sauerland, in der die Familie lebte. Der hätte eine Anzeige sicherlich unterdrückt, vermutet sie. Andererseits wäre es aber auch peinlich für ihn geworden, wenn sich sein Verhalten rumgesprochen hätte. Jedenfalls änderte sich von dem Tag an sein Benehmen den Jungs gegenüber. Er traute sich nicht mehr zuzuschlagen. »Und wir Kinder hatten plötzlich das Gefühl, Macht zu haben.«

Die glorifizierte Freiheit von Summerhill

Die Jugend damals, meist gerade erst dem Rohrstock entkommen, war fasziniert davon, dass der englische Pädagoge Alexander S. Neill in seiner 1921 gegründeten Schule Summerhill gänzlich ohne Druck, Gewalt und Prügelei einfach nur Kinder glücklich machen wollte. Das war etwas ganz Neues! Berichte über Neills Summerhill erschienen ab 1960 auf dem deutschen Büchermarkt. Die Taschenbuchausgabe des von ihm herausgegebenen Buches über »Theorie und Praxis der antiautoritären Erziehung« erreichte bis 1969 eine Auflage von über einer Million Exemplare. Wie befreiend musste es auf Monika, Ilka, Detlev und all die anderen gewirkt haben, dass sich endlich jemand dagegen aussprach, Kinder qualvoll zu züchtigen, sie sich dadurch zurechtzubiegen. Denn aus dem tyrannisierten, geschundenen Kind werde sowieso nur ein unglücklicher Duckmäuser, so Neills Position.

In Köln geschah der Umbruch von der sogenannten »Schwarzen Pädagogik« hin zum antiautoritären Erziehungsmodell eher schleichend und zunächst, ohne dass die Verursacher dies planten. Pui Schmidt von Schwind studierte damals in Köln und weiß noch, wie planlos zunächst alles begann und welche Dynamik die Dinge dann bekamen. Für ihn fing es damit an, dass er sich in eine Kommilitonin verliebte. Seine Freundin wurde schwanger. Beide suchten verzweifelt eine Tages-Unterbringung für das Neugeborene, wollten sie doch ihr Studium fortsetzen. Doch in allen Kindergärten, in denen sie wegen eines Platzes nachfragten, wurde ihnen gesagt, »Studentenkinder nehmen wir nicht«. Das war so bei den städtischen, bei den evangelischen und katholischen Einrichtungen. Auch das Studentenwerk, an das sie sich wandten, wies sie ab. Der damalige Geschäftsführer beschied Pui kurz und bündig: »Studenten sollen erst studieren, bevor sie Kinder kriegen. Er hatte aber«, so Schmidt von Schwind, »offenbar nicht in die Statistik geguckt. Denn von den damals 18.000 Studierenden in Köln waren 1.200 verheiratet, und von denen hatte die Hälfte Kinder.«

Es half alles nichts. Irgendwo musste das Neugeborene ja bleiben. »Wir haben dann versucht, mit anderen gemeinsam an der Universität Räume zu bekommen, und sei es nur, um während der Vorlesungen mal für anderthalb Stunden den Kinderwagen abstellen zu können. Auch das ist uns nicht gelungen.« So mussten die studentischen Eltern, die wie Pui vor einem Dilemma standen, sich neu orientieren. Sie mieteten daraufhin eine Kölner Etagenwohnung an. »Und dort haben wir mit acht Kindern angefangen und einer Amateurmutter, also einer nicht ausgebildeten Erzieherin, die bereit war, unsere Kinder zu versorgen und zu beaufsichtigen.«

Zunächst ging es Pui und seinen Mitstreitern lediglich darum, dass ihre Kinder untergebracht waren. Doch mehr und mehr machten sie sich Gedanken darüber, wie die Kinder erzogen werden, was man ihnen beibringen sollte, welche Werte vermittelt werden müssten. Die jungen Eltern begannen, sich zu informieren. »Die Politisierung fing ja damals schon an«, erzählt Pui. »1964 kamen die pädagogischen Defizite dieser Gesellschaft durch erste Publikationen deutlich zum Ausdruck«.

So überlegte Pui gemeinsam mit anderen Eltern, wie sie es denn besser machen könnten. »Es sollte das Gegenteil von dem werden, was wir erlebt hatten.« Man wollte weg von der bürgerlichen Kleinfamilie, in Wohngemeinschaften neue Lebensformen ausprobieren und tradierte Erziehungsmodelle ausrangieren. Der erste alternative Kinderladen in Köln wurde 1965 gegründet, ähnlich wie in Berlin und anderen größeren Städten. Um 1968 sprossen Elterninitiativen bundesweit wie Pilze aus dem Boden. Kinder durften sich in den von ihren Eltern ins Leben gerufenen Einrichtungen frei entfalten, wachsen und gedeihen.

1968 schrieb die kleine Gabi ihrer Großmutter folgenden Brief über ihre ersten Erfahrungen in einem der sogenannten Kinderläden: »Liebe Oma, es war toll. Zuerst sind wir über die Möbel geklettert und haben alle Spielzeuge auf den Boden geschmissen. Dann habe ich eine Wand und mein Gesicht sehr schön beschmiert. Ich war schmutzig, deshalb habe ich in dem Regen gebadet und in den Pfützen getrampelt. Ich war immer noch schmutzig, aber Mutti hat gesagt, dass ich mich nicht waschen muss. Deine Gabi.«

Der unbeholfene Umgang mit der neuen Freiheit

»Kaum eine Generation hat in Erziehungsfragen so viel bewegt, wie die unserer Eltern«, schreibt Adriano Sack, Kulturchef der Zeitung, in der Welt am Sonntag im März 2004. Sack kommt zu dem Schluss: »Die 68er probierten neue Erziehungsmethoden aus – und machten dabei erstaunlich viel richtig.« Sie schmissen alles über den Haufen, was bislang in der Kindererziehung als erstrebenswert galt. Hinterfragten Traditionen, verhöhnten das

Althergebrachte. Ihr oberstes Ziel war es, ihrem Nachwuchs die Einschränkungen und Demütigungen, die blauen Flecken und harschen Worte ihrer Eltern zu ersparen, ihre Kinder glücklich zu machen. Dazu warfen sie Verbote über Bord, übten sich in grenzenloser Geduld, ließen den lieben Kleinen geradezu schrankenlose Freiheiten. Und viele Kinder dieser neuen Generation gediehen prächtig, atmeten eine neue Luft, entfalteten sich nach Gutdünken in alle möglichen Richtungen und sind heute als Erwachsene lebendig, kritisch, diskussionsgewohnt, konflikterprobt und wohngemeinschaftserfahren.

Dennoch gab es in den vergangenen Jahren am Erziehungsstil der Alt-68er immer wieder Kritik – vor allem aus konservativen Kreisen. An der Laisser-faire-Haltung, die sie angeblich gegenüber ihren Kindern eingenommen hätten. An den Experimenten, dem Tohuwabohu, das sie in ihren Kinderläden zuließen. Sie werden für alle nur denkbaren Missstände verantwortlich gemacht. Doch ohne ihre langmähnige Aufmüpfigkeit, ihr unverdrossenes Engagement und ihre nimmermüde Bereitschaft, sich auf Neues, auf Experimentelles einzulassen – ohne die Generation der Alt 68er-Eltern – wäre alles beim Alten geblieben. Ohne diesen wirklich handfesten Umbruch hätten die festverwurzelten Pädagogik-Vorstellungen der Altvorderen womöglich noch heute Gewicht. Nur durch eine gedankliche und gesellschaftliche Revolte konnten altbackene Verhaltensweisen, eingefahrene Rollenverteilungen und der autoritäre Umgang mit dem Nachwuchs überhaupt erst über Bord geworfen werden. Und das war bitter nötig. Nur: Es fehlten Vorbilder. Das, was die 68er gelernt hatten, war ihnen meist eingedroschen worden. Und genau das wollten sie nicht wiederholen. Also experimentierten sie herum.

Adriano Sack beschreibt dies aus der Sicht eines Betroffenen sehr genau. Sack weiß wovon er spricht, er war eines der ersten Kinderladenkinder. Sein Vater war Soziologe; in den Bücherregalen zu Hause stapelten sich Karl Marx, Michel Foucault und die antiautoritären Schriften von A. S. Neill. Im Plattenschrank seiner Eltern standen Joan Baez, Georges Moustaki und die Rolling Stones. Kein einziges Mal wurden er und seine beiden Geschwister gezwungen, Dinge zu essen, die sie nicht mochten. Über die Frage, wann sie abends nach Hause kommen sollten, wurde bei Sacks am Küchentisch heftig debattiert. »Ebenso über Taschengeld, schulische Leistungen und die erste Freundin. Interessant dabei: Ich bekam schneller die Erlaubnis, zur Friedensdemo nach Hamburg zu fahren, als abends in die Disco zu gehen.« Auf geschliffene Umgangsformen legten seine Eltern, wie in diesem links-intellektuellen Milieu üblich, keinen besonderen Wert: »lieber unerzogene Kinder als den Ruf zu haben, von gestern zu sein. Also ging ich nicht zur Tanzschule, lernte keinen Krawattenknoten, beherrsche die Regeln, wie man sich und andere in Gesellschaft vorstellt, bis heute nur mangelhaft«.

Trotzdem, so Sack, kontrollierten die intellektuellen Mütter in den 68ern, in ihren bodenlangen, indischen Hippie-Kleidern, streng die Hausaufgaben. Den Vätern, die es eigentlich ganz anders machen wollten, »rutschte auch mal ganz traditionell die Hand aus. Und meine Eltern diskutierten lange mit mir, ob ich nach der Grundschule in eine der drei Gesamtschulen gehen sollte, die es damals in Hannover gab«. Wer dieses Ringen der damaligen Eltern, diese Auseinandersetzung mit alten Konventionen und neuen Verhaltensweisen miterlebt hat, der verstehe, so Sack, den damaligen Zeitgeist besser und nehme das dieser Generation überhaupt nicht übel. »Im Gegenteil: Wir, die Kinder der experimentierfreudigen, antiautoritären, widersprüchlichen Eltern liebten sie eben dafür. Immerhin hatten sie gute Gründe für die Suche nach neuen Wegen.«

1968 war das Jahr, in dem nicht nur der Muff unter den Talaren gelüftet wurde, sondern in dem auch Kochlöffel wieder ihrer eigentlichen Bestimmung zugeführt wurden. Und die übermächtigen Eltern, die solange das Zepter in der Hand gehalten hatten, wurden von ihren Kindern vom Sockel gestoßen. Wurden infrage gestellt, mussten sich rechtfertigen, bloßlegen, wie sie es denn mit den Nazis gehalten hatten mit dem Widerstand, den verschleppten Juden. Hatten sie revoltiert, wenigstens im Kleinen? Oder waren sie brav mitmarschiert, womöglich noch an vorderster Front. Das Aufbegehren der jungen Leute damals richtete sich gegen Enge und Biederkeit, gegen autoritäre Väter und Hausfrauen, die ihren Kindern nasse Aufnehmer um die Ohren klatschten. So, wie die Generation dieser Eltern mit ihrem Leben, aber auch mit ihren Kindern umgegangen war, wollte man es auf gar keinen Fall machen.

Plötzlich waren Sekundärtugenden wie Pünktlichkeit, Sauberkeit und Ordnungsliebe verpönt, wurden die noch immer gültigen Erziehungsmethoden der Nazis infrage gestellt: Ist es richtig, ein Kind einfach nachts durchschreien zu lassen, ohne es zu trösten? Müssen Babies wirklich alle vier Stunden gestillt werden oder eher dann, wenn sie hungrig sind? Müssen Gehorsamkeit, Härte und Disziplin die Erziehung eines Kindes bestimmen? Oder sollte man eher auf Selbständigkeit, Kreativität und Eigenverantwortung setzen? Der Bruch mit pädagogischen Traditionen jedenfalls war radikal.

Die antiautoritäre Erziehung, das Gegenstück zum autoritären Erziehungsstil, schien vielen als allein seligmachende Lösung nach so viel Unterdrückung und Gewalt. Und vielleicht musste ja überzogen werden. Vielleicht konnte nur so klar werden, wie schrecklich es vorher gewesen war. Das Lachen ihrer Kinder jedenfalls ließ die Eltern, die in ihrer Jugend in den 50ern und 60er Jahren des vergangenen Jahrhunderts wenig Freude und Zuwendung erfahren hatten, frohlocken.

War das Disziplinierung zur Disziplinlosigkeit?

Die Schweizer Therapeutin Alice Miller beobachtete diese damalige Entwicklung mit großer Skepsis. Sie empfand, dass aus den pädagogischen Vorstellungen der 68er eine »Disziplinierung zur Disziplinlosigkeit« entstand: »Damit schloss sich ganz unerwartet der Kreis zur pädagogischen Vergangenheit, die man doch eigentlich überwinden wollte. Stattdessen begegneten sich die Extreme. Ohne dass es den Beteiligten recht bewusst wurde, praktizierten sie ein Erziehungsverhalten, das sie strikt ablehnten: Sie übten Zwang und Druck aus – nur mit umgekehrten Vorzeichen. Das unartige Kind war das gute Kind, das brave war verhaltensgestört, und die Kinder mussten tun, was sie nach Meinung dieser Erzieher tun wollten«[38].

Aber auch Alice Miller konnte bei aller Kritik nicht die Augen davor verschließen, dass diese pädagogischen Bilderstürmer ihr Gutes hatten: »Sie gaben einen entscheidenden Anstoß. Sie haben die verkrusteten Strukturen aufgebrochen und auch manchen neuen Weg gewiesen, der durchaus begehbar ist.« Seitdem, so sieht es Alice Miller, habe es Änderungen im Erziehungsverhalten gegeben. Viele der heutigen Eltern und nicht wenige Großeltern versuchten, bei der Erziehung der Kinder einen vernünftigen und praktikablen Mittelweg zwischen den Extremen zu finden. In vielen Familien hat sich ein neues Selbstverständnis zwischen Erwachsenen und Kindern angebahnt. Für den Kriminologen Christian Pfeiffer kam mit der 68er Studentenrevolte und ihren Folgen, »auf einmal eine neue Ehrlichkeit ins Spiel.« Plötzlich wurde die Frage öffentlich diskutiert, was ist überhaupt eine kindgerechte Erziehung. »Die 68er Diskussion stellte einfach eine Zäsur dar. Durch sie wurde öffentlich die Tradition der autoritären Erziehung angegriffen und infrage gestellt.«

Alter Wein in neuen Schläuchen?

Doch immer wieder wurde gegen die 68er gestänkert, wurden ihre unstrukturierten Erziehungskonzepte angezweifelt. Es gab lautstarke Rufe nach mehr Disziplin, mehr Autorität in der Erziehung. Ausgerechnet ein 68er-Veteran, der Politikwissenschaftler Claus Leggewie führte 1993, ein Vierteljahrhundert nach der 68er Revolte, die Phalanx derer an, die dafür plädierten, Kinder wieder strenger zu erziehen. Es war die Zeit, als Molotowcocktails in Häuser schlafender Migranten flogen, Rechtsradikale für ein ausländerfreies Deutschland auf den Straßen herumgrölten, Namen wie Hoyerswerda, Rostock, Solingen und Mölln für ein fremdenfeindliches Schreckensszenario standen. In einem aufsehenerregenden Essay in der ZEIT unter der Überschrift: »Plädoyer eines Antiautoritären für Autorität« vertrat er die These, dass rechtsradikale Gewalt durch falsche Erziehung ausgelöst worden sein könnte:

> Die als Nazis kostümierten Kids, die so schrecklich normale Monster sind [...] gehören einer verlorenen Generation an, die sich selbst (und der Glotze) überlassen blieb. Die in verdächtiger Eile als »Nazi-Kids« gebrandmarkten Gewalttäter sind Erziehungswaisen, Angehörige einer neuen vaterlosen und fatal auf die (hilflosen) Mütter fixierten Generation. Aber nicht die Schläge der Väter und die Strenge der Mütter, sondern Abwesenheit und Gleichgültigkeit der Älteren bläuten ihnen das ›autoritäre‹ Denken ein.[39]

Seiner Ansicht nach war das eigentlich gutgemeinte Prinzip der repressionsfreien Erziehung in ein prinzipien- und gestaltloses Leben-und-leben-Lassen abgerutscht.

> Niemand hat ihnen je eine Grenze gezogen und sich als Vorbild angeboten: nicht die Eltern und nicht die Verwand-

> ten, weder die Nachbarn noch die Freunde, erst recht nicht die Lehrer, Ausbilder oder Vorgesetzte. Niemandem ist etwas aufgefallen, keiner hat irgendwelche Anzeichen bemerkt, niemals bekamen sie gesagt: »Das geht nicht«. Diesen Fehler machen Eltern andauernd: aus Bequemlichkeit, aus Angst vor der Auseinandersetzung, aus Unsicherheit, welche Prinzipien sie überhaupt setzen sollen. Antiautoritär ist das nicht, nur gedankenlos.

Damit rede er nicht der autoritären Erziehung unseligen Angedenkens das Wort, »die in der Tat Akten der Dressur und der Brechung von Kindern gleichkam«, erläuterte Leggewie seinen Vorstoß. Und meinte Jahre später in einem Essay für den Deutschlandfunk vom 30.11.2008, es sei ihm in seinem ZEIT-Beitrag von 1993 nur darum gegangen darzustellen, wie das gut gemeinte und nach wie vor gültige Prinzip repressionsfreier Erziehung in ein ganz und gar prinzipien- und gestaltloses Laisser-faire abgerutscht sei.

Mit seinem »Lob der Disziplin« folgte dann dreizehn Jahre später im Jahr 2006 Bernhard Bueb, der ehemalige Leiter des Internats Schloss Salem. Monatelang stand Buebs Buch auf der Bestsellerliste, wurden seine Thesen heftig diskutiert. Bueb beschrieb ebenfalls einen Erziehungsnotstand, der seiner Ansicht nach in Schulen ebenso wie in Elternhäusern herrsche. Wohlstandsverwahrlosung und Egoismus der erzieherisch vernachlässigten Bürgerkinder sei die Folge. Die Schuld daran gab er einer puddinghaften Pädagogik, die sich nach 1968 verbreitet habe. Deshalb, so forderte er, müsse man sich zukünftig wieder auf eine »vorbehaltlose Anerkennung von Autorität und Disziplin« stützen.

Der Frankfurter Erziehungswissenschaftler Micha Brumlik störte sich vor allem an der Vorstellung Buebs, wonach das Kind ein »asoziales, dämonisches Wesen sei, das nur mit Gewalt und Zwang sozialisiert werden könne«[40]. Auch die Bielefelder Erziehungswissenschaftlerin Sabine Andresen meldete sich anläßlich der Debatte um Buebs Thesen zu Wort und meinte, sie habe nahezu identische Bilder und Beispiele, wie Bueb sie nutze, in einem Buch des Berliner Pädagogen Friedrich Paulsen gefunden, der 1909 vor den liberalen Müttern und Pädagogen warnte, die das Geschlechter- und Autoritätsverhältnis bedrohten.

Die Diskussion darüber, wie Kinder am besten gedeihen können und ob es hierfür wirklich ein Patentrezept gebe, geht also ungehindert weiter – in alter Tradition von Ratlosigkeit, gegenseitigen Vorwürfen und extremer Positionierung. Auswüchse und Übertreibungen hat es in vielerlei Richtungen gegeben. Nur dass inzwischen Eltern etwas mehr an Wissen und Information zur Verfügung steht als den Generationen zuvor, die im Konfliktfall nichts weiter zur Hand hatten als Rohrstock und Repression.

Schlagzeilen in dieser Diskussion lieferte Anfang 2011 die amerikanische Jura-Professorin Amy Chua, Tochter chinesischer Einwanderer, Mutter von zwei Töchtern, die mit ihrem Buch »Die Mutter des Erfolgs« nach Härte und Disziplinierung, nach einer modernen Form der »Schwarzen Pädagogik«, rief – und damit einen Bestseller landete. Ihre Thesen: Sei streng mit deinen Kindern, verlange alles, bestrafe sie und lass möglichst keinerlei Schlendrian zu. »Mir war es wichtig, dass Sophie und Lulu [ihre beiden Töchter] fließend Mandarin und Englisch lernen, und dass sie nur Einsen nach Hause bringen«, so Chua in einem Spiegel-Interview. »Sophia konnte mit 18 Monaten das Alphabet. [...] Als sie drei war, las sie Sartre.«[41] Als Sophie beim Klavierüben nicht parierte, drohte ihr Mutter Amy, »wenn das beim nächsten Mal nicht perfekt ist, nehme ich dir sämtliche Stofftiere weg und verbrenne sie«. Die Kinder durften niemals Schulkameradinnen zum Übernachten mit nach Hause bringen, nicht Fernsehen gucken. Und wenn sie nicht parierten, wurden sie von dieser Mutter schon mal als »wertloser Müll« beschimpft. Erziehungsmethoden, die der in den 50er und 60er Jahren aufgewachsenen Generation allzu bekannt vorkommen dürften.

Dabei hat sich durch die 68er Generation längst als Allgemeingut durchgesetzt: Kinder brauchen Selbstvertrauen und keinen Drill, müssen ernst genommen und umsorgt werden. Doch auch bei den inzwischen ergrauten einst antiautoritären Alt-68ern ist Ernüchterung eingekehrt. So wie bei Pui Schmidt von Schwind. Vieles von dem, was er damals mit initiierte, hält er auch im Nachhinein noch für unabdingbar notwendig. Heute beobachtet er allerdings skeptisch, was aus den Elterninitiativen, den ehemaligen Kinderläden geworden ist. »Die sind meist ein privilegierter Laden. Der Beitrag ist höher als in einem städtischen oder konventionellen Kindergarten. Die Eltern sind allesamt aus intellektuellem, gutbürgerlichem Milieu. Meist kocht eine polnische Köchin, reinigt eine bulgarische Putzfrau. Und auf den Elternabenden wird heftig darüber diskutiert, ob man Leonhard oder Max, Laura oder Anna-Marie Fischstäbchen zumuten kann, ohne dass sie Schaden nehmen. Oder ob weiterhin Biogemüse auf den Tisch kommen sollte«.

15. Kapitel

WO BLEIBT DAS GESCHLAGENE KIND MIT SEINER WUT?

Hätte ich den Klumpen doch nie geboren

Zwei Jahrzehnte ist es her, dass Solingen eine Stadt in Aufruhr war. So jedenfalls hieß es in zahlreichen Medien, nachdem am 29. Mai 1993 das Haus einer dort lebenden türkischen Familie in Flammen aufgegangen war. Fünf Menschen starben. Am 13. Oktober 1995 verurteilte ein Strafsenat des Düsseldorfer Oberlandesgerichts vier junge Solinger wegen fünffachen Mordes, 14fachen Mordversuches und besonders schwerer Brandstiftung zu einmal 15 und dreimal zehn Jahren Haft.[42] Der Jugendliche, den das Gericht für den Anführer der Vierergruppe bei diesem Brandanschlag hielt, war ein 17-Jähriger, an dessen Kindheitsgeschichte sich sehr gut darstellen lässt, was aus einem geprügelten, vernachlässigten, misshandelten Kind schlimmstenfalls werden kann.

Christian R. erschien zum ersten Verhandlungstag statt in einer seinem früheren Leben als Skinhead entsprechenden Kluft mit bravem Kurzhaarschnitt, in Anzug und Krawatte. So, als wolle er sich bei den Richtern lieb Kind machen. Auf der Anklagebank wirkte er brav und überangepasst. Seine Mutter stand ihm während des Prozesses ebenso wenig zur Seite wie in seinem gesamten Leben bisher. Sie ließ sich entschuldigen. Gerade habe sie eine neue Wohnung gefunden, wenn sie vor Gericht erscheine, verliere sie womöglich ihre Stelle, zumal sie schon jetzt in beengten finanziellen Verhältnissen lebe. Das Gericht hatte Verständnis und entließ sie aus der Verpflichtung, den minderjährigen Sohn während der Hauptverhandlung zu unterstützen. Die Richter wussten längst aus den Akten, dass diese Mutter mit diesem Kind nie viel hatte anfangen können. »Hätte ich den Klumpen doch nicht geboren«, hatte sie einmal einen Antrag auf Erziehungshilfe für den achtjährigen Christian kommentiert, wie aus dem entsprechenden Aktenvermerk einer Sozialarbeiterin hervorgeht.

Den Werdegang von Christian R. interpretierte der damalige Leiter der Essener Kinder- und Jugendpsychiatrie, Christian Eggers, geradezu als Musterbeispiel für den Weg hin zum rassistischen Menschenhasser. Die Vorgeschichte hierzu ließ sich auf einen einfachen Nenner bringen: R. war als Kind so unglücklich, so verlassen und misshandelt, dass er die spielenden Kinder der im Haus schräg gegenüber lebenden türkischen Familie Genc schlichtweg nicht ertragen konnte. Die unbeschwerten Sprösslinge dieser Familie, die in jener Nacht zum 29. Mai 1993 verbrannten, führten ihm vor Augen, was ihm als Kind vorenthalten worden war. Und so, wie er es bei Katzen und Kaninchen geübt hatte, mit denen er zunächst schmuste, um ihnen dann den Hals umzudrehen, so steigerte sich sein Hass auf diese »Mistviecher« – wie er die Kinder der Familie Genc einmal nannte. Im Fachjargon von Psychiater Eggers hieß das: Er projizierte »das eigene hassenswerte kindliche Selbst auf Katzen und Türkenkinder«.

Eigentlich war dieser Christian R. nirgendwo aufgewachsen. Als Säugling schon von der Mutter weggegeben, wurde sein Leben ein einziges Hin- und Her-Gezerre zwischen verschiedenen pädagogischen Einrichtungen und einer Mutter, die ihre Depressionen durch Alkohol betäubte. Allein mit einem ständig schreienden, trotzigen Kind prügelte die überforderte Frau den Sohn bei jeder nur denkbaren Gelegenheit. Voller Groll hatte Christian seinem Gutachter Eggers geschildert, wie sie ihn als Kleinkind getreten oder gegen einen Heizkörper geschleudert hatte. Oder wie sie ihn manches Mal mit ins Auto genommen und die Türen verriegelt hatte, damit sein Schreien nicht nach außen drang.

Das Ergebnis all dieser Misshandlungen und der kontinuierlichen Lieblosigkeit war ein Mensch, der von sich annahm: »Ich bin böse, deswegen werde ich geschlagen und deswegen muss ich schlagen.« Christian konnte das Leid, dass er der türkischen Familie Genc angetan hatte, gar nicht nachempfinden. Denn nach allem, was an ihm selbst verbrochen worden war, sah es in ihm aus wie in einer verdorrten, abgestorbenen Wüstenei, ohne

Leben, ohne Regungen, ohne Mitleid. So hieß es in Eggers psychiatrischem Gutachten.

Hinter manchem Terroristen steckt ein um Aufmerksamkeit flehendes Kind

Im November 2010 präsentierte die Pädagogin Saskia Lützinger eine Studie über familiäre Ursachen des Terrorismus. In einem Spiegel-Interview, in dem sie die Auswertung von 39 Täter-Biografien und zahlreicher Interviews mit inhaftierten Terroristen vorstellte, erläuterte sie das Ergebnis ihrer Untersuchung: Demnach ist das wesentliche Thema der links- oder rechtsextremistischen Terroristen ihre Vernachlässigung in der Kindheit. Die Terroristengruppe, in die sie aufgenommen wurden und zu der sie unbedingt dazu gehören wollten, ist für sie eine Art Familienersatz. »Es gab beispielsweise einen Vater, stramm rechts, dessen Sohn durfte schon im Kindesalter nicht mit behinderten Kindern spielen und musste sogar Nazi-Propaganda mit in den Kindergarten nehmen. Er hat seinen Sohn als Schulkind einmal so verprügelt, dass dieser für ein paar Tage auf der Intensivstation im Koma lag.«[43]

Die Täter wollten Aufmerksamkeit erregen. »Das ist ein sehr komplizierter Prozess, der mal bewusst, mal unbewusst abläuft«, so Lützinger. Am Beispiel des Nazi-Vaters erläuterte sie, dass der Sohn über die Gewalttätigkeit des Vaters mit deutlicher Distanziertheit sprach. »Ihm war gar nicht klar, dass er im Grunde genauso geworden ist.« Die Autorin und Pädagogin kam zu dem Schluss, dass es offensichtlich allen Betroffenen darum ging, »Kontrolle über das eigene Leben zu bekommen, die sie in ihrer chaotischen Kindheit und Jugend nie gehabt haben.« Für die von ihr interviewten Terroristen glaubte die Pädagogin sagen zu können, »dass familiäre Probleme der Ausgangspunkt für den Terrorismus waren« und nicht etwa politische Motive.

Das Beispiel Christian R. ist krass, die Studie über die Terroristen nur bedingt übertragbar. Denn kaum jemand, der als Kind misshandelt wurde, wird so enden wie diese Menschen. Die meisten der einst mit familiärer Gewalt konfrontierten Kinder haben gute Selbstheilungskräfte. Es gibt offenbar keinen Automatismus, der da heißt: Gewalt erzeugt Gegengewalt.

Nicht jeder der geprügelt wurde, schlägt zurück. Doch wer zurückschlägt, wurde meist als Kind geprügelt.

»Eine Wahrscheinlichkeit besteht, dass, wenn ich Gewalt erfahren habe, ich dies auch weiter gebe. Aber das muss nicht so sein«, bestätigte mir Erziehungswissenschaftler Ulf Preuss-Lausitz. Auch Traumatherapeut Arne Hofmann ging in unserem Gespräch davon aus, dass zwar die meisten Menschen, die als Kind schwer geschlagen wurden, nicht ebenfalls zum Täter werden. Aber andererseits ist »in ganz vielen Fällen der Mensch, der prügelt, der missbraucht, der gewalttätig wird, selber jemand, der einschlägig belastet ist. Wenn es ernst wird, wenn es um Stress geht, um die Bewältigung von Stress, um Lebensgefahr, um erlebten maximalen Druck, dann klinkt die Vernunft sich bei vielen Leuten aus. Wir nennen das Impuls-Kontrollstörung. Und dann fangen die Leute auf eine nicht vernünftige, irrationale Weise an, die Muster, die sie erlebt haben, nachzuvollziehen. Und wenn sie geprügelt worden sind, prügeln sie und bauen auf diese Weise Stress ab oder versuchen es wenigstens. Und das sind ganz, ganz häufig unglückliche tragische Konstellationen.«

Laut einer Studie von Kai-D. Bussmann, im Auftrag des Bundesjustizministeriums 2005 erstellt, weisen »Jugendliche, die mit viel Gewalt in der Erziehung aufwachsen, dreimal häufiger und gravierender eigene Gewaltaktivität auf. Insgesamt bedeutet dies, jeder dritte Jugendliche, der aus einem gewaltbelasteten Elternhaus stammt, berichtet über eigene leichte Tätlichkeiten und jeder vierte bzw. fünfte über gravierende Übergriffe wie ›mit der Faust geschlagen‹ oder ›jemanden verprügelt‹ zu haben […] Außerdem sind diese jugendlichen Gewalttäter zugleich häufiger Opfer von Gewalt.«[44]

Hofmann bestätigt Bussmanns Studie, spricht von einer regelrechten »Wutstörung«, die vor allem bei männlichen Prügelopfern auftreten kann. Hierbei bezieht er sich auf Untersuchungen in Gefängnissen, in denen etwa die Hälfte der Insassen eigene Gewalterfahrungen haben. »Ein Teil dieser Menschen hat sich innerlich zu folgender Position entschieden: Die Menschen gehen so schlecht mit mir um, jetzt ist mir auch egal, welche Regeln die sich geben. Ich geb mir meine eigenen Regeln.« Und das sind die Regeln der Gewalttätigkeit, die sie von klein auf kennen.

Schläge machen dumm

Schläge, die man in der Kindheit verabreicht bekam, können aber auch andere verheerende Folgen haben. »Wir können feststellen, je mehr geprügelt wird, umso schlechter fallen die Schulnoten aus«, so der Kriminologe Christian Pfeiffer. Prügelstrafe schlägt bei Kindern allem Anschein nach auf die Intelligenz. Dies ergab auch eine US-Studie mit 1 500 Kindern, die Welt-Online im September 2009 veröffentlichte. Danach entwickeln sich geprügelte Kinder langsamer und haben einen niedrigeren Intelligenzquotienten als ihre Altersgenossen. Als Ursache für die geringere Intelligenz sahen die Forscher der Universität von New Hampshire die Tatsache, dass Kinder bei körperlicher Bestrafung viel Stress empfinden. Werden Kinder regelmäßig geschlagen, begünstige das sogar einen chronischen Stresszustand, der teilweise über Jahre andauere. Die Forschung zeige, dass dieser Stress auch posttraumatische Stresssymptome wie übertriebene Angst vor schrecklichen Ereignissen oder leichtes Erschrecken auslösen könne, die die Entwicklung der Intelligenz beeinflussten.

»Insbesondere Mädchen erlernen dadurch die Opferrolle. Haben damit ein drastisch höheres Risiko, wenn sie in der Kindheit geprügelt worden sind, später an einen Partner zu geraten, der sie seinerseits schlagen wird«, so Christian Pfeiffer. In ihrem 2010 erschienenen Buch »Seelische Trümmer« zitiert die Psychotherapeutin Bettina Alberti Statistiken über Gewaltverhalten und Gewaltkriminalität, die zeigen, dass 26 Prozent ehemals kindlicher Opfer von Gewalt zu Tätern werden und als Erwachsene der Gefahr ausgesetzt sind, eigene Erfahrungen mit Misshandlungen an ihre Kinder weiterzugeben.

Eine Einschätzung, die Pfeiffer bestätigt. In einer Untersuchung des von ihm geleiteten Kriminologischen Forschungsinstituts Niedersachsen haben 16,6 % der befragten Menschen, die nie Opfer von Gewalt geworden sind, von eigenen Gewalttaten berichtet. Von denen, die geohrfeigt worden sind, waren dies schon 22 %. Von den schwer Gezüchtigten 30 %. Noch massiver sind, so Pfeiffer während unseres Gesprächs, die Auswirkungen bei Mehrfachtätern. »Bei Jugendlichen, die mindestens fünf Gewalttaten im letzten Jahr begangen haben, waren 4,3 %, die nie irgendwelche Gewalt in der Familie erfahren haben, 14,7 %, die in Kindheit und Jugend massiver Elterngewalt ausgesetzt waren. Das ist der dreifache Wert.«

»Am Ende sehen sie, dass die Zuwendung keine Rolle mehr spielt. Egal, wie liebevoll die Eltern sein mögen: Wenn sie ihre Kinder häufig misshandelten, kann das durch nichts mehr ausgeglichen werden. Wenn wir dann fragen: Wie viel Taten hast du begangen und setzen den Wert der glücklichen Kinder, die nie geschlagen und liebevoll erzogen wurden, mit 1, dann haben wir 5,1 mal so viel Delikte, die im letzten Jahr begangen wurden durch die massiv geschlagenen, wenig geliebten Kinder«, so Pfeiffer.

Studien seines Instituts in Hannover haben darüber hinaus ergeben, »dass mit steigender Intensität elterlicher Gewalt die Fähigkeit drastisch abnimmt, bei Konflikten konstruktiv zu reagieren. Demgegenüber nimmt die Gewaltbefürwortung bei der Lösung von Konflikten ebenso drastisch zu. Derjenige, der in hohem Maße familiärer Gewalt ausgesetzt war, schlägt zum Beispiel bei einem Rempler auf der Treppe sofort zu, ohne zu gucken, ob der überhaupt böse gemeint war oder womöglich aus Versehen passierte.«[45]

Bezeichnend findet Pfeiffer in dem Zusammenhang eine Untersuchung, die er mir gegenüber als Beleg anführt: Jüdische Organisationen in Amerika haben 1980 wissen wollen, was die Menschen auszeichnete, die im »Dritten Reich« Juden versteckt haben: 400 lebten noch, die man in Deutschland, den Niederlanden, Frankreich oder Norwegen aufspürte. Sie alle hatten ihr Leben riskiert, um Juden vor dem Zugriff der Deutschen zu verstecken und damit ein hohes Maß an Zivilcourage bewiesen. »Es waren Atheisten darunter, Katholiken und Protestanten, so dass sich bei der Religion keine Unterschiede ergaben«, interpretiert Pfeiffer das Ergebnis. »Große Unterschiede bestanden aber beim sozialen Status, bei Intelligenz und Herkunft. Jedoch gab es eine Gemeinsamkeit über alle Nationen: Gewaltlose Erziehung zeichnete die Menschen aus, die sich so couragiert verhalten haben. Gewaltlose Erziehung fördert den aufrechten Gang.«

Die Wut frisst an einem selbst

Manch ein als Kind geprügelter Erwachsener zum Beispiel schädigt sich selbst. Richtet die Wut, die Aggression, die in ihm lauert, die in ihn hineingeprügelt wurde, nicht nach außen, sondern gegen die eigene Person. Betäubt sie mit Drogen, verletzt sich seelisch und körperlich. In ihrem Buch »Am Anfang war Erziehung« hat die Schweizer Psychoanalytikerin Alice Miller unter anderem am Beispiel von Christiane F., dem durch eine Reportage im »Stern« bekannt gewordenen Mädchen vom Bahnhof Zoo, dargestellt, wie eng Drogensucht und ein gescheitertes Leben mit frühkindlich erfahrener Gewalt zusammenhängen können. Wie sich das eine aus dem anderen ergeben kann.

Christiane wurde auf dem Land geboren, hatte später mit ihrer Familie lange Zeit in der Berliner Hochhaussiedlung Gropiusstadt gelebt. Ihr Vater schlug sie oft, dabei wusste sie schon im voraus, »wann es gleich passierte: Er holte den Handfeger aus der Küche und drosch auf mir herum.« Das war des Vaters besondere Art, mit ihr Schularbeiten zu machen. Einmal sollte sie ins Rechenheft Häuser malen. Sie wusste genau, wie sie das machen sollte, hatte einen Plan, setzte sich an den Tisch. Doch plötzlich tauchte ihr Vater auf, erkundigte sich, von wo bis wohin denn so ein Häuschen gezeichnet werden sollte. Doch da war Christiane F. schon völlig verkrampft. »Vor lauter Angst zählte ich die Kästchen nicht mehr, sondern fing an zu raten. Immer, wenn ich auf ein falsches Kästchen zeigte, bekam ich eine geklebt. Als ich nur noch heulte und überhaupt keine Antwort mehr geben konnte, da ging er zum Gummibaum. Ich wusste schon, was das bedeutete. Er zog den Bambusstock, der den Gummibaum hielt, aus dem Blumentopf. Dann drosch er mit dem Bambusstock auf meinen Hintern, bis man buchstäblich die Haut abziehen konnte.«

Doch nicht nur die Hausaufgaben wurden für Christiane F. zu einem Martyrium. Auch wenn sie beim Essen kleckerte, »hatte ich ein Ding weg. Wenn ich etwas umstieß, versohlte er mir den Hintern. Ich wagte kaum noch, mein Milchglas zu berühren. Vor lauter Angst passierte mir dann bei fast jedem Essen irgendein Unglück.« Ihr Vater vertrat offensiv den Standpunkt: Ordnung sei das Wichtigste im Leben. Dieser Prämisse musste sich Christiane F. um jeden Preis zu jeder Tageszeit unterordnen. Wenn er nachts beim Nach-Hause-Kommen auf Unordnung stieß, zerrte er sie gnadenlos aus dem Bett und schlug zunächst auf sie ein. Danach kam ihre kleine Schwester dran, die »bekam anschließend auch noch etwas ab. Dann warf mein Vater unsere Sachen auf den Fußboden und befahl, in fünf Minuten wieder alles ordentlich aufzuräumen. Das schafften wir meistens nicht und bekamen noch mal Kloppe.«

Trotzdem, so gesteht die damals drogensüchtige Christiane im Gespräch mit Alice Miller, »liebte und achtete ich meinen Vater irgendwie. Ich dachte, er sei anderen Vätern haushoch überlegen. Aber vor allem hatte ich Angst vor ihm. Dabei fand ich es ziemlich normal, dass er so oft um sich schlug. Bei anderen Kindern in der Gropiusstadt war es zu Hause nicht anders. Die hatten sogar manchmal richtige Veilchen im Gesicht und ihre Mütter auch.« An manchen Tagen ging es in den Familien der Nachbarschaft so hoch her, dass in ihrer Straße auch Möbelstücke aus den Hochhäusern heruntergeschmissen wurden, Frauen um Hilfe schrien und die Polizei kam. »So schlimm war es bei uns also nicht.«

Laut Alice Miller fing Christiane F. schließlich an, sich so zu benehmen, dass ihr Vater einen guten Grund zum Prügeln bekam. »Auf diese Art wertet sie ihn auf, sie macht aus dem ungerechten und unberechenbaren Vater wenigstens einen gerecht strafenden«, interpretierte die Psychoanalytikerin Christianes Verhalten. »Christiane hat früh lernen müssen«, so Alice Miller, »dass Liebe und Anerkennung nur mit der Verleugnung der eigenen Bedürfnisse, Regungen und Gefühle (wie Hass, Ekel, Widerwille) zu erkaufen ist, also um den Preis der Selbstaufgabe. Das ganze Bestreben geht nun dahin, diese Selbstaufgabe zu erreichen«. Cool zu sein, cool zu bleiben. Dazu brauchte Christiane Drogen. So, wie die Eltern früher »mit Hilfe des Schlagens die Gefühle des Kindes nach ihren Bedürfnissen erfolgreich unter Kontrolle bekamen, so versucht jetzt das zwölfjährige Mädchen, ihre Stimmungen mit Hilfe von Drogen zu manipulieren.«

Eine Unicef-Studie über Gewalt gegen Kinder aus dem Jahr 2009[46] bestätigt Alice Millers Rückschlüsse aus Christiane F.s Kindheitserfahrungen. Demnach neigen betroffene Kinder später häufig zu Risikoverhalten wie Alkohol- und Drogenkonsum oder suchen frühzeitig sexuelle Beziehungen. Probleme wie Angst, Depression, Wahnvorstellungen, mangelnde Leistungsfähigkeit in der Schule und später im Beruf, Gedächtnisstörungen und aggressive Verhaltensweisen können die Folgen sein. Untersuchungen belegen Zusammenhänge mit späteren Lungen-, Herz- und Lebererkrankungen, Geschlechtskrankheiten, Totgeburten, gewalttätigen Beziehungen und Selbstmordversuchen. Für die USA wurden die finanziellen Auswirkungen von Kindesmisshandlungen und Vernachlässigung einschließlich Einkommensausfällen und Gesundheitskosten im Jahr 2001 laut Unicef auf 94 Milliarden Dollar geschätzt.

Spätestens seit Alice Miller 1983 in ihrem Buch »Das Drama des begabten Kindes« beschrieb, welche schweren Schäden Misshandlungen von Kindern hervorrufen können, weiß man um die Auswirkungen solch drastischer Erziehungsmaßnahmen. Im Vorwort ihres Buches »Am Anfang war Erziehung« beklagte die 2010 verstorbene Therapeutin, das Bewusstsein der Öffentlichkeit sei »indessen noch weit von der Erkenntnis entfernt, dass das, was dem Kind in den ersten Lebensjahren passiert, unweigerlich auf die ganze Gesellschaft zurückschlägt, dass Psychosen, Drogensucht, Kriminalität ein verschlüsselter Ausdruck der frühesten Erfahrungen sind.«

Die dunklen Seiten des Lebens

Arne Hofmann weiß aus seiner Praxis, dass Menschen, die in ihrer Kindheit Gewalt erfuhren, die in dunklen Räumen sich selbst überlassen wurden, die niemand tröstete, später häufig depressiv werden. Weil sie damals regelrecht »gebrochen wurden«, so Hofmann. Dies führt seiner Erfahrung nach dazu, dass sie als Erwachsene »ihr Potential nicht voll ausleben können«. Die merken, dass sie schüchterner und scheuer sind als andere. »Sie verhalten sich so, als würden sie immer noch befürchten, für eine Übertretung, ein Widerwort Prügel zu beziehen. Selbst wenn die Gegenwart hierzu keinerlei Anlass mehr bietet.« Häufig sind das seiner Erfahrung nach Menschen, die ihre Gefühle gut wegstecken, »sich äußerlich gut anpassen können. Das war ja das, was in den 50er/60er Jahren beim Wiederaufbau gebraucht wurde.«

Der Nachteil an diesem Verhalten ist, dass ein Mensch, so Hofmann, »zum leben eines erfüllten Lebens einen Teil der Affekte benötigt, die diese Generation wegbunkern musste. Viele dieser Patienten haben das Gefühl, ich funktioniere gut, aber ich spüre bestimmte Seiten meines Lebens nicht. Und das liegt eben unter anderem daran, dass sie in den Phasen, wo sie emotional und körperlich Gewalt erlebt haben, die Gefühle, die genau zum Erleben eines normalen Alltagslebens und einer vollen Spannbreite des Lebens notwendig sind, einfach hinten weggebunkert, wegdissoziiert haben. Ich denke, da sind einfach systematische Erziehungsfehler gemacht worden.«

In einem ihrer letzten Interviews machte Alice Miller im Herbst 2009 ihre Position noch einmal deutlich:

> Ich spreche von Kindesmisshandlung […], wo das Kind nicht respektiert, erniedrigt, verwirrt, betrogen und sexuell missbraucht wird. In all diesen Fällen wird mir übrigens kaum widersprochen. Hingegen gelingt es mir oft nicht, Menschen zu informieren, dass das Schlagen der Kinder eine folgenschwere Misshandlung ist, weil dies seit Jahrtausenden praktiziert […] und als Erziehung zum Besten des Kindes bezeichnet wird. Fast alle heute lebenden Eltern wurden als Kind geschlagen und mussten leider sehr früh von ihren Eltern lernen, dass diese Praxis als harmlos und richtig anzusehen ist. […] Die Kinder von heute sind die Bürger von morgen. Sie durften sich gegen die Angriffe ihrer Eltern nicht wehren, waren hilflos, mussten ihren Zorn tief unterdrücken, um weitere Strafen zu vermeiden, aber sobald sie erwachsen werden, meldet sich dieser Zorn und richtet sich vor allem gegen die eigenen Kinder, aber auch gegen andere Menschen, die man straflos als Sündenböcke benutzen kann.

16. Kapitel

WIRD HEUTE NOCH GESCHLAGEN?

Eine Schmerz verursachende Güte

> Auf die Frage eines Journalisten danach, ob er seinen später so berühmten Sohn Michael mit Rute und Gürtel geschlagen habe, antwortete Joseph Jackson: »Geschlagen habe ich nie mit Rute und Gürtel. Gepeitscht habe ich ihn damit! Schlagen tut man jemandem mit einem Stock, aber nicht mit Rute und Gürtel.«

Die einst von Martin Luther propagierte Schmerz verursachende Güte im Umgang mit Kindern hat sich über die Jahrhunderte hinweg gehalten. Sie ist auch heute längst nicht ausgestorben. Was aus Kindern wird, die mit Gewalt und Psychoterror groß werden, hat dieses Buch gezeigt. Wie sehr diese Erfahrung ein ganzes Leben prägen kann, wurde deutlich. Doch geht es überhaupt anders? Können Kinder auch ohne Ohrfeigen und Stubenarrest heranwachsen? Müssen Eltern sie nicht ab und zu zur Raison bringen, ihnen durch einen Klaps auf den Po, ein paar Watschen um die Ohren zeigen, wer das Sagen hat und wo es langgeht im Leben?

Nein, das müssen sie nicht. Selbstverständlich geht es auch anders. Das habe ich im Umgang mit meinem eigenen Kind erlebt. Aber auch mit meinen Freundinnen und Freunden, die allesamt bestrebt waren, es anders als ihre Eltern zu machen. Ihre Kinder zu verstehen, sich in sie einzufühlen. Wer dies berücksichtige, der – so bestätigte mir Ulf Preuss-Lausitz – »kann sein Kind selbstverständlich gewaltfrei erziehen.« Der Erziehungswissenschaftler wies in unserem Gespräch darauf hin, dass inzwischen in vielen Familien Kinder liebevoll behütet und ohne Prügel aufwüchsen.

Auch wenn manche Elternpaare noch immer »unglücklicherweise psychische Formen der Verletzung praktizieren. Die sehen dann zum Beispiel so aus, dass die Mutter sagt, ich fühle mich ganz schlecht. Du machst mich unglücklich. Du bist schuld, dass ich leide, wenn du dich so und so verhältst. Da kriegt das Kind natürlich ein schlechtes Gewissen«.

Einfühlungsvermögen und das Gespräch mit dem Kind scheinen die besten Voraussetzungen dafür, Gewalt in der Erziehung zu vermeiden. Darin waren sich alle Experten, die ich für dieses Buch befragte, einig. Nur leider wird dies noch immer nicht überall so gehandhabt. Warum sonst müssen in Deutschland jede Woche zwei Kinder an den Folgen von Misshandlungen sterben?

Nach Angaben des Bundeskriminalamtes (BKA) stieg die Zahl der angezeigten Kindesmisshandlungen in den vergangenen fünf Jahren kontinuierlich. 2009 waren es 4 080 Fälle, bei denen bis zu 14-jährige Jungen und Mädchen Opfer von Misshandlungen wurden. 2005 waren es 3 360. »Da in diesem Zeitraum die Zahl der Kinder weiter zurückging, ist die Zahl der wirklich gefährdeten Jungen und Mädchen sogar um 29 % gestiegen«, so der Abteilungspräsident des Kriminalistischen Instituts des BKA, Carl-Ernst Brisach, vor Journalisten. Zudem würde viele Fälle gar nicht bekannt. Die tatsächliche Zahl der Misshandlungen von Kindern ist nach Expertenangaben nicht seriös verifizierbar, liegt jedoch weitaus höher.

Deutsche Jugendämter haben 2010 mehr Kinder und Jugendliche aus ihren Familien herausgenommen als im Jahr zuvor. Wie das Statistische Bundesamt in Wiesbaden im Juli 2011 mitteilte, stieg diese Zahl im Vergleich zu 2009 um acht Prozent, damit um 2 600 Fälle auf 36 300 Kinder und Jugendliche. Innerhalb der vergangenen fünf Jahre erhöhte sich die Zahl der Inobhutnahmen um 42 Prozent, hieß es am 13. Juli 2011 in einer Meldung von »stern.de«. Kinder und Jugendliche werden immer dann in Obhut genommen, wenn sie in ihrem Elternhaus verwahrlost, missbraucht oder einfach nicht versorgt werden. Viele Eltern seien überfordert, hieß es, oft sind Beziehungsprobleme der Grund. In jedem zehnten Fall werden Kinder vernachlässigt. Wie dpa ergänzend berichtete, sind diese Zahlen auch ein Zeichen dafür, dass Verwandte und Nachbarn häufiger als früher Jugendämter auf problematische Situationen innerhalb der Familien aufmerksam machten. Die Leiterin des Frankfurter Jugend- und Sozialamtes wird in dem Zusammenhang mit der Einschätzung zitiert: »Das ist eine positive Entwicklung. In unserer Gesellschaft wird wieder mehr aufeinander geachtet, insbesondere auf die Lage von Kindern.«

Super-Nanny und Eltern-Magazine

Trotz einer Ratgeberschwemme auf dem Büchermarkt, in Zeitschriften, im Fernsehen – das Prügeln und Misshandeln von Kindern durch ihre Eltern ist nicht aus dem Erziehungsalltag in diesem Land verschwunden. Zu diesem Ergebnis kommt eine Studie, die das Bundesjustizministerium im Oktober 2005 veröffentlichte, und die die soeben zitierten Zahlen untermauert. Darin heißt es: »Zum Teil kann man dieses Phänomen auf eigene Gewalterfahrungen in der Kindheit, Stress und Überforderung im Alltag zurückführen, aber auch darauf, dass gerade leichte Gewaltformen nicht als Gewalt angesehen werden.«

Gewaltfreie Erziehung ist nach Angaben des Deutschen Kinderschutzbundes heute für 90 Prozent der deutschen Eltern ein Ideal – allerdings würden lediglich ein Drittel der Eltern wirklich ohne jegliche Gewalt erziehen. Ein Klaps oder eine leichte Ohrfeige gehörten weiterhin bei vielen Eltern zur Disziplinierung ihrer Kinder. Vielfach geht die Gewalt dabei von jenen Menschen aus, denen die Kinder am meisten vertrauen: von Familienangehörigen, Lehrern, Erziehern, beklagte die UN-Sonderbeauftragte für Gewalt gegen Kinder, Marta Santo Pais, 2010 bei der Vorstellung eines Berichts über die weltweite Gewalt gegen Kinder. Dabei kritisierte sie besonders, dass Schläge, Drangsalierungen aber auch sexueller Missbrauch oftmals noch immer gesellschaftlich geduldet würden und für unzählige Kinder zum Alltag gehörten.

Die Ergebnisse dieser Studie zeigen, dass in anderen Ländern ebenfalls noch immer heftig auf Kinder eingedroschen wird: In Frankreich sind es durchschnittlich drei Kinder, die wöchentlich an Misshandlungen sterben. Die »fessée« gehörte stets zur französischen Erziehung und ein Klaps auf den Po – davon sind noch immer die meisten Eltern in unserem Nachbarland überzeugt – habe noch niemandem geschadet. Doch nun scheint es einen Umschwung zu geben. Zumindest die Mitarbeiter in der »Fondation pour l'Enfance« sind davon überzeugt: »Körperliche Gewalt hat noch jedem geschadet.« Die Kinderschutzvereinigung machte im Sommer 2011 mit einer Anti-Prügel-Kampagne von sich reden. Sie hatte ein Anti-Gewalt-Video ins Netz gestellt, der Film wurde auch im Fernsehen ausgestrahlt. Ein Gesetzesvorstoß der UMP-Abgeordneten und Kinderärztin Edwige Antier gegen körperliche Züchtigung von Kindern hat die Diskussion über das Für und Wider in Frankreich weiter angeheizt.

In den sehr viel größeren USA sterben sogar 27 Kinder wöchentlich an Misshandlungen in ihren Familien. Und weltweit kommen nach Angaben der Kinderhilfsorganisation Unicef jährlich über 50 000 Kinder durch Gewalt und Missbrauch ums Leben. Schläge, körperliche und seelische Vernachlässigung sowie Misshandlungen von Kindern sind laut Unicef in allen Ländern der Erde, über alle kulturellen, sozialen, ethnischen und bildungsmäßigen Unterschiede hinweg verbreitet. Obwohl Gewalt die gesamte Entwicklung von Kindern nachhaltig beeinträchtigt und ihre Menschenrechte verletzt, wird sie, so Unicef, bis heute vielfach sozial akzeptiert und ist in vielen Ländern nach wie vor teilweise legal. Nur 16 Länder haben demnach das Recht auf eine gewaltfreie Erziehung gesetzlich verankert, darunter seit Anfang des Jahres 2000 auch Deutschland.

Der Vater eines Spitzenkochs teilte satt aus

Doch noch immer ergeht es auch in Deutschland Kindern so, wie dies Spitzenkoch Tim Raue, 36 Jahre alt, am 15. August 2010 in »Bild am Sonntag« schilderte. Unter der Überschrift: »Meine erste Erinnerung ans Kochen sind die Kochlöffel, mit denen mein Vater mich geprügelt hat« plauderte der mit einem Michelin-Stern ausgezeichnete Raue aus Anlass seiner neuen SAT.1-Show »Deutschlands Meisterkoch« darüber, wie ihn seine Stiefmutter mit Kleiderbügeln schlug. Wie aber auch sein Vater anfing, »satt auszuteilen. Ich gebe zu, ich war ein schwieriger Junge. Ich hab viel Mist gemacht. [...] Mein Vater wusste sich in Konflikten nicht mehr anders zu artikulieren als zuzuschlagen [...] Mit Ohrfeigen hatte das nicht mehr viel zu tun. Einmal hat er so heftig auf mich eingeprügelt, dass ich bewusstlos auf dem Teppich lag.« Als Jugendlicher schloss Raue sich in Berlin-Kreuzberg einer Gang an. »Wenn es irgendwo Stress gab, stand ich ganz vorne dabei. Ich hatte auf einmal eine Ersatzfamilie. Meine schiefe Nase rührt aus der Zeit und auch die eine oder andere gebrochene Rippe. Aber der Schmerz eines Rippenbruchs ist nicht annähernd so schlimm, als wenn einen der eigene Vater verprügelt [...] Ich habe mich mit gutem Essen gestreichelt, weil das sonst nie jemand getan hat.«[47]

Der Trend geht weg vom Knüppel hin zum Gespräch

Trotz derartiger Beispiele sieht der Kriminologe Christian Pfeiffer eine positive Entwicklung: »Unmittelbar nach dem Krieg war scheinbar alles erlaubt. Es gab keine Verbote für Lehrer und Eltern, die Kinder zu züchtigen. Es dauerte dann einige Zeit, bis der Bundestag im Jahr 2000 das elterliche Züchtigungsrecht abgeschafft hat. Ferner hat er das Gewaltschutzgesetz zwei Jahre später in Kraft gesetzt. Mit der Folge, dass seitdem die Polizei das Recht hat, einen massiv prügelnden Menschen aus der Familie, aus der Wohnung zu verweisen. Parallel dazu haben die Frauenhäuser ihr segensreiches Wirken begonnen und sehr viele Frauen und ihre Kinder vor der innerfamiliären Gewalt schützen können. Heute haben wir die erfreuliche Situation, dass in allen sozialen Schichten, bei Deutschen genauso wie bei Migrantenfamilien, die innerfamiliäre Gewalt abnimmt. Bei den Migranten haben wir allerdings immer noch eine importierte Machokultur, die sich erst im Laufe einer Generation schrittweise verändern wird.«

Zahlen bestätigen dies. So ergab eine Befragung im Auftrag des Bundesfamilienministeriums, dass bei deutschen Eltern die Rate an regelrechten Kindesmisshandlungen inzwischen bei konstant unter 10 % liegt, bei türkischen Familien wird ein Wert von 18 % angegeben, bei Migrantenfamilien aus der früheren Sowjetunion 12 % und Familien aus dem ehemaligen Jugoslawien 15 %. Noch vor zwölf Jahren beobachteten Pfeiffer und sein Team vom Kriminologischen Institut Niedersachsen, »dass gut ein Drittel der von uns befragten türkischen 15-Jährigen uns berichteten, sie hätten gesehen, dass der Vater die Mutter prügelt oder gelegentlich auch mal umgekehrt die Mutter den Vater und auch sie selber seien ganz massiv misshandelt worden. Das hat sich deutlich reduziert. Also es setzt sich auch dort schrittweise eine gewaltfreie Erziehung durch und ein gewaltfreier Umgang in den Familien.«[48]

Du musst ein Mann sein – Relikte aus alter Zeit

Als ich für mein in der Spielzeit 2010/2011 in den Kammerspielen Bad Godesberg aufgeführtes Theaterstück »Zwei Welten«[49] einen in Bonn lebenden syrischen Kurden interviewte, beschrieb der mir seine familiäre Gewalterfahrung folgendermaßen:

> Ich sag nicht, Deutsche sind schwach, aber die trauen sich nicht wie Ausländer draufzuschlagen. Weil die sind anders

> aufgewachsen. Die werden nicht von ihren Eltern geschlagen. Und ausländische, wie man hört, ja. Wenn ich wo runter gefallen bin und habe geweint, dann haben mich meine Cousins geschlagen. Haben gesagt, warum, du bist doch kein Mädchen. Ein Mann weint nicht. Du musst ein Mann sein. Dann haben die mich geschlagen. So eine Art Abhärtung. Wenn ich zum Beispiel Scheiße gebaut hab, dann gab's auch mal Schellen, also Schläge. Nicht reden. Erst mal Schläge, dann wird geredet. Dann ist ja mein Vater sauer. Erst mal Wut rauslassen. Wenn ich jetzt Kinder kriegen würde, ich glaub, ich würde die auch schlagen. Ich sage jetzt, dass wenn ich älter werde, ich weiß nicht [...] Es geht ja immer weiter. Ich denke mal, ich werde später auch schlagen.

Die Schriftstellerin Mirijam Günter beschrieb in der Süddeutschen Zeitung (23.10.2010) ihre Erfahrungen mit acht inhaftierten türkisch- und arabischstämmigen Jugendlichen, mit denen sie eine ihrer Literaturwerkstätten abhielt. Als sie diesen jungen Männern erklärte, dass in Deutschland jedes Kind das Recht auf eine gewaltfreie Erziehung habe, schauten sie acht Augenpaare fassungslos an. »Das glaube ich nicht«, sagte einer der Teilnehmer. »Das Gesetz gilt aber nur für deutsche Familien«, behauptete ein Junge, und alle in der Gruppe begannen nun, von Prügeln in ihrer Kindheit und Jugend zu berichten, die mit Händen, Fäusten, Ledergürteln oder allem, was so herumlag, verabreicht wurden. »Das ist normal bei uns«, so einer der Jungen. »Wir haben doch vor niemandem Respekt. Die Bullen und die Lehrer sind doch Witzfiguren. Ich habe nur vor meinen Eltern Respekt.« In vielen der Projekte, die Mirijam Günter anbietet, erzählten ihr allerdings nicht nur die Teilnehmer aus Migrantenfamilien von Gewalt, die sie zu Hause erleben mussten.

So geht es »definitiv nicht nur in Migrantenfamilien zu«, versicherte mir auch Traumatherapeut Arne Hofmann. Es »geht durch alle Schichten.« Wobei der körperliche Missbrauch in den unteren Schichten etwas häufiger vorkomme. Der sexuelle Missbrauch allerdings, den findet man seiner Erfahrung nach schichtenunabhängig in allen möglichen Familien. Und emotionale Gewalt ist ebenfalls, so Hofmann, »relativ gleich verteilt.« Dies alles hänge vom Grad der Informationen ab, die jemand erhalte und in die Praxis umzusetzen bereit und in der Lage sei. Selbstverständlich sei der Prozentsatz von Menschen, die ihre Kinder prügeln, höher, wenn sie aus anderen Kulturen kämen, »in denen Prügeln einfach Standard ist –und in vielen, vielen Ländern der Welt ist das Standard. Und es braucht Zeit, bis sich ein anderer Umgang durchsetzt. Gerade wenn man selber geprügelt worden ist und es in der Familie eine Tradition dazu gibt, ändert sich das nicht von heute auf morgen.«

Beate ist Sonderpädagogin an einer städtischen Grundschule mit einem Ausländeranteil von 80 %. Es fällt ihr schwer dahinterzukommen, ob eines der Kinder geschlagen wird oder nicht. »Also ich kann das definitiv nicht genau feststellen, weil das ein ganz heikles Thema ist und wir da vorsichtig mit umgehen. Aber meine Vermutung ist, dass bestimmt die Hälfte aller Kinder mit Migrationshintergrund auf jeden Fall Gewalterfahrung haben. Es gibt welche, da vermute ich es nur, vom Verhalten. Und es gibt welche, die kommen mit großer Offenheit zu mir und schildern das. Es gibt Kinder, die sind selber sehr aggressiv. Das zeigt sich dann darin, dass sie ihre Erlebnisse eben weitertragen. Es gibt aber auch die Kinder, die sehr verschüchtert sind, fast ein bisschen apathisch, wo man so den Eindruck hat, die leben in einer Parallelwelt. Gibt es beides, also es kann in die oder in die Richtung gehen«, so Beate im Gespräch mit mir.

Zur ihr kommen Kinder, die ihr von Gewalt zu Hause berichten, sie aber gleichzeitig anflehen, mit großer Angst, »sprich hierüber bloß nicht mit meinen Eltern, sonst krieg ich noch mehr Schläge. Also die kommen eher so vertrauensvoll. Aber viele erzählen das beiläufig.« Oftmals fällt ihr zunächst nur auf, dass ein Schüler dem Unterricht nicht mehr folgt, regelrecht blockiert ist. Wie neulich, wo einer dann in einem Nebensatz die Bemerkung fallen ließ: »Oh Gott, wenn ich das jetzt nicht verstehe und mein Vater das mitkriegt, dann werde ich geschlagen.«

Sie weiß, dass sie mit einer solchen Information nicht einfach zu den Eltern hingehen und sie zur Rede stellen kann. Die würden das sicher vehement abstreiten und ihren Zorn später wieder an dem Kind ablassen. Oder sie würden ihr sagen, ach, hier ist das verboten, aber bei uns ist das normal. Manchmal wendet sie sich direkt ans Jugendamt. »Es ist ein angstbesetztes Thema. Es ist letztlich ja nur ein Verdacht, den man ausspricht. Und die Vorstellung von der Konsequenz, wenn es sich als falsch herausstellt, und man das ausgesprochen hat, also ich habe das Gefühl, da würde ich ein Fass aufmachen, was vielleicht nach hinten losgeht.«

Ein Mädchen polnischer Herkunft hat neulich im Gesprächskreis, der immer Montagsmorgens stattfindet, erzählt, dass sie am Wochenende von ihrem Vater geschlagen wurde, weil der wieder betrunken war. »Das schilderte sie mit großer Selbstverständlichkeit. Die Reaktion der anderen Kinder war, ja, ja, das kennen wir. Die wirkten überhaupt nicht überrascht. Es war wie wenn jemand erzählen würde, ja wir waren am Wochenende im Zoo.«

Noch ist es nicht vorbei

»Es werden heute immer noch viele Kinder geschlagen«, sagt Claudia, die Kölner Kindertherapeutin, deren Vater seine Ohrfeigen so gerne bei Tisch austeilte. »Aus Hilflosigkeit, aus Unwissen. Aus Überforderung. Und es ist heute sehr schambesetzt bei den Kindern, weil die wissen, wenn das jemand sieht, das geht gegen die Eltern. Sie schämen sich für ihre eigenen Eltern. Für ihre unzulänglichen Eltern.«

Doch die Zeiten von Kopfnuss und Rute, Rohrstock, Lederriemen und Teppichklopfer sind vorbei. Wer sein Kind noch immer schlägt, hat nichts verstanden von dem, was längst überall propagiert wird: Gewalt bringt nichts, Fürsorge und Empathie in der Erziehung sind angesagt. Und wer sich hieran nicht hält, dem droht der Staatsanwalt.

Monika, die als Kind so häufig den nassen Aufnehmer ihrer Mutter um die Ohren geklatscht bekam, sah kürzlich auf der Straße mit an, wie eine Frau ihr vierjähriges Kind schlug. Doch bevor sie einschreiten konnte, baute sich schon ein Passant vor dieser Frau auf und sagte: »Wissen Sie, dass das strafbar ist, was Sie hier machen?« Eine andere Passantin, die das Geschehen auch mitbekommen hatte, drohte der prügelnden Frau, wenn sie nicht sofort aufhöre, dann würde sie sie anzeigen. »Das fand ich ganz toll«, sagt Monika. Auch letztens in der Bahn, als eine Frau einem kleinen Kind eine Ohrfeige gab, stand jemand auf und sagte, das könne sie nicht machen, das sei verboten. Monika ist froh darüber, dass Menschen so reagieren, dass Kinder die Möglichkeit haben, sich in der Not ans Jugendamt zu wenden. »Also mir hätte das damals viel geholfen, wenn ich hätte sagen können, hört auf damit oder ich gehe zum Jugendamt. Dann werdet ihr schon sehen! Dann seid ihr aber dran!«

Kurz vor Redaktionsschluss dieser zweiten Auflage wurde das Ergebnis einer repräsentativen Forsa-Umfrage veröffentlicht: Danach straft fast die Hälfte der Eltern in Deutschland ihre Kinder immer noch mit einem Klaps auf den Po. Etwa 10 % räumten ein, Ohrfeigen zu verteilen. Eine Umfrage von *Eltern* verstärkt dies noch. Danach geben 4 % aller deutschen Eltern zu, ihren Kindern hin und wieder auch den Hintern zu versohlen. Anders als früher haben die meisten danach allerdings ein schlechtes Gewissen. Häufigster Grund für diese Übergriffe: Wer als Kind selbst geschlagen wurde, haut eher zurück. Den Unterschied zur Elterngewalt in den 50er und 60ern machte Gewaltforscher Kai Bussmann am 12.3.2012 bei spiegel-online deutlich: »Eltern schlagen heute fast immer aus Stress und Hilflosigkeit, aber kaum noch, weil sie glauben, ihrem Kind damit etwas Gutes zu tun.«

17. Kapitel

DIE JUSTIZ SCHLUG KRÄFTIG MIT

Die Justiz hat gewalttätigen Eltern oft den Rücken gestärkt, hat ihnen ausdrücklich erlaubt, ihre Kinder zu schlagen, hat prügelnden Vätern den Rohrstock quasi in die Hand gedrückt. Der Gesetzgebung ist es zu verdanken, dass sich Eltern – vor allem aber Väter – im Recht fühlten, wenn sie nach Kochlöffel oder Gürtel griffen und damit das Hinterteil ihrer Kinder versohlten. Ich habe eine kleine Auflistung darüber zusammengestellt, wie sehr die Justiz den Zeitgeist bediente, ihn unterstützte, aber auch hinter ihm herhinkte. Die Juristin und Kinderschutzexpertin Lore Peschel-Gutzeit hat die gesetzlichen Entwicklungen auf meine Bitte hin kommentiert und interpretiert:

1758 erlaubte der bayerische Codex Maximilianeus Bavaricus Civilis dem Ehemann, seine Frau zu züchtigen. Und zwar »nötigenfalls mit Mäßigkeit«. Ein Recht, das seit 1.1.1900 mit der offiziellen Einführung des Bürgerlichen Gesetzbuches (BGB) zwar von Gerichten nicht mehr angewendet worden war, das aber erst 1947 aufgehoben wurde.

1896 entstand die ursprüngliche Fassung des § 1631 Abs. 2 BGB, die da lautete: »*Der Vater kann kraft des Erziehungsrechts angemessene Zuchtmittel gegen das Kind anwenden. Auf seinen Antrag hat das Vormundschaftsgericht ihn durch Anwendung geeigneter Zuchtmittel zu unterstützen.*« Man beachte: Das Züchtigungsrecht hat der Vater, der als Familienoberhaupt galt. Dies galt, bis 1958 das Gleichberechtigungsgesetz in Kraft trat.

1900 wurde mit der Einführung des Bürgerlichen Gesetzbuches das Züchtigungsrecht des Dienstherrn gegenüber seinem erwachsenen Gesinde abgeschafft. Das Züchtigungsrecht gegenüber seinen minderjährigen Mägden und Knechten blieb weiterhin bestehen. Die preußische Gemeindeordnung erlaubte noch bis 1918 die Züchtigung von Gesinde durch ihre Herrschaft. Die Züchtigungserlaubnis des Vaters seinem Kind gegenüber wurde übernommen.

1947 wurde das Recht des Ehemannes, die Ehefrau zu züchtigen, aufgehoben.

1949 verbot die DDR offiziell Körperstrafen an Schulen.

1951 wurde das Recht des Lehrherrn zur »väterlichen Zucht« der Lehrlinge aufgehoben. Bis dahin hatte § 127a der Gewerbeordnung dem Lehrherrn dies ausdrücklich noch zugestanden. Inzwischen verbietet § 31 des Jugendarbeitsschutzgesetzes die Züchtigung von Auszubildenden.

1958 trat das Gleichberechtigungsgesetz in Kraft, §1627 BGB; zeitgleich wurde der §1631 BGB, in dem das Züchtigungsrecht dem Vater eingeräumt worden war (*Der Vater kann kraft des Erziehungsrechts angemessene Zuchtmittel gegen das Kind anwenden ...*), in seiner alten Fassung gestrichen. Von nun an hieß es: »*Die Sorge für die Person des Kindes umfasst das Recht und die Pflicht, das Kind zu erziehen, zu beaufsichtigen und seinen Aufenthalt zu bestimmen*«. Dies galt bis 1980.

»Diese Gesetzesänderung erfolgte jedoch nicht etwa, um Kinder vor der Gewalt des Vaters zu schützen. Vielmehr stellte das alleinige väterliche Züchtigungsrecht einen Verstoß gegen den Gleichberechtigungsgrundsatz von Mann und Frau in Artikel 3 Grundgesetz dar. Und der Ehefrau und Mutter mochte der Gesetzgeber dann doch kein eigenes Züchtigungsrecht einräumen«, erläuterte mir die Juristin und Kinderrechtsexpertin Lore Maria Peschel-Gutzeit die damaligen Beweggründe. »Denn ihm, dem Patriarchen der Familie, schrieb das Gesetz bis dahin eine Art ›Alleinherrschaft‹ zu. Diese erstreckte sich nicht nur auf die Kinder sondern auch auf die Ehefrau«, so Peschel-Gutzeit. Mit der Gesetzesänderung von 1958 sind zwar die Zeiten des »pater familias« vorbei. Doch obwohl das Züchtigungsrecht des Vaters nun nirgendwo mehr schriftlich verbrieft war, galt es gewohnheitsrechtlich weiter. Was dem gesellschaftlichen Bewusstsein der damaligen Zeit voll und ganz entsprach.

1959 hob das Bundesverfassungsgericht (BVG) in Karlsruhe das Vorrecht des Vaters bei der Kindererziehung endgültig auf. Bis dahin sah das Bürgerliche Gesetzbuch vor, dass Eltern die elterliche Gewalt in eigener Verantwortung und in gegenseitigem Einvernehmen zum Wohle des Kindes ausüben. Doch das Gesetz hatte zwei Haken: Konnten sich die Eltern nicht einigen, entschied laut § 1628 noch immer der Vater. Auch die gesetzliche Vertretung des Kindes war Sache des Vaters, so § 1629. Damit fiel die Gesetzgebung – beklagte damals das Bundesverfassungsgericht – hinter das Grundgesetz zurück, denn sie lasse sich mit dessen Gleichheitsgebot nicht in Einklang bringen.

Der damalige Bundesjustizminister Fritz Schäffer sah das anders: Er wies auf die »objektiven biologischen und funktionalen Unterschiede von Mann und Frau« hin und meinte, der Gesetzgeber habe sich für den Vater als Familienoberhaupt entschieden, weil dies den tatsächlichen Gepflogenheiten in den meisten Familien entspreche. Mit Blick auf die Vergangenheit hatte er durchaus recht.

1965 hatte ein Amtsrichter in Braunschweig erstmals in Deutschland per Gerichtsurteil einem Lehrer klar gemacht, dass das Schlagen eines Schülers eine Körperverletzung darstelle und damit verboten sei. Bis dahin hatten sich die Lehrer auf ein Gewohnheitsrecht berufen. Dieser Urteilsspruch ging durch alle Instanzen, bis der Bundesgerichtshof ihn zwei Jahre später, 1967, bestätigte. Damit stand fest: Schläge, selbst die Ohrfeige, sind als Erziehungsinstrument in der Schule, durch Pfarrer oder durch Erzieher in öffentlichen Einrichtungen verboten.

1968 verkündete das Bundesverfassungsgericht in einer geradezu bahnbrechenden Entscheidung, dass das in Artikel 6 Abs. 2 des Grundgesetzes verankerte »Elternrecht« von nun an ausschließlich als »Elternverantwortung« verstanden werden müsse. Den Eltern wurde die Pflicht auferlegt, ihre Erziehungsgewalt oder vielmehr ihre Verantwortung allein zum Wohle des Kindes auszuüben. Denn das Kind sei auf den Schutz und die Hilfe der Eltern angewiesen, um sich zu einer eigenverantwortlichen Persönlichkeit innerhalb der sozialen Gesellschaft entwickeln zu können. Zum ersten Mal wurde vom obersten Gericht festgelegt, dass ein Kind, sollten Eltern ihrem Erziehungsauftrag zu seinem Wohle nicht nachkommen können, einen eigenen Anspruch auf Schutz durch den Staat habe.

Die wirkliche Neuerung damals war nach Einschätzung von Lore Maria Peschel-Gutzeit die Feststellung des Bundesverfassungsgerichts, »dass das Kind ein Grundrechtsträger ist, der eine eigene Menschenwürde und ein eigenes Recht auf Entfaltung seiner Persönlichkeit im Sinne von Art. 1, Abs. 1 und Art. 2, Abs. 1 des Grundgesetzes hat.« Die Juristin verweist darauf, dass es bis zum Jahr 1968 höchst umstritten war, ob das Kind überhaupt Träger eigener Grundrechte ist. In der juristischen Literatur wurde behauptet, und das, so Peschel-Gutzeit, gelte zum Teil bis heute, »dass Kinder zwar Inhaber von Grundrechten sind, sie diese aber, solange sie minderjährig sind, nicht ausüben können.«. Deswegen war es ihrer Meinung nach »eine Sensation«, als das Bundesverfassungsgericht am 29. Juli 1968 wörtlich entschied:

> *Das Kind ist ein Wesen mit eigener Menschenwürde und dem eigenen Recht auf Entfaltung seiner Persönlichkeit im Sinne der Art. 1 Ab.1 und der Art. 2 Abs. 1 GG. Eine Verfassung, welche die Würde des Menschen in den Mittelpunkt ihres Wertesystems stellt, kann bei der Ordnung zwischenmenschlicher Beziehungen grundsätzlich niemandem Rechte an der Person eines anderen einräumen, die nicht zugleich pflichtgebunden sind und die Menschenwürde des anderen respektieren. Die Anerkennung der Elternverantwortung und der damit verbundenen Rechte findet daher ihre Rechtfertigung darin, dass das Kind des Schutzes und der Hilfe bedarf, um sich zu einer eigenverantwortlichen Persönlichkeit innerhalb der sozialen Gemeinschaft zu entwickeln, wie sie dem Menschenbilde des Grundgesetztes*

entspricht; hierüber muss der Staat wachen und notfalls das Kind, das sich noch nicht selbst zu schützen vermag, davor bewahren, dass seine Entwicklung durch einen Missbrauch der elterlichen Rechte oder eine Vernachlässigung Schaden leidet.

Deutlicher, so Peschel-Gutzeit, »konnte das oberste Deutsche Gericht nicht machen, dass das Kind selbst an den Grundrechten aus Art. 1 und 2 GG partizipiert, dass also niemand, weder der Staat noch die Eltern berechtigt sind, gegen die Würde des Kindes zu verstoßen. Was ja der Fall ist, wenn man ein Kind schlägt. Mit dieser Entscheidung setzte das höchste deutsche Gericht neue Maßstäbe für das Eltern-Kind-Verhältnis. Und es bereitete zugleich den Weg für eine rechtliche Aufwertung der Persönlichkeit des Kindes«. Dennoch war ein ausdrückliches Züchtigungsverbot 1968 noch undenkbar.

1973 wurde in der BRD das Recht auf »körperliche Züchtigung« in pädagogischen Einrichtungen gesetzlich verboten. In einzelnen Bundesländern war dieses Recht schon vorher aufgehoben worden. So in Nordrhein-Westfalen im Jahr 1971. Damit hatten Lehrer, Jugendfürsorger und auch Pfarrer kein Recht mehr, Kindern und Jugendlichen Watschen, Ohrfeigen oder Kopfnüsse zu erteilen.

Wenn der ehemalige Augsburger Bischof Mixa also über Watschen spricht, die er vor 20 oder 30 Jahren verteilt hat – somit 1980/1990 – und dies damit rechtfertigt, dass Ohrfeigen damals üblich gewesen seien, dann redet er von einer Zeit, in der die »körperliche Züchtigung« längst verboten war. »Gleichwohl«, so die Berliner Zeitung vom 24. April 2010, »wissen alle, die in den späten 70er oder in den 80er Jahren in die Schule gingen, dass es immer noch den einen oder anderen Lehrer gab, der Ohrfeigen verteilte, dies auch durchaus systematisch und nicht nur als Ausrutscher. Warum auch sollten ältere Lehrer das, was lange legitim und probat war, nun nicht mehr anwenden? Sie waren vermutlich schon Lehrer, als der bayrische Staatsminister für

Kultus und Unterricht, Alois Hundhammer, im Jahre 1947 eine Kampagne für die Prügelstrafe an bayrischen Schulen begann und sich dabei auf 60 Prozent der Eltern stützte, die die Prügelstrafe wünschten.«

1978 verfügte ein bayerisches Gericht – trotz des gesetzlichen Verbots der körperlichen Züchtigung in pädagogischen Einrichtungen – dass ein Lehrer wegen der »maßvollen Ausübung des ihm gewohnheitsrechtlich zustehenden Züchtigungsrechts« nicht bestraft werden durfte.

1980 wurde die Kindschaftsrechtsreform eingeführt, sie war der Beginn einer »neuen Ära im Verhältnis zwischen Eltern und Kindern«, so Peschel-Gutzeit. »Sie brachte den Übergang von der elterlichen Gewalt zur elterlichen Sorge, die Pflicht der Eltern, auf die Belange ihrer Kinder mehr als bisher einzugehen, Angelegenheiten der Kinder mit ihnen zu besprechen.« Dennoch war damals die Zeit noch nicht reif für ein generelles Gewaltverbot in der Erziehung. Der Rechtsausschuss des Deutschen Bundestages lehnte einen solchen Gesetzesvorstoß ab. Stattdessen wurde folgender Kompromiss in den § 1631, Abs. 2 BGB aufgenommen. Er trat am 1. 1. 1980 in Kraft: »*Die Personensorge umfasst insbesondere das Recht und die Pflicht, das Kind zu pflegen, zu erziehen, zu beaufsichtigen und seinen Aufenthalt zu bestimmen. Entwürdigende Erziehungsmaßnahmen sind unzulässig.*«

Für Peschel-Gutzeit war damit ein weiterer Schritt getan auf dem Weg zu einer gewaltfreien Erziehung. Denn seit 1980, seit Einführung dieser Gesetzesänderung, »konnte kein Vater, keine Mutter mehr von einem gesellschaftlichen Konsens oder gar einer gesellschaftlichen Billigung ausgehen, wenn sie ihr Kind geschlagen haben.«

1986 entschied der Bundesgerichtshof (BGH), dass Eltern sehr wohl noch immer »eine Befugnis zur maßvollen körperlichen Züchtigung« haben. Die Züchtigung mit einem stockähnlichen Gegenstand war somit nach Ansicht der fünf hohen Richter nicht pauschal zu verdammen. Anlass für diese Entscheidung war folgender Fall: Eltern hatten ihre 8-jährige Tochter viermal mit einem 1,4 cm starken Wasserschlauch auf Gesäß und Oberschenkel so geschlagen, dass rote Striemen zurückblieben. Das Landgericht Siegen hatte die Eltern daraufhin wegen gefährlicher Körperverletzung in vier Fällen und Verletzung der Fürsorgepflicht jeweils zu mehrmonatigen Bewährungsstrafen verurteilt und dies so begründet:

> *Der entwürdigende Charakter einer solchen Züchtigung liegt auf der Hand und wird auch von Kindern entsprechend empfunden, da eine Gleichbehandlung mit Tieren auf der Hand liegt, die eben nicht mit der Hand, sondern mit Gegenständen üblicherweise geschlagen werden.*

Auf Revision der Eltern hob der BGH dieses Urteil auf und entschied: »*Der Gebrauch eines Schlaggegenstandes (hier: stabiler Wasserschlauch) überschreitet nicht ohne weiteres die Grenzen des elterlichen Züchtigungsrechts.*« Diese Entscheidung des BGH wurde folgendermaßen begründet:

> *Der Angeklagte schlug – auf Veranlassung oder mit Zustimmung seiner mitangeklagten Ehefrau – die gemeinsame, damals etwa 8 Jahre alte Tochter Ch., die seit dem 5. Lebensjahr erhebliche Erziehungsschwierigkeiten bereitet hatte, insgesamt in vier Fällen jeweils mehrfach mit einem 1,4 cm starken, in sich stabilen Wasserschlauch auf Gesäß und Oberschenkel. Beide Eheleute hatten Zweifel an der Richtigkeit der durchgeführten körperlichen Züchtigung, hielten dieses Vorgehen aber für das einzig wirksame Erziehungsmittel.*

1992 ratifizierte die Bundesrepublik die UN-Kinderrechtskonvention und verpflichtete sich dadurch unter anderem, geeignete Gesetzgebungsmaßnahmen zu treffen, damit Kinder vor jeglicher Form körperlicher und seelischer Misshandlung geschützt werden. Damit war der internationale Druck auf den deutschen Gesetzgeber verstärkt worden, die kinderfeindliche Version des § 1631 internationalen Standards anzupassen. Dänemark, Schweden, Norwegen und Österreich, die ebenfalls diese UN-Kinderrechtskonvention ratifiziert hatten, legten Gewaltverbote in ihren Gesetzen fest. Deutschland zögerte. Gegner einer solchen Gesetzesveränderung schafften sich Gehör mit dem Argument, eine gesetzliche Änderung würde Eltern kriminalisieren, wenn sie ihrem Kind eine Ohrfeige verpassten. Im Bundestag und Bundesrat wurden in den 1990er Jahren zwar mehrere diesbezügliche Gesetzesänderungen beraten, aber keine verabschiedet.

1998 wurde im Rahmen der Reform des Kinderschaftsrechts der § 1631 Abs. 2 BGB abgeschwächt. Heraus kam ein Kompromiss ohne ein ausdrückliches Misshandlungsverbot der Eltern. Dennoch ein Schritt in die richtige Richtung. Der neue § 1631 Abs. 2 lautete nun: *»Entwürdigende Erziehungsmaßnahmen, insbesondere körperliche und seelische Misshandlungen, sind unzulässig.«*

1999 war es dann so weit. Endlich sollte ein Gesetz verabschiedet werden, dass Kindern eine gewaltfreie Erziehung zusicherte. Das Protokoll der 36. Sitzung des Rechtsausschusses und der 23. Sitzung des Ausschusses für Familie, Senioren, Frauen und Jugend vom 1. Dezember 1999, 14 bis 18 Uhr, ist äußerst lesenswert. An diesem Tag traten Experten auf, die sich über das Für und das Wider des von SPD und Bündnis 90/Die Grünen eingebrachten Entwurfs eines Gesetzes zur Ächtung der Gewalt in der Erziehung äußerten. Während dieser Anhörung schieden sich die Geister. Die einen hielten Demütigung von Kindern für absolut notwendig, um sie für das Leben zu stählen. Andere lehnten sie als Relikt einer schädlichen schwarzen Pädagogik strikt ab.

Am bemerkenswertesten war für mich die Stellungnahme des Pädagogen Jörg Dieterich, der laut Anhörungsprotokoll tief in die Mottenkiste der schwarzen Pädagogik griff. Wörtlich sagte er laut Sitzungsprotokoll:

> Wer von Ihnen ist noch nie gedemütigt worden? Ein Kind muss lernen, mit Demütigungen so umzugehen, dass es sie wegsteckt. Ich frag sie ganz polemisch: Warum nicht das Thema Demütigung den liebenden Eltern überlassen? Warum sollte ich nicht sagen, ein Elternteil darf sein Kind schlagen, wenn er es liebt? Wenn es die Eltern nicht tun, dann macht es jemand anderes und der liebt dieses Kind garantiert weniger. Natürlich gibt es auch Leute, die ihre Kinder verdreschen. Aber ich spreche auch für Eltern, die ihre Kinder lieben und die ihren Kindern das Thema Demütigung beibringen möchten, und zwar in einem guten Sinn. Mein Vater ist Professor für Pädagogik. Ich selber werde es vielleicht mal. Ich wünsche es mir. Der hat mich gehauen und ich liebe ihn und er hat mir was beigebracht. Denken Sie darüber nach!

Die Kinderrechtsexpertin Lore Peschel-Gutzeit reagierte empört auf die Position dieses Pädagogen und mailte mir eine Anekdote aus den vielen Jahren, in denen sie schon – wie sie es nennt – als Wanderpredigerin durch Deutschland gezogen ist und Eltern und Erzieher aufgefordert hat, Kinder auf keinen Fall zu schlagen. Immer wieder begegnete sie hierbei dem Argument, das auch Dieterich bei der Anhörung anführte: »Aber mir hat der Klaps doch auch nicht geschadet«. Meistens wurde ihr das »im allgemeinen mit einem außerordentlich harmlosen Gesicht« gesagt. Als ihr eines Tages der Senatspräsident eines Oberlandesgericht mit eben diesem Argument kam, antwortete sie ihm: »Was wissen Sie denn, was für ein bezaubernder Mensch aus Ihnen geworden wäre, wären Sie nicht geschlagen worden«. Das ist, so ihre Erfahrung, »ein sehr wirksames Mittel, um diesem blöden und dummen Satz zu begegnen.«

Der Leiter des Bayerischen Landesjugendamtes, Robert Sauter, machte bei der Anhörung übrigens deutlich, dass er eine gewaltfreie Erziehung für unmöglich hielt und sprach sich stattdessen dafür aus, in einem geänderten Gesetz nicht nur den Eltern Auflagen zu machen, sondern auch die Pflichten des Kindes festzulegen, um nicht den Eindruck zu erwecken, bei den Eltern handele es sich »um wilde Tiere, die man an die Kette legen muss«.

Horst Schetelig, Kinder- und Jugendtherapeut, fragte sich bei dieser Anhörung allerdings erstaunt, warum dieses Thema erst jetzt zur Debatte komme. Wo doch Kinder von Eltern so geprügelt werden, »dass man sie als Sachverständiger gutachterlich vergleichen muss mit einem Menschen, der bei 50 km/h einen Unfall hatte mit dem Auto. Es kommt zu Nasenbeinbrüchen, Augenverletzungen, Rippenbrüchen.«

Die Vorsitzende des Kieler Kinderschutzzentrums, Irene Johns, machte darauf aufmerksam, dass eine Bestrafung »immer das Risiko einer Eskalation in sich birgt. Ich denke, das ist besonders wichtig, wenn wir über die Frage diskutieren: Schadet ein Klaps?« In ihrer Argumentation gegen Ohrfeige und Klaps bezog sie sich auf eine britische Langzeituntersuchung der Universität Nottingham, die das an über 700 Familien sehr deutlich aufzeigt. Danach nimmt bei denjenigen Eltern, die bereits ihren Säuglingen Klapse gegeben haben, sowohl die Häufigkeit als auch der Schweregrad der körperlichen Bestrafung zu. Viele Eltern, die auch nach dem 7. Lebensjahr noch ihre Kinder schlugen, benutzten nicht mehr nur die bloße Hand. Ich denke, das zeigt auch, dass der Übergang von körperlicher Bestrafung zu Kindesmisshandlung ein fließender sein kann.

2000 beschloss der Bundestag endlich mit großer Mehrheit, dass jedes Kind ein Recht auf gewaltfreie Erziehung hat. Damit wurde aus der elterlichen Gewalt die elterliche Sorge. In § 1631 Abs. 2 des Bürgerlichen Gesetzbuches heißt es von nun an:

> *Kinder haben ein Recht auf gewaltfreie Erziehung. Körperliche Bestrafungen, seelische Verletzungen und andere entwürdigende Maßnahmen sind unzulässig.*

Das Parlament billigte damit den Gesetzesentwurf von SPD und Bündnis 90/Die Grünen. Während FDP und PDS für die Vorlage votierten, stimmte die CDU/CSU dagegen. Damit wurde nach über 20-jähriger Diskussion am 8. November 2000 zum ersten Mal das Recht von Kindern auf eine gewaltfreie Erziehung im Bürgerlichen Gesetzbuch verankert.

»Strafrechtliche Konsequenzen folgen aus dem neuen Verbot erst, wenn die körperliche Einwirkung einen gewissen Grad an Intensität aufweist, der allerdings bei einer Ohrfeige erreicht wird«, interpretierte der Jurist und Wissenschaftler Kai-D. Bussmann das neue Gesetz.

Eltern begehen somit eine strafbare Körperverletzung nach §223 Strafgesetzbuch, wenn sie mit Gewalt auf ihre Kinder einwirken. Für Eltern gelten nunmehr auch in der Beziehung zu ihren Kindern die gleichen Grenzen wie allgemein in der Gesellschaft. Eine Strafverfolgung durch die Staatsanwaltschaft erfolgt jedoch nur in gravierenden Fällen und auf sie wird insbesondere dann verzichtet, wenn zur Unterstützung der Familie sozialpädagogische, familientherapeutische oder andere unterstützende Maßnahmen vorgenommen werden.

Nachtrag: Simon spricht mit mir

Gespräch der Autorin mit einem Jugendlichen, 16 Jahre alt, einem Kind von 68er Eltern, denen in den 50er und 60er Jahren zu Hause noch Zucht und Ordnung eingebläut wurde und die es besser machen wollten.

Hallo Simon, darf ich Dich mal stören?
Muss das sein? Jeeetzt? Ätzend! Ich bin gerade im vierten Level, da verlier' ich alle Punkte, wenn ich jetzt einfach aussteige. Geht gar nicht!

Komm, sei nicht so, dreh Dich mal zu mir um.
Kann ich nicht einfach so sitzen bleiben?

Ne, kannst Du nicht. Ich will ja mit Dir reden und nicht mit Deinem Rücken. Du hast es mir versprochen. Außerdem hattest Du die Zeit vorgeschlagen.
O.k., o.k.! Kein Stress! (Schaltet seinen Computer auf Wartemodus, nimmt die Kopfhörer runter und dreht sich zu mir um) Wat is' gebacken?

Wir wollten über Deine Eltern reden. Zum Beispiel darüber, ob die streng mit Dir waren.
Streng? Na ja, find ich schon.

Ja wirklich? Irgendwie hatte ich immer einen anderen Eindruck. Die haben Dir doch fast alles durchgehen lassen.
Das meinst Du aber auch nur. Ganz lange durfte ich nur zwei Stunden am Tag Computerspielen. Das muss man sich mal vorstellen. Zwei Stunden. Da kriegste doch nix geregelt.

Na gut. Was haben sie Dir sonst noch verboten?
Verboten haben die viel. Einen eigenen Fernseher hab ich erst vor einem Jahr gekriegt. Und wenn ich hier in meinem Zimmer mal eine rauche, drehen die komplett durch. Und dann darf ich bis heute nicht am Wochenende über Nacht bei 'nem Kumpel scratchen. Die behaupten einfach, da würde ihnen zu viel gekifft. Haben die doch früher selbst. So'ne Tüten (macht eine ausschweifende Bewegung mit beiden Händen). Hat meine Mutter immer erzählt. Auf Jamaika. Aus Zeitungspapier. Und jetzt stellt se sich so an.

Aber Du bist doch erst 16. Ich glaube, die hält Dich einfach für zu jung.
Ätzend! (Sein Handy klingelt.) Sorry. … Cool … Coool … Kein Thema … See you. Sorry! (Zu mir gewandt). Ein Kumpel. War wichtig. Was gibt's denn noch?

Bist Du eigentlich mal geschlagen worden?
Wie meinste das denn?

Na ja, haben Deine Eltern Dich geprügelt?
Ne, warum sollten sie?

Vielleicht aus Wut? Weil Du nicht gehorcht hast?
Hätten die nie gemacht. Ne, wirklich nicht. Halt! Doch einmal hat mir meine Mutter mal eine gescheuert. Ich erinner' mich da kaum noch dran. Weiß das nur noch im Detail, weil sie das immer erzählt. Das war im Urlaub. Ich hatte sie gereizt und dann aus Wut irgendwas zu ihr gesagt. Jedenfalls muss sie mir eine geknallt haben. Mein Alter konnte es wohl nicht fassen. Fragte immer nur, warum hast Du das getan? Und sie konnte dazu nix sagen. Saß da wie ein Häufchen Elend. Und hatte, so sagt sie immer, komplett vergessen, was ich gesagt haben soll. Erst als das wohl ein paar Tage so hin und her ging und sie immer da saß wie das

Schlechte-Gewissen in Person, rutschte mir dann raus: Aber ich hab doch gar nicht »Nutte« zu Dir gesagt. Daran sieht man, wie dämlich ich damals noch war. Jedenfalls strahlte sie mich plötzlich an, zeigte mit dem Finger auf mich und brüllte los: Genau, das war's, deshalb habe ich ihm eine geknallt. (Pause. Simon wippt auf seinem Schreibtischstuhl vor und zurück) Tja, mehr fällt mir nicht ein.

Musstest Du denn viel im Haushalt tun?
Das hab ich rechtzeitig zu verhindern gewusst. Früher sollte ich mal den Müll runterbringen. Die wollten das wohl als Regel einführen. Aber da hab ich mich gleich gegen gewehrt. Hab denen gesagt: Ich bin doch nicht Euer Haussklave. Das haben sie dann eingesehen und mich mit derlei ätzendem Kram in Ruhe gelassen.

Womit haben sie Dich am meisten genervt?
Zimmer aufräumen! (Blickt auf das Chaos von Büchern und Klamotten, das auf dem Boden um seinen Schreibtisch herum liegt.) Meine Mutter kommt alle paar Wochen und kriegt einen Anfall. Ich soll hier sofort mal klar Schiff machen. Dann räum ich die Sachen weg, danach ist erst mal wieder Ruhe.

Wie findest Du Deine Eltern? Ich meine, sonst so?
Cool! Ja. Kann man nicht anders sagen. Die sind cool. Echt.

Lieben die Dich?
Wat is' dat denn jetzt für 'ne Frage. Ob die mich lieben? (Grinst mich an) Wat denn sonst?

Ich danke

dem Redaktionsteam von WDR 5 / Neugier genügt, das mich erst auf die Idee zu diesem Thema gebracht hat. Ingrid König, meiner Lieblingsredakteurin, für geduldiges Gegenlesen und kritische Anmerkungen. Meinem Lektor Heinz Beyer, der sich von Anfang an für dieses Buch begeisterte. Christina Bacher für den ausschlaggebenden Impuls. Ellen Müller-Ibelshäuser für eine kleine, dahingeworfene Bemerkung, die mich eine andere Richtung einschlagen ließ. Gaby Schuld für den letzten Schliff. Erika Fehse für weitere Pläne. Pui Schmidt von Schwind auch für das, was ich zwischendurch im Briefkasten fand. Ursula Enders, Christel Fomm, Karl-Heinz Heinemann, Dieter Kublitz, Edith Lunnebach, Thomas Niering, Astrid Roth, Angelika Simbriger und Beatrix Novy dafür, dass sie Ideen einbrachten.

Vor allem aber all denen, die mir in Interviews so viel aus ihrem Leben erzählt haben und die genau deshalb anonym bleiben wollen: Sonja, Detlev, Monika, Fritz, Ilka, Claudia, Theresia, Beate. Sie wissen schon, wer gemeint ist. Tilman Röhrig für Mut und Offenheit. Der Tischrunde in Schwarzenberg – Ellen, Margot, Erich, Wini, Jochen und Henning – für ihr Vertrauen, einen wunderbaren Abend und eine schöne Zeit. Paul Brune dafür, dass er mir noch einmal Einblick in sein Leben gewährte.

Sabine Andresen, Sabine Bode, Patricia Crittenden, Arne Hofmann, Lore Peschel-Gutzeit, Christian Pfeiffer, Ulf Preuss-Lausitz und Martin Stokowy für ihr fachkundiges Wissen, das sie in Gesprächen und Interviews zu diesem Buch beisteuerten.

Vor allem aber danke ich Jochen, für seine im wahrsten Sinn tatkräftige Unterstützung, seine nie endende Bereitschaft, mir zuzuhören, dafür, dass er dabei war, Mut machte und mitmachte.

Anmerkungen

1 Rheinische Post v. 17.4. 2010. Ähnliche Artikel in SZ, FR, Spiegel sowie in weiteren Tageszeitungen und Zeitschriften.
2 Ute und Wolfgang Benz, Deutschland, deine Kinder, S. 102ff.
3 Kölner-Stadt-Anzeiger v. 3.2. 1968: »Todesurteil für Eltern? – Angst im Kinderzimmer. Sie prügeln ihre Kinder dumm: Erziehungsmethoden in Deutschland«.
4 Anna Mitgutsch: Die Züchtigung, 1987. Dieses Zitat sowie die folgenden auf den S. 96ff., S. 122, S. 123.
5 Alexander S. Neill: Theorie und Praxis der antiautoritären Erziehung. Das Beispiel Summerhill. Rowohlt, Reinbek 1969, gebundene Ausgabe unter dem Titel »Summerhill« 1965.
6 »Das eigensinnige Kind«, entnommen der Kinder- und Hausmärchensammlung der Gebrüder Grimm, 1815.
7 Katharina Rutschky: Schwarze Pädagogik, 1977, S. 173.
8 Luther zit. nach Rutschky, ebenda, wie auch die folgenden Zitate Luthers.
9 Carl-Heinz Mallet: Untertan Kind – Nachforschungen über Erziehung, 1987, S. 17ff., dort auch das nachfolgende Zitat.
10 Lloyd deMause (Hrsg.): »Hört ihr die Kinder weinen, 1980, S. 12ff. und S. 33ff. Dort auch das folgende Zitat.
11 K. Rutschky, Schwarze Pädagogik, S. 173ff.
12 Alice Miller: Am Anfang war Erziehung, 1980, S. 28 und 29.
13 Ebenda, S. 19ff.
14 Zitiert in Michael Hagner: Der Hauslehrer, 2010.
15 Frankfurter Rundschau »Das Gespräch« v. 3.6. 1996. Die folgenden Zitate Martin Bormanns sind dem damaligen Interview entnommen, sofern ich Bormann aus anderen Quellen zitiere, mache ich dies deutlich.

16 Sigrid Chamberlain: Adolf Hitler, die deutsche Mutter und ihr erstes Kind, 1997, S. 118ff.

17 Martin und Cordula Bormann, Aufsatz: »Nie wieder – Analysen zur Sprache des Dritten Reiches«.

18 Chamberlain, Adolf Hitler, S. 8 und 9.

19 Ebenda, S. 177.

20 Theodor W. Adorno: »Erziehung nach Auschwitz« wurde als Vortrag im Hessischen Rundfunk am 18. April 1966 gesendet. 1971 wurde er in dem Suhrkamp Taschenbuch von Adorno über »Erziehung zur Mündigkeit« publiziert und beginnt mit dem Satz: »Die Forderung, dass Auschwitz nicht noch einmal sei, ist die allererste an Erziehung.« Daraus auch die folgenden Zitate Adornos.

21 Hartmut Radebold: Abwesende Väter und Kriegskindheit, 2010.

22 Ingrid Müller-Münch: Biedermänner und Brandstifter, 1998, S. 21ff.

23 Kursbuch Heft 132/Juni 1998. »Du hast es immer nur gut gemeint – Grabrede auf eine Mutter« von Rudolf Westenberger.

24 Tilman Röhrig: Thoms Bericht, 1973, S. 8ff. Derzeit nur noch erhältlich beim Autor, til@tilman-roehrig.de.

25 Ingrid Müller-Münch: Reportage über den Besuch in zwei Ost-Berliner Kindergärten, ein halbes Jahr nach dem Fall der Mauer. Veröffentlicht bei Rasch+Röhring/Theuberger »Sind wir ein Volk?« DDR-Reporter berichten aus West-, BRD-Reporter berichten aus Ost-Deutschland. Später erschienen in der »Frankfurter Rundschau«.

26 Sabine Andresen: Sozialistische Kindheitskonzepte, 2006, S. 126–131. Dort auch die folgenden Zitate.

27 Benz (Hrsg.): Deutschland, deine Kinder, S. 45/46.

28 »Bildungs- und Erziehungsplan für den Kindergarten«. Herausgegeben 1967 vom Ministerium für Volksbildung. Zitiert nach Benz, Deutschland, deine Kinder, S. 74.

29 Petra Vogelgesang: Gute Kinder – schlechte Kinder. In Benz, Deutschland, deine Kinder, S. 82ff. Ebenso das folgende Zitat.

30 Annette Simon: Unsere bösen Kinder. In Benz, Deutschland, deine Kinder, S. 230ff.

31 Adolf Baginsky (1843–1918), Pädiater: Handbuch der Schulhygiene. 1883.

32 Bernhard Heinrich Blasche: Handbuch der Erziehungswissenschaft. Gießen 1828.

33 epd 14.9. 2010: »Schläge für Kinder Alltag. UN beklagen Gewalt.« Nachricht über die erste Bilanz, die die portugiesische UN-Sonderbeauftragte zu Gewalt gegen Kinder, Marta Santos Pais, nach einem Jahr in ihrem Amt zieht. So seien beispielsweise in 88 Ländern Schläge an Schulen erlaubt, berichtete sie. Zwei von drei Kindern aus 37 Entwicklungs- und Schwellenländern hätten Studien zufolge von Schlägen berichtet.

34 Unicef stellt das Ergebnis der ersten weltweiten UN-Studie »Gewalt gegen Kinder« vor, 3.11. 2006. Danach haben lediglich 102 von über 200 Staaten körperliche Disziplinierungsmaßnahmen in Schulen verboten. – Im September 2009 stellte Unicef erneut eine Studie über Gewalt gegen Kinder vor. Danach haben 106 Staaten die Prügelstrafe an Schulen nicht ausdrücklich verboten, dazu zählen auch die USA.

35 Zahlen veröffentlicht im Zwischenbericht »Runder Tisch Heimerziehung«, der in Berlin unter Leitung der Grünen-Politikerin Antje Vollmer tagte. Er war im November 2008 nach einem Beschluss des Bundestages einberufen worden. Vorausgegangen war ein jahrzehntelanger Kampf der Betroffenen um Rehabilitierung und Rentenansprüche. Die erste Sitzung dieses Runden Tisches war im Februar 2009.

36 Spiegel 8/2011 »Opfer zweiter Klasse«, S. 48ff. und Frankfurter Rundschau vom 6./7.8. 2011.

37 Internetportal www.heimkinder-ueberlende.org, Wolfram Schäfer; Fürsorgeerziehung und Jugendpsychiatrie im Nationalsozialismus.

38 Alice Miller: Du sollst nicht merken, S. 198. – Alice Miller: Das Drama des begabten Kindes, 1979. Daraus auch die folgenden Zitate.

39 Die ZEIT v. 5.3. 1993: »Plädoyer eines Antiautoritären für Autorität« von dem Gießener Politikwissenschaftler Claus Leggewie und Deutschlandfunk v. 30.11. 2008, Claus Leggewie: »Auf Wiedervorlage: Die antiautoritäre Erziehung«.

40 Zitiert nach: Thorsten Harmsen, »Hoch gefährlich, dieses Lob der Disziplin«. In: Berliner Zeitung v. 24.2. 2007.

41 Veröffentlichungen über Amy Chua Anfang 2011 im Spiegel sowie in allen überregionalen Tageszeitungen.

42 Ingrid Müller-Münch: Biedermänner und Brandstifter, S. 87ff.

43 Saskia Lützinger: Die Sicht der Anderen – eine qualitative Studie zu Biographien von Extremisten und Terroristen. Ein Buch über die Ergebnisse des Forschungsprojektes »Extremisten in biographischer Perspektive«, konzipiert von der Forschungsstelle Terrorismus/Extremismus des Bundeskriminalamtes, durchgeführt in Kooperation mit der Universität Duisburg/Essen.

44 Prof. Dr. Kai-D. Bussmann: Auswirkungen des Verbots von Gewalt in der familialen Erziehung in Deutschland sowie Report über die Auswirkungen des Gesetzes zur Ächtung der Gewalt in der Erziehung. Vergleich der Studien von 2001/2002 und 2005. Eltern-, Jugend- und Expertenbefragung. Zusammenfassung für die Homepage des Bundes-Justizministeriums.

45 Christian Pfeiffer/Dirk Baier: Innerfamiliäre Gewalt gegen Kinder und Jugendliche. 2005.

46 Unicef: »Progress for Children«, A Report Card on Child Protection, Number 8, September 2009. – »Schläge, die niemand sieht«. UN-Studie zu Gewalt gegen Kinder, vorgestellt in Deutschland von Unicef am 3.11. 2006.

47 Tim Raue: Ich weiß, was Hunger ist. Buchveröffentlichung bei Piper 2011.

48 »Misshandlung und Vernachlässigung von Kindern – Diagnose und Vorgehen«. Deutsches Ärzteblatt, Heft 13, 2.4. 2010. Darin Bezug auf die Befragung im Auftrag des Bundesfamilienministeriums.

49 Ingrid Müller-Münch: Zwei Welten, 2009, S. 24. Dokumentationstheater, aufgeführt in den Kammerspielen Bad Godesberg.

Literatur zum Thema

Alberti, Bettina: Seelische Trümmer – Geboren in den 50er und 60er Jahren. Die Nachkriegsgeneration im Schatten des Kriegstraumas. Kösel 2010.

Andresen, Sabine: Sozialistische Kindheitskonzepte – Politische Einflüsse in der Erziehung. Ernst Reinhardt Verlag 2006.

Ariès, Philippe: Geschichte der Kindheit. dtv 1978/2003, Hanser-Verlag 1975.

Benz, Ute und Wolfgang (Hrsg.): Deutschland, deine Kinder: zur Prägung von Feindbildern in Ost und West, DTV 2001.

Bettelheim, Bruno: Gespräche mit Müttern. Piper 1977.

Bode, Sabine: Die vergessene Generation – Die Kriegskinder brechen ihr Schweigen. Klett-Cotta 2004.

Böhm, Winfried: Geschichte der Pädagogik – Von Platon bis zur Gegenwart. C. H. Beck 2004/2007.

Brodersen, Ingke/Dammann, Rüdiger: Mahlzeit – 60 Jahre Deutschland – Eine kulinarische Zeitreise. Dumont 2009.

Busch, Wilhelm: Max und Moritz.

Chamberlain, Sigrid: Adolf Hitler, die deutsche Mutter und ihr erstes Kind – Über zwei NS-Erziehungsbücher. Psychosozial-Verlag 1997.

Claßen, Johannes: Bibliographie zur antiautoritären Erziehung. Quelle + Meyer 1971.

deMause, Lloyd (Hrsg.): Hört ihr die Kinder weinen. Eine psychogenetische Geschichte der Kindheit. Suhrkamp 1977.

Eckstaedt, Anita: Nationalsozialismus in der zweiten Generation – Psychoanalyse von Hörigkeitsverhältnissen. Suhrkamp TB Wissenschaft 1992.

Faulstich, Werner (Hrsg.): Die Kultur der 50er Jahre. Wilhelm Fink 2002. – Die Kultur der 60er Jahre. Wilhelm Fink 2003.

Flitner, Andreas: Reform der Erziehung, Impulse des 20. Jahrhunderts. Ein Wegweiser durch die neue Pädagogik. Erweiterte Neuausgabe Piper 1999.

Grieser, Dietmar: Die kleinen Helden – Kinderbuchfiguren und ihre Vorbilder. Insel Taschenbuch 1991.

Hagner, Michael: Der Hauslehrer – Die Geschichte eines Kriminalfalls. Erziehung, Sexualität und Medien um 1900. Suhrkamp 2010.

Hahn, Ulla: Das verborgene Wort. DVA 2001.

Hannover, Irmela/Rothin, Ilona (Hrsg.): Sind wir ein Volk? Rasch und Röhring 1990.

Hellfeld, Matthias von/Klönne, Arno: Die betrogene Generation – Jugend im Faschismus. Pahl-Rugenstein 1985.

Hoffmann, Dr. Heinrich: Der Struwwelpeter. 1847.

Kinderherz und Kindersinn. Ausgewählte Erzählungen, belehrende Aufsätze und Gedichte für unsere Lieblinge. 1925, Erster Band, Zwölfte Auflage, 173. Tausend, Advent-Verlag.

Lorenz, Hilke: Kriegskinder. Das Schicksal einer Generation. Ullstein 2005.

Mallet, Carl-Heinz: Untertan Kind – Nachforschungen über Erziehung. Hueber 1987.

Mann, Erika: Zehn Millionen Kinder. Die Erziehung der Jugend im Dritten Reich. rororo/Querido Amsterdam 1938.

Miller, Alice: Am Anfang war Erziehung. Suhrkamp 1980. – Das Drama des begabten Kindes – und die Suche nach dem wahren Selbst. Suhrkamp 1983 – Du sollst nicht merken – Variationen über das Paradies-Thema. Suhrkamp1981.

Mitgutsch, Anna: Die Züchtigung. DTV 1987.

Müller-Münch, Ingrid: Die Frauen von Majdanek – vom zerstörten Leben der Opfer und der Mörderinnen. Rororo-aktuell 1982/1983 – Biedermänner und Brandstifter – Fremdenfeindlichkeit vor Gericht. Dietz TB 1998 – Zwei Welten – Protokolle aus einer Stadt im Wandel. Emons 2010.

Posner, Gerald: Belastet – Meine Eltern im Dritten Reich. Gespräche mit den Kindern von Tätern. Verlag Das neue Berlin 1994.

Radebold, Hartmut: Abwesende Väter und Kriegskindheit – Alte Verletzungen bewältigen. Klett-Cotta 2010.

Raue, Tim (mit Stefan Adrian): Ich weiß, was Hunger ist – von der Straßengang in die Sterneküche. Piper 2011.

Rhoden, Emmy v.: Der Trotzkopf. Carl Ueberreuter Verlag Wien 1982.

Richter, Dieter/Vogt, Jochen (Hrsg.): Die heimlichen Erzieher: Kinderbücher und politisches Lernen. rororo-Sachbuch 1974.

Richter, Horst-Eberhard: Eltern, Kind und Neurose – Die Rolle des Kindes in der Familie. Klett 1963.

Röhrig, Tilman: Thoms Bericht. Ravensburger 1973.

Rutschky, Katharina (Hrsg.): Schwarze Pädagogik – Quellen zur Naturgeschichte der bürgerlichen Erziehung. Ullstein 1977.

Schaub, Horst und Zenke, Karl G.: Wörterbuch zur Pädagogik. DTV 1995.

Sereny, Gitta: Das deutsche Trauma. Eine heilende Wunde. Bertelsmann 2002.

Spyri, Johanna: Heidi. Droemer Verlagsanstalt.

Vesper, Bernward: Die Reise – Romanessay. März bei Zweitausendeins 1977.

Waechter, F. K.: Der Anti-Struwwelpeter. Ein Diogenes Kindertaschenbuch 1982.

Westernhagen, Dörte von: Die Kinder der Täter – Das Dritte Reich und die Generation danach. Kösel 1987.

Zittlau, Jörg: Sie meinten's herzlich gut. Berühmte Leute und ihre schlechten Eltern. List 2010.

Wie die Vergangenheit uns bindet und lenkt

Coverabbildungen vorbehalten

Sandra Konrad

Das bleibt in der Familie

Von Liebe, Loyalität und uralten Lasten

Piper Taschenbuch, 304 Seiten
ISBN 978-3-492-30530-3

Jede Familie hat ihre hellen und ihre dunklen Seiten. Wir alle sind geprägt von den Erfahrungen unserer Eltern und Großeltern und so ziehen sich Konflikte, Verletzungen und Geheimnisse oftmals wie ein roter Faden durch mehrere Generationen. Sandra Konrad zeigt, wie lohnenswert die Auseinandersetzung mit der familiären Geschichte ist. Denn je mehr wir über unsere Familie wissen, desto eher können wir uns aus den alten Fallstricken befreien und ein selbstbestimmtes und glückliches Leben führen.

Leseproben, E-Books und mehr unter www.piper.de